新时期农民合作社
财务与管理问题研究

李瑞芬 白 华 戴晓娟 杜孝森 著

中国农业出版社

前　　言

　　随着农村经济的发展，农民专业合作社的数量、规模不断扩大，预示着农民专业合作社发展已进入一个新的阶段。大力发展农民专业合作社是积极发展现代农业，扎实推进社会主义新农村建设的重要举措，也是全面落实科学发展观、构建社会主义和谐社会的必然要求。农民专业合作社作为独立的市场经济主体，为推动其健康运行和有序发展，必然要求加强农民专业合作社财务及管理工作。但农民专业合作社在财务管理与会计核算等方面还存在很多问题，限制了合作社提升空间，也阻碍了农民专业合作社健康长远发展。农民专业合作社要发展壮大，不仅需要政策的支持，也需要加强内部自身的管理。

　　本书重点研究农民专业合作社财务与管理问题。全书围绕执行《农民专业合作社财务会计制度（试行）》中的重点问题展开，从农民合作社财务及管理问题分析入手，探讨如何规范农民专业合作社的内部管理与会计核算，在此基础上，提出了相应的改进建议。同时，针对当前农民专业合作社发展中出现的新情况新问题，提出了今后需要进一步研究的问题，如农民专业合作社内部资金互助问题等。全书共分九章，第一至第四章，研究农民合作社财务与管理的要求、现状、存在的问题及解决问题的建议；第五至第八章，研究农民合作社财务与管理专题；第九章研究农民合作社的特殊问题——农民合作社资金互助问题。

目 录

第一章 导 论

一、新时期农民合作社发展的背景和意义

（一）新时期农民合作社发展的背景

1. 农民合作社的地位和作用越来越受到重视

在我国人口中农民占很大比重，从古至今我国都非常重视农民问题，由于农民相对处于弱势地位、低收入阶层，所以，解决好农民的问题对促进我国经济发展、维护社会稳定具有非常重要的意义。2007 年 7 月 1 日起施行的《中华人民共和国农民专业合作社法》就是我国为支持"三农"发展出台的又一项重要举措。该法明确了农民专业合作社的市场主体地位和法律地位，并制定了包括财政、税收、金融等各个方面的扶持政策，农民专业合作社正面临着前所未有的发展机遇。近几年来，我国大力支持"三农"发展，十分重视发展农民合作组织，从 2007—2014 年连续八年中央 1 号文件从不同方面都涉及农民合作社问题，由此可以看出，国家鼓励、扶持、发展、壮大农民合作社的决心。

2. 农民合作社总体发展呈现加速态势

近年来农民合作社发展迅猛，处于高速增长的阶段。2014 年前 7 个月平均每天新增约 1 000 家，截至 2014 年 7 月已达 121 万家，入社农户 8 985 万户，占全国农户总数的 34.6%。合作社的快速发展，在发展现代农业、促进农民增收、建设社会主义新农村中发挥了重要作用。但是在合作社高速发展中，也出现了不规范的问题，引起了社会各方面的关注。在发展现代农业、带动农民增收和建设社会主义新农村等方面起到了重要作用。同时，随着农民专业合作社的作用增大、功能增加以及各种优惠政策增多，市场经济中相关各方也更加积极地参与到合作社的建立发展过程当中。然而从总体上看，由于我国的农民专业合作社发展还处于初期阶段，农民专业合作社的运作发展还存在着不规范的现象，农民专业合作社与农村经济发展的实际需要还很不相称，很多合作社还没能成为真正意义上的合作经济组织。

3. 农民合作社规范化建设需加强

虽然我国近几年来合作社发展迅速，但我们不难发现不少合作社没有章程，有章程的也仅是"墙上挂挂"；有的连账都没有，更谈不上依法给成员返

还盈余；还有的管理不民主，理事长一个人说了算；有的没有实际运转，是"休眠社""空壳社""挂牌社"。这些问题严重制约了合作社功能作用的充分发挥，损害了合作社的社会形象。目前，农民专业合作社法、登记条例、财务会计制度等法律法规对合作社运行作出了许多明确规定，为合作社发展提供了法制保障，也是合作社规范化建设的重要保障，必须不折不扣地执行。

4. 农民合作社成立动机目的性较强

21 世纪以来，国家出台了一系列的诱导性政策，引导农民专业合作社发展壮大。2004 年，《中共中央国务院关于促进农民增加收入若干政策的意见》提出："自 2004 年起，中央和地方要安排专门资金，来支持农民专业合作组织开展信息、培训、质量标准与认证等服务。"2007 年 7 月 1 日起，《农民专业合作社法》正式实施，扶持和加快农民专业合作社发展。2012 年国家出台了税收优惠政策、金融支持政策、财政扶持政策、涉农项目支持政策、人才支持政策，支持农民合作社发展。"截至 2013 年年底，全国依法登记的专业合作、股份合作等农民合作社达到 95.07 万家，占农户总数的 27.80%；联合社有 5 600 多家，联合会有 2 554 家。2013 年，国家财政支持合作社的力度也明显加强。其中，财政部安排农民合作社发展资金 18.50 亿元，比上年增加 10 亿元；安排 9.96 亿元农业综合开发资金，共扶持 2 425 个农民合作社项目"。

在现实中，地方政府存在很大的诱导行为，合作社发展成为地方政府的一项政绩工程。调查发现，很多农民专业合作社有名无实，难以正常运行。调查显示，各地专业合作社的发展良莠不齐，"假合作社""死合作社""空壳合作社"泛滥。入社社员数量、注册资金额度"水分"较大，严重"虚胖"。在新的历史时期，诸多合作社成立的利益动机更为明显，其成立也成为获取国家优惠政策的重要手段。

5. 我国学者对农民合作社的相关研究

我国农民专业合作社在推动农村经济社会发展中也发挥着重要的作用，并受到学界的高度重视。学界从制度安排、价值与作用、合作社的治理机制及未来发展方向等层面对我国农民专业合作社展开了相关研究。有学者将农民专业合作社视为一种制度安排。马彦丽等从委托代理理论的视角进一步探讨了农民合作社的制度特性、治理结构等现实问题。林坚等则认为，农民合作组织是一种介于市场与科层之间的制度安排。廖运凤主张严格遵守"合作制的本质就是要限制外部资金进入企业并且分割企业利润"。苑鹏认为合作社制度安排的本质是一样的，即社员的所有权、控制权和收益权是建立在其对合作社使用的基础上。也有学者对农民专业合作社的治理运行机制进行了深入分析。黄胜忠从成员异质性视角出发，对农民专业合作社的治理机制、组织结构等进行了深入研究。徐旭初则认为农民专业合作社的治理结构是一种以能力和关系为基础的合作治理结构。王军根据合作核心成员拥有资源的类型不同进行划分，把合作社的治理模式分为 4 种类型。王建明则从运行机制上，对国内现有的农民合作社做出了具体分析与之相类似。黄胜忠等通过分析当前市场化过程中农民专业合作社的运行机制，阐述农民专业合作社运行机制的 3 个基本特点，为促进农民专业合作社的健康持续发展提供借鉴和参考。

农民合作社在促进农村经济发展中发挥着重要作用，因此，也有学者对合作社的功能进行探讨。黄祖辉指出，通过农民专业合作社的合作可以提高农民进入市场的组织化程度，从而增强抵御风险的能力。曹利群等从契约的不完全性视角分析了合作社在稳定龙头企业和农户之间交易中所发挥的重要作用。唐勇通过博弈论方法证明了农业合作社有着提供俱乐部产品的作用。曹利群则通过深入研究合作社具体的作用，阐述了合作经济组织在构建农产品流通体系中所发挥的重要作用。冯开文通过对山东烟台的实地调查，得出了合作社的发展对于乡村民主制度发展的重要作用。卫龙宝等通过运用案例分析法，探讨了农民专业合作组织在农产品质量控制方面的促进作用。顾吾浩则认为农民专业合作社对于完善农业经营制度，增加农民收入有着十分重要的作用。张晓山运用公共选择理论，指出农民专业合作社在补充政府体制、弥补市场机制存在的缺陷等方面发挥着作用。孙亚范则认为建立家庭农户专业组织可以减少交易成本，从而建立起集中采购与统一销售的方式，为农户谋福利。

当然，作为一种实体性经济社会组织，农民合作社在运行中也仍然存在一系列问题，需要进一步深化与完善。周春芳等以江苏省为例，认为"在当前中国农民专业合作社呈现出由少数农村精英控制、普通社员依附的产权结构背离了合作社的初衷"。与之相类似，马彦丽等也认为，中国以少数人控制为特征的农民专业合作社表现出双重委托—代理关系的特征，因此需要改善"核心—外围"型的产权结构，培育有效的委托人主体。

总体上来看，在我国农民专业合作社的发育、发展进程中，学界对农民专业合作社的研究已经取得了一定的进展。不过，值得注意的是，在农业现代化和市场化背景下，基于区域差异及现实社会基础不同，我国农民专业合作社类型及发展基础呈现出多样性和差异性特征，农民合作也千差万别。在新的历史时期，农民的合作机制及动机都在发生深刻的变化。

（二）新时期农民合作社发展的意义

我国《农民专业合作社法》已于 2007 年 7 月 1 日起施行，该法是规范农民专业合作社发展的重大举措，对促进我国农民专业合作社的持续发展具有重要的意义，标志着我国社会主义市场经济体制进一步完善。在农业产业化的过程中，农民专业合作社起着非常重要的作用。农民专业合作社存在的根本价值就在于能够满足在市场竞争中处于弱势地位的农业生产者谋取或维护自身利益、增强竞争能力的社会经济需求。农民专业合作社是适应社会主义市场经济发展而出现的农村经济合作组织，它代表了农村经济组织化、规模化、市场化发展的方向，所以大力发展农民专业合作社，对于推进新农村建设、加速农村经济发展、促进农民增收具有重要的意义。

1. 发展农民合作社是深化我国农村经济体制改革的需要

农民合作社是农民在坚持家庭承包经营基础上，自愿联合的合作经济组织，是市场机制驱动下不可逆转的发展趋势。同时，在发展农民合作社的过程中，必将推动城乡经济的融合，比如金融、工业、商业等领域，推动资源要素在城乡之间、产业之间的合理流动和配置，拓展农业产业链条等促进城乡一体化建设，城乡协调发展，新农村建设将呈现出新的经济发展布局。虽然近年来，我国农民专业合作社有了很大的发展，但也必须清醒地看到，我国农民对合作社的参与程度还不高，农民专业合作社的整体经济实力、可持续发展能力和带动能力还不强，合作社在地区间和产业间发展还很不平衡，与广大农民的期盼还有很大差距。因此，我们在坚持家庭承包经营不动摇的基础上，应加快发展农民专业合作社，扩大农户间的合作与联合，逐步形成多元化、多层次、多形式的经营体系，可以有效地为农民提供产前、产中、产后各个环节的服务，解决一家一户办不了、办不好、办了不合算的问题，进一步稳定和完善农村基本经营制度。

2. 发展农民合作社是提高农民进入市场组织化程度的需要

自实行家庭承包责任制以来，我国农业生产有了突飞猛进的发展，在市场经济条件下，千千万万分散的小农户无法适应千变万化的大市场。因此，需要通过发展农民合作社，组织农民，使之成为市场竞争的主体，推进我国农业产业化经营。

首先，合作社坚持以服务成员为宗旨，向农户提供产前、产中、产后的一系列的服务，比如统一采购生产资料，统一销售等，有效地降低了个体农户的生产成本和交易成本，提高了农户的经济利益和市场竞争力。其次，农民合作社通过与龙头企业的合作，不仅实现了农产品的生产、加工、流通，形成了完整的产业链条，加强了与企业的利益联结，而且随着合作社组织化程度的加深，合作社逐渐加强了产品的质量安全管理，农产品开始进行标准化生产，坚持为消费者提供优质的农产品，以更好地满足了市场的需要。现代化农业必须坚持"高产、优质、低耗、高效、安全、生态"的时代主题。只有达到这个目标，农产品在市场上才有竞争力。同时，农产品必须朝着高品质和个性化方向发展，不仅要满足消费者对农产品质量、品种、花色的个性化需要，还要满足消费者对健康保障和精神享受的需要。再次，在一些农民合作社发展良好的地区，合作社的产业链条得到了更大的延伸，农业劳动力也逐渐流向第二、三产业，实现了农业向纵向一体化发展，提高了农业的产业化水平。

3. 发展农民合作社是解决现代农业发展人力资源约束的重要手段

随着农村青壮年劳动力向城镇转移，农业从业人员老龄化和农业兼业化、副业化将更加普遍，转变农业发展方式、建设现代农业面临的人力资源制约将日益突出。"谁来种地""地怎么种"等问题，不仅是当前的现实问题，更是走中国特色农业现代化道路绕不过的课题。加快发展农民专业合作社，既能为农户提供低成本、便利化、专业化的生产经营服务，解决了农户劳动力、技术、产品销售等方面的困难，又能为有文化、有技能的青壮年农民在农村发展提供平台，必将有力推进现代农业建设的步伐。

4. 发展农民合作社是增加农民收入的现实途径

农民合作社是农民自己的经济组织，对内服务成员，对外为成员获得利润。通过建立利益分配机制，将农产品加工、销售增值部分的利润返还给成员，使农民获得生产环节的利润，增加了农民的收入。市场经济下，分散的小农户不足以承受价格的波动，供需的不平衡等问题。而通过合作社有效地提高农民的组织化程度，将从体制上改变小农户被动接受市场的局面，通过对市场信息的充分把握，对供需关系的合理配置，联合起来的小农户将逐渐提高其市场竞争力。因为农户有了两个有效的、可以依赖的市场主体，即合作社和企业。通过农民合作社这个载体，农户将享受到更多服务，面对市场时，提高了市场谈判地位，通过组织化的运作，生产成本、交易成本将逐渐降低，应对市场的风险能力将逐步提升。同时，通过与企业的联合，密切了农户与龙头企业的联系，通过为农户提供多种社会化的服务，增加了农业的附加效益，为农户增收开辟了广阔的空间。

5. 发展农民合作社是加强和创新农村社会管理的重要内容

当前农村社会正在加速转型，农民利益结构正在加速变动，农民之间的利益分化不断增多，农村社会管理问题更加复杂。农民专业合作社秉承互帮互助、民主平等、公平团结的价值观，可以成为反映农民诉求的途径，化解矛盾的抓手，促进和谐的桥梁。通过合作社的发展，可以引导农民参与农村社会事务管理，增进群众的合作意识、民主意识、责任意识，弘扬互助团结、诚信友爱、邻里和睦的社会风范，形成良好乡风民风，维护农村社会和谐稳定。

6. 发展农民合作社是增强农业国际竞争力的重要途径

在经济全球化的时代，尤其是我国加入世贸组织后，国外市场逐渐开放，国际农产品进出口开始得到快速的发展，这对我国的农业既是一个机遇，同时又是一个挑战，要使我国分散经营的小农户参与国际市场的竞争，必须加快农民合作社的建设与发展。从世界各国经验看，农民合作社是受世界各国农民普遍欢迎的组织方式，是农户参与国际市场竞争的重要载体和依赖组织。在国际农产品贸易纠纷中，农民合作社作为农民进行贸易谈判的代表，必须依靠其组织力量才能提升小农户的贸易谈判地位，才有可能通过组织来维护农户的合法权益。同时，我们必须认识到在国际贸易中，必须通过政府的力量对我国农户的利益进行保护，使农户的合法权益得到根本的保障。

总之，现代农业的快速发展、国内外农产品市场的激烈竞争、农村社会结构的迅速变化，使农民专业合作社的作用更加凸显、地位更加重要。进一步发展农民专业合作社，是新形势下实现农业农村又好又快发展的必由之路，是走中国特色农业现代化道路的必然选择，是夺取全面建设小康社会新胜利、推进中国特色社会主义伟大事业的必然要求。我们要充分认识进一步发展农民专业合作社的重大意义，把握农业农村发展的新形势，顺应亿万农民的新期待，进一步增强责任感、紧迫感，采取有力举措，凝聚各方力量，努力把农民专业合作社发展成为现代农业和新农村建设的生力军，促进农民增收和农村经济繁荣的新引擎，培养现代新型农民的大学校，保持农村社会和谐稳定的润滑剂。

二、新时期农民合作社财务规范的必要性

（一）新时期农民合作社财务现状

自 2008 年《农民专业合作社财务会计制度（试行）》施行以来，各地在合作社财务管理的制度建设和人员培训等方面做了很多工作，合作社的财务管理规范化程度逐渐好转，但仍然存在很多问题。主要表现在：

1. 相当一部分合作社不进行会计核算

据资料记载，从纳入统计的合作社来看，有相当一部分合作社不进行会计核算，大概占到 30% 的比例，而 70% 的比例中还包括了"流水账"等不规范记账的合作社。相比较而言，北京的合作社会计核算相对规范，其他如内蒙古、吉林、广西、青海等省区的合作社不进行会计核算的比例更高。

2. 多数合作社不能编制会计报表

据调查，相当一部分合作社不具备报表编制能力，加之管理不规范，没有硬性要求编报会计报表。所以，全国大约有近 20% 的合作社不能规范编制会

计报表。相比较而言，北京、上海、江苏和湖北等省市略好，超过 80% 的发生会计核算的合作社能够编制会计报表；而河北、吉林、广西和海南 4 省区相对较差，发生会计核算的合作社中，能够完成会计报表编制的不到 60%。

3. 多数合作社不设置成员账户

成员账户是记录合作社与成员之间往来的明细记录，反映合作社服务成员情况、盈余分配情况及成员拥有份额情况等。但根据调查情况看，有近 40% 的合作社没有设置成员账户。其中，西部地区相对偏低，只有三分之一的合作社设置了成员账户，分省情况看，上海、宁夏和青海等地问题较严重，设置比例甚至不到 20%。

4. 合作社会计培训力度不够

由于合作社业务的特殊性，合作社会计核算既不同于企业也不同于行政事业单位，为此，颁布了专门的合作社财务会计制度，合作社会计应加强培训，才能胜任。但实践中对合作社会计的培训工作不到位，培训力度不够。据资料记载，自合作社财务会计制度颁布以来，虽然各地都进行了培训，但平均每人每年不到 1 次。相比较而言，北京、辽宁、吉林、上海、江苏、浙江、青海等省市略好，超过 80% 的合作社会计接受过培训，广西和海南 2 省区较差，接受过培训的合作社会计不足 40%。

5. 合作社审计工作仍需加强

虽然国家颁布了《农民专业合作社法》和《农民专业合作社财务会计制度（试行）》，但实践中财务及管理运行很不规范，而且审计工作明显弱化，甚至缺失。

（二）新时期农民合作社财务规范的必要性

财务管理作为合作社规范化建设的核心内容，对保证合作社健康发展至关重要。这些年来，各地在加强合作社财务管理方面下了很大气力，取得了一定成效，但是仍有一些合作社的财务管理存在着不记账或只记"流水账"、不编制会计报表、不设置成员账户等问题，相当一部分合作社会计人员业务素质不高、难以胜任工作，这些都严重制约了合作社的健康规范发展。为进一步加强合作社财务管理工作，推动合作社示范社建设行动深入开展，农业部办公厅专门就进一步做好合作社财务管理工作提出指导意见，着重从三个方面予以强调加强。

1. 做好财务管理工作是推进合作社示范社建设的重要保障

开展合作社示范社建设行动，是树立可学可比典型、发挥示范引路作用、引导合作社完善运行机制、促进合作社规范发展的有效措施。合作社示范社的重要标志是财产关系和分配关系明确，对成员服务的责任切实得到落实。这就要求合作社必须做好财务管理工作，组织好各项资金活动，处理好各种财务关系，准确记录和反映生产运营状况和财务运行情况，准确计算和分析成员权益变动和年终盈余分配，为内部管理进一步规范、质量进一步提升奠定坚实基础。

2. 做好财务管理工作是维护合作社成员物质利益的根本措施

切实维护成员权益是合作社义不容辞的责任，经济上要维护成员的物质利益，政治上要维护成员的民主权利。物质利益主要体现在成员入社出资，以及合作社在生产经营中取得的收益要按相应标准量化到每一位成员，完整准确记载到成员账户中，并在成员退社时进行返还；合作社每年的期末可分配盈余要按法律规定返还或者分配给成员。通过健全完善的财务管理工作，准确全面地记录、反映和兑现成员应享有的权益和应分配的盈余，就是对合作社成员物质利益最有力的维护。

3. 做好财务管理工作是巩固扶持合作社发展大好环境的必然要求

中央明确提出允许有条件的合作社承担国家涉农项目，农业部等七部委也联合下发了《关于支持有条件的农民专业合作社承担国家有关涉农项目的意见》（农经发〔2010〕6 号）。国家对合作社的项目资金扶持力度正逐渐加大，有关合作社税收、信贷、保险等方面的扶持政策也在陆续出台。切实管好用好财政扶持资金，全面贯彻落实各项扶持政策，必须以健全完善的财务管理为基础，这样既有利于促进合作社更好更快地发展，也有利于继续巩固扶持合作社发展的大好环境。

第二章　农民合作社发展概况

农民的组织化是新农村建设中一个关键问题，近年来，中央1号文件明确提出鼓励和引导农民专业合作组织发展。实践证明，农民合作社已经成为建设现代农业和社会主义新农村不可或缺的重要力量。

一、农民合作社发展现状

自《农民专业合作社法》实施以来，在中央一系列支持政策的带动下和各级政府部门的重视和推动下，特别是十八届三中全会以来，中央对农民专业合作社的功能定位不断提升，并配有更加明确、有力的财政扶持政策信号，我国农民专业合作社迅速发展。据国家工商总局的最新统计显示，截至2014年4月，全国拥有农民专业合作社110.27万户，出资总额2.23万亿元。

据农业部经管司的初步统计，农民专业合作社发展已经实现农业产业的全覆盖，其中以种养业为主，占总量的70%以上。经过近十年的大发展，农民专业合作社在农村经济中的重要作用日益显现出来，合作社的总体服务功能不断增强，服务内容综合化、服务水平专业化、服务方式一体化已经成为农民专业合作社组织发展的大趋势。

（一）发展速度加快，但发展水平低

2004年，国内的农民专业合作经济组织共有成员2 363万户，占全国农户总数的9.8%；带动非成员农户3 245万户，占农户总数的13.5%；两类农户合计占全国农户总数的23.3%。其中，各级供销合作社共兴办专业合作社19 149个，入社农户499.53万户；农村专业技术协会117 653个，共有会员10 127 728人。

2007年，《农民专业合作社法》的实施，标志着我国农民专业合作社进入依法发展的新阶段，从此，农民合作社的法人地位得到法律的确定，使其得到了飞速的发展。

截至2009年年底，全国依法在工商行政管理部门登记的农民专业合作社达24.64万家，比上年增长一倍多；东部地区比西部地区发展更加迅速，山东、江苏、山西、浙江、河南、河北、辽宁、安徽、四川、黑龙江等10省农

民专业合作社数量占到全国总数的 65.5%。

从入社成员看，实有入社农户约 2 100 万户，占全国农户总数的 8.2%，比 2008 年翻了一番。从产业分布看，农民专业合作社涉及种植、养殖、农机、林业、植保、技术信息、手工编织、农家乐等农村各个产业，主要分布在种植业、畜牧业，种植业大体占 40%，畜牧业占 1/3，比例为 30.9%。从服务内容看，农民专业合作社逐步从起步时的技术互助、信息传播，扩展到资金、技术、劳动等多方面的合作，从生产领域逐步向生产、流通、加工一体化经营发展。据农业部统计，从事产加销综合服务的占 56%，以运销、仓储服务为主的占 8.6%，以加工服务为主的占 5.5%，以技术信息服务为主的占 11.6%，开展其他服务的占 18.3%。农民专业合作社共为成员代购或者合作购买农业生产资料价值 1 100.8 亿元，代销或者合作销售农产品价值 2 312.3 亿元。

2010 年 6 月底，在工商部门登记的农民合作社超过 31 万家，已有 2 600 万农户加入，约占全国农户总数的 10%。农业合作社广泛分布在种植、畜牧、农机、渔业、林业、民间传统手工编织等各个行业，成为发展现代农业的中坚力量。31 万家合作社中，有 2.56 万家合作社拥有了注册商标，涉及粮食、油料、蔬菜、水果等十种农产品。

2011 年上半年，农民专业合作社实有 44.6 万个，比上年同期增长 0.36%，出资总额 0.11 万亿元，比上年同期增长 31.95%。在各类市场主体中，农民专业合作社增长最快，出资总额 0.57 万亿元，比上年底增长 26.12%。

我国目前实有入社农户 3 000 万左右，约占全国农户总数的 12%。农民专业合作社广泛分布在种植、畜牧、农机、渔业、林业等农村各个产业，提高了农业组织化程度，极大地推进了现代化农业发展。

截至"十二五"末，农民专业合作社数量稳步增长，质量明显提升，制度更加健全，运行更加规范，农户成员覆盖面达到 45% 以上。县级以上示范社达到 10 万家以上，普遍实现规范化管理、标准化生产、品牌化经营；合作社成员产品主要通过直供城市超市或合作社连锁店销售，统一销售农户成员农产品，产值占到农业生产总产值的 30% 以上。

然而，我国农民合作社的发展尚处于初级阶段，还存在很多问题。尽管我国农民合作社取得了空前的发展，但是与发达国家相比还有很大的差距。在国外，农民合作社的发展已有 150 多年的历史，国外农户与市场的接轨大都采用了合作组织的形式。日本几乎全部，美国、法国 80% 以上，德国 70% 以上的农户加入了各类农民合作社。美国 1/3 农产品、法国 2/3 谷物和猪肉、荷兰 90% 牛奶、丹麦 90% 的猪肉和牛奶都是通过合作社销售的。因此，政府部门仍需加强对农民合作社的宣传和教育，提高农民的认识，普及合作知识，使农民充分认识到合作社的重要意义和作用，积极开展示范引导，增强农民加入合作社的信心和热情。

（二）主体形式多样，产权制度不健全

产权制度是农民合作社规范化建设的核心，应在资本构成、产权界定、持股人应承担的权利与义务、资本分红等方面规范农民合作社产权。

而在我国，小农户的资源禀赋决定了他们只能是合作社的普通成员，主要充当惠顾者的角色，而其他参与主体由于愿意面对风险，也能够承担合作社的组织成本，充当了合作社创建的主导力量，他们大多是合作社的所有者、控制者或是利益相关者。

创办主体多样化，主要包括：具有生产、经营、购销优势的农村专业大户、经营能人；为农民提供技术服务的基层农技部门；具有场地、经营等优势的基层供销部门；对农产品进行产品加工、品牌营销的龙头企业；促进产品流通，起到中介作用的农产品批发市场；村级组织。

主体目标形式多元化：供销社，拥有资本、人力，因改制需要，目标为了获得收入以及政治利益；农机部门，拥有人力、技术，因创新农技推广模式，获得政绩；基层组织，拥有社会资源，提供服务，获得群众支持；龙头企业，拥有资本、人力，为了稳定购销关系，获得可观收益；运销大户，拥有人力、资本，获得收入；生产大户，拥有自然资源、资本，扩大规模，提高产销能力；一般农户，拥有自然资源，产品销售，获得服务。

由政府职能部门、龙头企业以及基层供销社等牵头的合作社，在合作社内部制度建设中，大多没有建立起以农民成员为所有者主体的产权制度。个别股东或者非农民领办人的股本在合作社总股本中占据80%甚至90%，这种产权结构并不能切实地维护好小农户的自身收益。

（三）地位和作用越来越受到重视

2006年，《全国农业和农村经济发展第十一个五年规划（2006—2010年）》指出，大力发展农民专业合作经济组织。鼓励和引导农民、农场职工组建各类专业合作经济组织，明确法律地位，加大政策扶持，发展多种形式的联合与合作，不断提高农民的组织化程度，促进农村民主管理制度的发展。

2007年，《农民专业合作社法》实施，标志着我国农民专业合作社进入依法发展的新阶段。

自从《农民专业合作社法》实施以来，国家非常重视农民合作社的发展，

在坚持家庭承包经营的基础上，推动农村经营体制创新，促进家庭经营要向采用先进科技和生产手段的方向转变。2007 年，为了积极推进《农民专业合作社法》的实施，中央 1 号文件提出，各地要加快制定推动农民专业合作社发展的实施细则，有关部门要抓紧出台具体登记办法、财务会计制度和配套支持措施。

2008 年中央 1 号文件，再次重申了对农民合作社的扶持，提出要"积极发展农民专业合作社和农村服务组织"。全面贯彻落实农民专业合作社法，抓紧出台配套法规政策，尽快制定税收优惠办法，清理取消不合理收费。2009 年中央 1 号文件更加重视农民合作社的建设，在信用、人才、组织建设等领域提出了相关政策。文件指出，"按照服务农民、进退自由、权利平等、管理民主的要求，扶持农民专业合作社加快发展，使之成为引领农民参与国内外市场竞争的现代农业经营组织。允许有条件的农民专业合作社开展信用合作。" 2010 年，中央 1 号文件提出"大力发展农民专业合作社，深入推进示范社建设行动，对服务能力强、民主管理好的合作社给予补助。各级政府扶持的贷款担保公司要把农民专业合作社纳入服务范围，支持有条件的合作社兴办农村资金互助社。并且再次提出扶持农民专业合作社自办农产品加工企业。"党的十七届三中全会提出要建立新型农业社会化服务体系。构建以公共服务机构为依托、合作经济组织为基础、龙头企业为骨干、其他社会力量为补充，公益性服务和经营性服务相结合、专项服务和综合服务相协调的新型农业社会化服务体系。

由此可知，国家对农民合作社的扶持，从最初的战略规划，到一系列措施的出台，在制度上规范、保障了合作社的发展。从第一部《农民专业合作社法》的出台，到农业产业化延伸、信用合作、人才队伍建设、组织建设，再到财政补助、金融支持等，国家时刻关注农民合作社的发展，并逐步提出政策支持和法律规范，足见我国政府对农民合作社的重视。

（四）立法相对滞后

2007 年，我国施行了《农民专业合作社法》，其中规定，农民专业合作社是指在农村家庭承包基础上，同类农产品的生产经营者或者同类农业生产经营服务的提供者、利用者，自愿联合、民主管理的互助性经济组织。其对于我国农民合作社的发展具有里程碑式的意义，明确了农民合作社的市场地位，有力保障了农民的合法权益。然而，我国农民合作社的立法建设依然滞后。

首先，《农民专业合作社法》所规范的对象明确为农民专业合作社，并没有对专业协会、行业协会，以及联合会等农民合作组织进行法律保护和规范。

由于专业协会与专业合作社在具体的设置上存在许多差别，因此应当设立专门的规章来对专业协会的发展严格规范。

其次，在《农民专业合作社法》的建设中，依据制度变迁理论分析，政策法规的建立存在制度变迁，中央对有关农民合作社的相关法律支持规范，内容大多是原则性条款，即使地方政府细化制定了相关规章文件，也是依然比较笼统，同时主要采用鼓动式的、宣传式的政策口号。因而在实际工作中，形成了"上有政策、下有对策"以及"政策软化法律"的局面。

国务院制定的专项法规数量较少，有关规定大多体现为中央政策性文件、农业部等部门规章及地方政府制定的政策性文件。同时，对农民合作社进行支持的绝大多数条款没有明确规定法律责任，架空了已有条款，缺乏强制性责任条款，尤其降低了农民合作社法律体系的效率，也难以完全达到立法目的。

再次，大多数农民专业合作社所在地的市、县两级政府部门仍未出台相应的法规政策性文件，不能为合作社的发展提出更为详细可行的建设性的政策意见。

二、农民合作社存在的基本问题

近年来，农民专业合作社发展迅速，对增加农民收入，提高农业竞争力，促进农村民主建设等都在发挥日益重要的作用。但总体来看，目前我国农民专业合作社的发展仍处于初级的发展规范阶段，和许多发达国家相比，差距还很大，任务十分繁重，面临的困难和挑战也是较多的。各种类型的农民合作社普遍存在地区发展不平衡，规模小、数量少、覆盖率低、农民组织化程度不高，行业分布不合理和内部运作不规范等方面的问题。同时在合作社的内部运行和外部发展环境等方面还存在一些急需解决的问题，诸如合作社服务能力较弱，运行还不够规范，社员素质较低。此外，合作社发展过程中更面临资金、人才、市场等因素制约，影响了合作社的可持续健康发展。

（一）规模仍然较小，服务带动能力不强

中国现有农民专业合作社的产生萌芽于 20 世纪 80 年代，起步于 90 年代，比较规范发展的时间更短，目前对农业、农村经济发展起到的带动作用尚未充分发挥出来。

1. 覆盖面较小

根据农业部门提供的数据，有农民专业合作社的村仅占同期村民委员会总数的 22% 左右，参加组织的农户仅占乡村农户总数的 9.8%。现有的农民专业

合作社，相对于中国的 8 亿多农民和目前的农业产业规模来说，数量还是太少。从组织数量看，全国平均每 4 个村不到 1 个，有的县尚处于空白状态。从国外的情况来看，越是农业发达的国家，农民加入合作社的现象越为普遍。美国每个农户平均参加 2.6 个合作社。法国、荷兰 90％以上的农民加入了农业合作社。丹麦 98％的农民都是农业合作社社员，每个农户平均参加 3.6 个合作社。日本、韩国、澳大利亚、新西兰参加农业合作社的农民也达到 90％以上。巴西、智利 80％左右的农户加入了合作社；印度、孟加拉、斯里兰卡、泰国等亚洲国家，入社农民也占 30％～60％。在非洲一些国家，如肯尼亚、坦桑尼亚、毛里求斯、乌干达等，入社农民亦占 10％～30％。这就是说，我国农民专业合作社的发育水平不仅与发达国家相比仍然存在相当大的差距，与发展中国家也相差甚远。

2. 地区发展不平衡

新型农民合作社在不同地区的发展差异是较大的。总的来说中部地区在组织数量、规模程度、农民参与比例上都是最高的，其次是东部地区，西部地区最低。从新型农民合作社的数量上来看，合作社数量最多的 5 个省份为山东、湖南、陕西、河南、湖北；合作社数量最少的省份为青海、海南、宁夏、新疆、福建。从社员占农村农户总数的比例来看，比例最高的 5 个省份是北京、陕西、吉林、河南、黑龙江。最低的 5 个省份为青海、贵州、海南、福建、新疆。新型农民合作社发展的这种不平衡性与地区经济发展的总体水平、农业的发展程度、民间互助合作精神、政府支持力度关系比较密切。

3. 合作社自身实力和带动力不强

我国现有合作社中多数合作社规模不大，合作社带动能力普遍较小。一是注册资本大大低于有限责任公司。注册资本是反映经济组织规模的重要方面。在实际运营的合作社中，很多是得到财政部门支持的。相对而言，得到财政部门支持的合作社一般也是规模较大、运行比较规范、带动作用较强的，合作社中注册资本在 1 万～5 万元的最多。

由于实力较弱，成员数仍然较少，我国的合作社带动能力有限。从每个组织的平均成员数量上看，2002 年为 124 个。从 15 万个农民专业合作社来看，平均每个组织的成员为 157 个左右。可见，虽然近年来平均每个组织的成员数有所增加，但大多数合作组织的成员数量并不是很多。根据农业部经管司统计，2004 年，全国农民专业合作社为成员和周边的农户代销农产品总量为 2 亿多吨，代购化肥、农药、饲料、农膜等生产资料近 1 亿吨，但如果平均到成员头上，数量就非常少了。调查表明，样本合作社经营服务盈余 187 亿元，其中有 19％的盈余约 36 亿元返还给了成员，26％的盈余近 50 亿元用于股金分红，平均每个成员获得盈余返还和股金分红收入 364 元，数量也不多。

4. 服务水平较低

目前，发达国家的农民专业合作社不仅给农民提供投入品、营销、技术、信息、资金等方面的支持，而且能够从整体上大大提高农业的竞争力，延长产业链和增加农产品附加值，促进农业的品牌化经营。农民专业合作社的服务不仅局限在经济领域，在提供消费品服务、社区治理、社会发展、提高农民政治地位等方面都具有重要作用。近年来，新发展起来的农民专业合作社也为成员提供了大量的服务，并得到成员、政府和社会的高度肯定，但仍然处于初步发展阶段，提供的服务非常有限。总体而言，目前，农民专业合作社主要提供生产资料购买、生产技术培训、产品销售服务和提供部分市场信息等服务，而能够提供资金、信用、担保、高技术、先进设备、大型销售网络、全方位信息等高水平服务的合作社非常少。

（二）组织内部运行机制不健全，可持续性差

1. 组织管理机制不规范

在合作社的组织管理方面，最重要的是建立健全的组织机构和完善的管理制度，实现社员民主管理。然而，目前许多农民合作社的机构设置不合理，管理制度不完善。有的没有设立成员大会、理事会、监事会等基本组织机构，或者虽然设立，却形同虚设，连续数年不召开社员大会，剥夺了社员对合作社事务的参与权和监督管理权；有的没有规范的章程和相应的规章制度，或者即使有规章制度，也只是形式化而已。

2. 合作社利益分配制度有待规范，盈余分配随意性较大

利益分配机制是农民合作社发展中最核心的一环，但在实践中有不少合作社成员不了解合作社的分配制度，甚至不知道什么是股金分红和利润返还，不了解农民合作社正是通过这两种途径带给自己实实在在的直接利益，其他途径只是通过降低交易成本间接地增加自己的收入。除此之外，实践中还有很多合作社的管理者缺乏战略发展眼光，忽略长远利益，只顾眼前利益，不按规定在税后利润中提取固定的公积金和公益金，存在明显的分光用光现象，导致合作社因短期行为泛滥而难以持续健康发展。

合作社普遍没有建立起有效的收益分配制度和盈余分配机制，有不少合作社领导和社员对股金分红、股息和盈余返还概念不清，不知道如何进行分配。不少合作社社员只在参与合作社的交易过程中享受优惠的价格作为返利，没有按交易量进行过"二次分配"；对政府的扶持资金，没有做到专款专用，扶持资金形成的资产没有按规定平均折股量化到每个成员；甚至有一些人把成立合

作社单纯看作是获得政府政策扶持和信贷支持的手段，从而导致一些合作社由于利益分配不合理而解散。

3. 管理和技术型人才缺乏

目前多数农民专业合作社组织内部人员素质参差不齐，缺乏懂技术、会管理、开拓市场能力强的复合型人才。农民专业合作社的发起牵头人大多是一些农村能人和专业户，多数属于传统农民，学历不高、眼界不新、缺乏专业知识和创新意识，单打独斗可以，但要上个台阶，管理经营则往往不在行。管理型人才的缺乏，使得合作社发展目标不够明确，品牌意识、竞争意识、创优意识都严重缺乏。与此同时，现实中，很多年轻的专业技术人才并不愿意去农村，为农业发展做出贡献。农民专业合作社缺乏专门的管理人才和技术人才，这在一定程度上制约了农民专业合作社的发展。从国外的情况来看，很多合作社聘请职业经理人员和技术人员为合作社服务。当前，我国合作组织对人才的需求十分迫切，但囿于合作社的条件和实力，难以聘到高学历、懂经营的人才。而从政府有关人才政策看，尚没有考虑到如何为农民专业合作社引进人才的问题。

4. 产权制度缺失

清晰的产权结构和产权归属是明确产权主体权利责任，建立规范的治理机制和内部管理制度的基础，也是激发成员主人翁精神和积极性的前提条件。因此，明确产权是确保农民专业合作社健康运行的前提。不同类型的合作经济组织，有不同的产权制度，也就有不同的治理机制。在我国，农民合作社的产权制度受合作社的类型和合作社所遵循的原则影响，从而形成不同合作社有不同治理机制。

首先，由于技术能手与致富能人的投入占主体，农民投入股金有限，一些农民合作社并没有将产权落实到个人。我国农村合作社产权制度包括合作社的股权结构、按股金分红的比例和股份转让权的安排、决策权和剩余索取权的分配等。目前，我国农民合作社呈现出了少数核心成员与多数一般成员并存的格局，其最终所有权来自于以下几个方面：一是政府的财政支持资金，这个所占比例极少；二是技术能手与致富能人的投入，这个所占比例很大；三是入会成员交纳的会费。因此技术能手和致富能人等少数股东持有了多数的股份，导致了组织内部未形成与社员相联系的产权关系纽带，大多数社员的所有权缺失。社员对组织的财产不关心、不清楚，享受不到组织财产的产权收益的同时，缺乏对增加组织固定财产的动力。

其次，国家对产权制度建设缺乏严格规范，并没有形成一个强有力的保障所有社员利益的产权制度，比如，法律规定，不设立法定公积金制度，是否提取由合作社自己决定等。2007 年，《农民专业合作社法》对农民合作社的法人产权和个人产权做了明确的界定。对法人产权的界定，规定合作社对成员出资、公积金、国家财政补助形成的和社会捐赠形成的财产，享有占有、使用和处分的权利，并承担相应责任。对个人产权的界定，规定设立成员账户制度，成员按出资额和公积金份额承担有限责任，可分配盈余的公平分配以及成员退出后的出资额和公积金退还政策。然而，在实际中，农户个人产权是否有严格的标准界定，是否使农户成员账户落到实处，仍是将来政府应当严格规范的制度缺陷。

再次，农民合作社本质原则丧失，利益分配机制不健全。农民合作社本应让农户不仅得到产品销售额的交易收益，同时得到加工和销售环节返还的部分利润。而在实际内部运行中，大多数农户只在乎产品价格，市场销售，解决产品卖难的问题成为了其关注的头等大事，很少有人关注"二次分配"。当农户入股合作社的股金较少时，其与合作社的关系仅仅变成了交易关系，即合作社不过是联系农户与市场的中间商而已，而并非是真正属于农民的互助经济组织，丧失了农民作为合作社的主体地位，成为了大股东追求利益最大化的股份化公司。

5. 普通成员获利较少、缺乏归属感

合作社的正常运行，一个基本的条件是成员与合作社有着紧密的利益关系。只有这种关系密切了，成员才会积极参与合作社的管理，并承担相应的责任。要建立这样一种机制，有几个条件：一是成员自己必须承担一定的责任，如缴纳会费和年费，根据规定承担一定生产成本，严格执行生产规范等；二是要给予成员积极参与管理，群策群力，集体行动的权利；三是成员有参与分配的权利，能够获得二次返利和股金分红，并承担合作社的损失。总体来看，绝大多数合作社还没有建立完善的成员参与机制。

（1）相当部分合作社成员零资金加入合作社。由于政府具有强烈的推动合作社发展的动机，其基本思路是尽可能发动农民加入合作社，并尽快将合作社建立起来，所以，有关方面规定，只要农民愿意，就允许其加入合作社，对农民缴纳相关费用的要求并不严格。为了吸引农民参加合作社，有很大一部分合作社即使章程有此规定，也没有付诸实施。

（2）积极参加合作社活动的成员所占比重仍然比较低。所谓核心成员，是指比较积极参加合作社管理与服务活动的成员。这类成员一般承担的义务较多，在二次返利和股金分红时也往往有优先权。一般成员基本上随大流，往往较少参加合作社的管理活动。总体来看，股权越是集中的组织，核心成员较为积极参加活动，而一般成员则"随大流"，较少积极组织的管理活动。

（3）极少有合作社需要成员承担成本和参加合作社利润分配。分担合作社的成本并参加利润分配是体现成员权利和责任的核心所在。

6. 合作社成员财务管理意识淡薄，财务管理有待规范

长期以来合作社成员受小农经济的影响，对合作社的认知度不高，尤其是对合作社的财务关注不够，财务管理意识淡薄。同时，农民成员受其文化程度低、财务知识缺乏的局限，也难以对合作社财务开展有效的管理和监督。成员中基本没有受过系统的会计专业知识培训，不懂会计核算。合作社成员对产品销售信息十分关注，而对可分配盈余、形成资产的财政补助资金、公积金量化等财务会计信息很少关注，但同时却对合作社会计信息的真实性又有意见。许多合作社即便是一些示范性合作社也未按合作社财会制度设置会计科目，很少能结合自身生产经营业务的特殊性来设置内部科目、规范会计账簿；大部分合作社没有建立完整的内部会计控制制度；没有建立正常性的审批制度；合作社没有完整的会计资料；表现为收入不开统一收据，白条入账；收入现金不及时入库；支出没有正式发票、缺少经办人及审批人签字；添置的固定资产不登记造册等。

（三）外部环境不完善，直接制约了农民专业合作社的发展

1. 法律法规不健全，合作社不便于开展业务

法律地位不明确是影响当前农民合作组织健康发展的关键性问题。现行《民法通则》规定了四类法人：企业法人、机关法人、事业单位法人和社会团体法人。其中，机关法人不需要登记，事业单位法人原则上不需要登记。要求必须办理法人登记的是企业法人和社会团体法人。企业法人登记由工商行政部门负责办理，社会团体法人登记由民政部门负责办理。根据民法规定，中国现行法中的企业法人必定是营利法人；社会团体法人必定是公益法人。如果在工商登记，就意味着将合作社视同企业看待。这对合作社来说，在注册资金和税费方面的要求是比较高的。在民政登记，则意味着合作社是社会团体，不应该有盈利活动。在农业部门登记，则合作社很难得到社会的承认。因此，目前，合作社的登记要么比较混乱，要么规定得过于单一和僵化。在很长一段时间里，由于大多数农民专业合作组织的性质不清，导致组织成立、登记注册、解散和组织的性质、宗旨、服务无法可依，合作组织性质模糊、地位不清楚、行为资格遭质疑，使这类民间组织一直没有获得应有的法人地位，权益难以得到有效保障。相应地，这就大大降低了其商业运作和为其成员谋取利益的能力。首先，法律地位不明确，在经济交往中不被其他法人所承认，带来很多不便和困难。例如，有的银行只给村委会贷款，不给合作社贷款；有的外商只同公

司、企业甚至个体工商户签订经济合同，不同合作社签订合同，因为它"名不正，言不顺"。其次，既然无法可依，不能以法律形式对其属性、功能、组织形式等加以规定，则无法以法律形式对其加以保护，当经济活动中出现纠纷时，其权益也就得不到法律的保护。2007年7月1日开始实施的《农民专业合作社法》解决了这一问题。该法规定，"农民专业合作社依照本法登记，取得法人资格"。这就是说，农民专业合作社依照该法登记后即享有法人地位，法律认可了其独立的民商事主体地位，从而可以享有法人的权利能力和相应的行为能力。农民专业合作社的法人地位问题解决了，但在具体操作过程中仍然存在复杂的操作问题。

一是如何辨认真正的农民专业合作社。按照目前的规定，农民专业合作社的登记应当在工商部门进行。但一个客观情况是，农民专业合作社的日常指导和管理由农业部门负责。这样，就产生了一个现实的问题，如何辨认哪些是合作社，哪些不是？如何将农业部门取得的经验利用起来，并避免发生登记过程中的差错，已经成为一个现实问题。

二是如何给真正的合作社正名，将其他组织隔离出去。从调查情况看，有的是农民专业合作社，但由于多种原因不得不以"社团法人""企业法人"等身份在民政、工商、科协等部门登记。今后，如何将合作社的主体转变为"农民专业合作社"，将有大量的工作要做。尤其是在这个过程中如何防止公司等法人主体偷梁换柱，是一个必须认真对待的问题。

三是配套法规仍不完善。《农民专业合作社法》规定了要对农民专业合作社的发展予以支持，但具体如何支持仍然没有明确的规定。尤其是金融、税收、科技、投资、分配等方面的具体政策，已经对合作社的运行产生了非常直接和重要的影响，必须尽快加以明确。

2. 缺乏系统的产业支持政策

近年来，为了支持农民合作组织的发展，中央和地方陆续出台了一些扶持和优惠政策。但是，农民合作组织依然存在资金紧缺、贷款难、税费负担重、公共服务缺位、技术供给不足等问题。

一是融资渠道少，农村金融市场发展缓慢。农民专业合作社成立之初，资金来源主要是参社农户、大户、龙头企业有限的入股资金，合作社自身盈余积累和提留的各项基金，以及政府和组织支持的资金很少，有限的资本难以置办所需的经营服务设施和满足正常生产经营的需要。目前在我国农村尚未形成功能完善发达的金融体系和有效支持合作社发展的金融组织和产品，多数合作社又因为没有可靠的财产用来作抵押担保，加之农业生产经营，面临着自然和市场双重风险，农村金融机构出于防范风险和规范管理的要求，对其贷款持谨慎态度，因而合作社贷款难，严重制约了合作社的发展。不少合作社反映，由于无法向正规金融机构融资，从而不得不转向民间借贷，农村民间借款利率一般都在 10%～15% 以上，远远超过了正规金融机构的借款利率，从而提高了合作社的财务成本。

农业作为农村的主体产业，其资金需求具有时效性、季节性，这将对金融机构的信贷造成一定的困难。而面对农村金融市场不发达的现状，商业银行将主要资金用于发达地区和城市，信用合作社受体制、机制不健全，人员素质低等不利因素影响，导致了目前的农村金融市场一直处于发展缓慢的阶段。虽然，近几年国家加强了对农村资金互助社和贷款公司等金融机构的建设，然而由于其金融市场体系不健全，功能不健全，尤其是缺乏对金融产品、金融工具的创新，其根本不能满足农民合作社的多元化的金融需求，供给短缺是农村金融问题的集中体现。据国家开发银行对农村金融需求与供给的测算，如果不进行金融创新，金融缺口将持续扩大。2010 年达到 5.4 万亿元，2015 年，达到 7.6 万亿元。在新农村建设发展的新时期，作为政府，有责任为农民合作社的发展营造良好的农村金融环境，采取必要的政策扶持，对不同类型的金融机构进行合理的引导，为发展良好的农村金融机构给予各方面的支持和奖励，加强试点金融机构的作用，发挥农村金融机构的积极作用，搞活农村金融市场。

资金是农民合作社发展的动力之源。随着生产规模的扩大，农民合作社对资金的需求大量增加。然而，虽然近几年国家为了扶持农民合作社的发展，相继颁布了一系列的政策法规，但是农民合作社的注册资本、入社农户、带动农民都很有限，合作社大多规模小，竞争力差，整体经济效益和社会效益偏低。从总体上看，农民合作社还处于起步阶段，无论在发展数量、经济效益，还是固定资产规模、辐射带动能力等方面的发展都是低层次的。目前我国先进地区参加农民专业合作社的成员占农户总数的比例在 50% 左右。世界发达国家如美国占到 82%，法国占 90% 以上。农村金融机构由于农民合作社经营规模小，没有健全的财会制度和资信历史，又缺乏抵押资产，因此对农民合作社的贷款过于保守，合作社得到的贷款通常数额小，成本高，风险大。同时，由于农村土地市场不健全，农民可用资源有限，无法承受过量贷款的风险，也就没有其他经济组织为其提供担保。融资问题成为影响农民合作社发展的最大瓶颈。合作社的贷款问题与中小企业难以获得贷款的症结一样，根源在于我国现有的金融制度与中小企业或合作社的发展是不相容的。目前，随着农民合作社的发展壮大，资金瓶颈愈加凸显。由于农村金融市场发展的缓慢，鲜有合作社从金融部门通过正常渠道贷到款，社内融资和民间借贷依然是绝大多数合作社不得不采取的融资途径。就目前来看，合作社通过内部融资获得了发展资金，节省了贷款时间和成本；借钱给合作社的社员既可以享受高于银行存款利率的贷款利息，又可规避参与民间借贷的风险，而且会更关心合作社的发展。然而，社内融资目前还处于试水阶段，缺乏有效的担保体系以及国家法律的规范，使农民面临风险的压力，合法权益得不到保障。

二是税收优惠缺乏。对农民专业合作社实行优惠税收政策是通行的做法。鉴于农业合作社的互助性质和不以营利为目的，许多国家和地区往往采用减税、低税或免税的政策来支持它的发展。在美国，农业农民专业合作社纳税税率只有工商企业的 1/3 左右。日本一般股份公司要缴纳 62% 的所得税，农协只缴 39%；一般企业要缴纳 35.5% 的法人税，农协只缴 27%；一般企业要缴 50%～60% 的各种地方税，农协只缴 43%。中国现行税收制度还没有体现出对农民专业合作社的优惠，特别是由于农民销售自己生产的农产品不缴增值税，而一旦通过农民专业合作社来销售就要缴纳增值税，因此，如果合作组织带动力越强，帮农民销售产品越多，其税费就越重，从而导致合作组织建立健全的会计账务和产销运作制度受到制约，影响了合作组织的积极性，也影响了农民增收。

三是用地困难，制约了农民专业合作社的发展。随着合作组织规模的扩大，合作组织对建设用地的需求增大，合作社的办公培训场所、收贮运输服务场所、生产基地等缺乏，严重制约着合作组织规模的扩大和服务能力的提高。

3. 政府的扶持不到位，管理体制不健全

（1）政府扶持对象范围过窄，难以体现公平。农民合作社的发展需要政府的支持，甚至政府部门的参与，然而怎样选择扶持对象成为政府面临的主要问题。《农民专业合作社法》第九条规定，政府的责任是"对农民专业合作社的建设和发展给予指导、扶持和服务"。而目前，一方面，政府过分注重扶持成本低、收益高的项目，忽视宣传合作价值和精神，支持教育和培训等法律所规定的主要职责；另一方面，由于国家扶持资金总量规模过少，对农民合作社的扶持资金绝大多数以示范项目为主，以致示范项目资金往往直接锁定个别农民专业合作社，其他小规模的农民合作社很难得到扶持。尽管从中央到地方，对项目扶持对象的推荐、选择，项目评审、监察和验收，大都制定有自己的量化评价指标，以克服评审标准不一、项目推荐和初期筛选中的随意性，但是由于总量规模过小，并且不少量化指标没有体现出示范项目单位贯彻合作社原则、促进合作社规范化建设的特殊重要性，过多地强调经营实力，目标群体的选择又难以体现财政资金的公平性。因此，在实际政策支持中，政府应加强对农民合作社的经营活动进行监督，检查是否遵守相关的法律、法规以及合作社章程。农民合作社及其联盟每年要向农业部报送材料，包括全体社员大会的记录和财务账目等"控制文件",由各农业行业协会和政府部门代表组成的特别委员会进行审查,并由此,农业部决定合作社能否享受国家优惠政策。

(2) 部门多头管理,监督不力。我国农民专业合作社在信贷、税收、用地、用电等方面都还面临一些困难和问题。《农民专业合作社法》的实施,引起各级政府部门的重视。然而,在具体的实施中,许多政策措施缺乏具体的操作规程,缺乏可操作性,我国各级政府目前或多或少地表现出行政介入不当与制度供给不足的不协调状况。

第三章　农民合作社财务管理研究

由于农民合作社经营特点，其财务管理也有不同于企业的特征，为此，财政部专门制定了《农民专业合作社财务会计制度（试行）》（以下简称"财会制度"），自 2008 年 1 月 1 日起施行。但目前农民合作社财务管理仍然很不规范。

一、农民合作社财务管理要求

《农民专业合作社法》中第五章专门对合作社的财务管理提出了明确要求，主要包含以下四个方面的内容：会计核算、财务信息报告、合作社盈余分配和合作社财务报告的审计。

（一）合作社会计核算准则

合作社法规定，农民专业合作社会计核算所依据的准则是由国务院财政部门制定的农民专业合作社财务会计制度。

1. 会计核算对象

根据合作社法和财会制度的相关规定，农民专业合作社办理营业执照、税务登记证后就应该独立建账核算，建立健全财务管理制度。在现实中，由于各种原因，有少数合作社未能及时建账，这会影响到这些合作社申请合作社示范社，对于合作社争取各级财政扶持政策、税收优惠也是非常不利的。而如果合作社有正常的收支经营活动，即使是免税对象或无收入，也需要向税务局申报，必须定期报账。有两种情况例外：税务局定额征收和核定征收的农民合作社，这时税务局不要求查账，但是合作社仍应建立账簿，以便更好地核算合作社的收益，从而促进合作社的发展壮大。

合作社建账的流程和一般企业相似，建账时需要额外关注以下事项。一是股东名册需要明确，并根据正确的股东名册设置成员往来、股金和应付盈余返还等明细账；二是确定是否能免税，免税应办理的相关手续，以及涉税时注意和超市及其他公司客户的对接，还有相关税务发票的开具；三是注意生物资产的生产周期、种类和数量等，并开设相关产品物资账及对应明细账。

2. 会计核算机构设置

根据财会制度规定和合作社业务需要，农民专业合作社应配备必要的会计人员。会计机构的规模可以根据合作社的规模和业务繁简程度来确定。

农民专业合作社可以像一般企业那样选择设置单独的会计机构，至少包括会计和出纳两人。如农民专业合作社在最开始设置专门的财会部门时，可以包括一名全职出纳和一名兼职会计，随着业务的扩大，可以计划再增加一名或若干名全职会计。如果条件允许的话，合作社的会计人员最好不是理事会、监事会成员及其直系亲属。合作社的会计人员应该持有会计从业资格证书，且每年参加会计人员继续教育培训和各级农经管理部门组织的相关培训。

不单独设专门会计机构的，可在合作社中指定会计主管人员完成相关工作；对于不具备条件的，还可以委托类似村组会计、乡镇财务核算中心、代理记账公司等代理记账和核算，但仍需指定专人负责主管会计工作。如《浙江省村经济合作社组织条例》中规定："村经济合作社推行会计委托代理制度。村经济合作社可以委托乡镇（街道）会计代理机构代理会计业务，但不得改变其资产所有权、使用权、审批权和监督权"①。

3. 会计科目设置

与《企业会计准则》相比，财政部制定的合作社会计制度与《小企业会计制度》更加相似，原因是后面两种会计制度适用的对象有一个共同点——规模都比较小。但在具体会计科目设置方面，合作社会计制度与《小企业会计制度》还是有一些差异。

第一类差异是为了与国际会计准则趋同。典型例子是用"库存现金"科目代替"现金"科目，这体现了合作社会计制度的通用性。另外取消"预提费用""累计摊销"和"长期待摊费用"科目也是和国际会计准则的趋同。

第二类差异是简化。具体有以下科目：

（1）资产类科目。取消资产减值。不设置"坏账准备""存货跌价准备""固定资产减值准备"等减值备抵科目，当实际发生减值时，直接记入"其他支出"科目。

简化投资核算。在《小企业会计制度》中根据投资的期限和类别不同分别设置了三个科目——"短期投资""长期股权投资"和"长期债权投资"。而对于绝大多数农民专业合作社来说，主要业务是农产品的产购销，很少涉及对外投资，因此只设置一个总的"对外投资"科目，从而简化投资的核算。

（2）负债类科目。简化应付款的核算。在《小企业会计制度》中根据应付

---

① 资料来源：百度百科"浙江省村经济合作社组织条例"，2007 年 9 月 28 日修订。

款项形成的不同原因设置了三个科目——"应付账款""应付票据"和"其他应付款"。而合作社会计制度则是根据是否和成员有关设置了两个科目——"应付款"和"成员往来"。

取消福利费科目。企业应该按照工资总额的一定比例提取福利费,用于职工的医疗费和困难补助等。而农民合作社属于互助性经济合作组织,业务繁忙时合作社成员共同努力完成业务,当没有业务时成员回家各忙各的农活,因此合作社并不承担福利费支出。

取消应交税金科目。企业必须缴纳增值税、消费税、所得税等各种税费,通过"应交税金"科目核算。农民专业合作社可享受国家规定的涉农税收优惠政策,如销售自产农产品可免交增值税,合作社经营规定项目的所得可免交所得税等,因此取消"应交税金"科目。如果非农业务需要交税时则直接记入当期费用。

(3)成本核算的简化。企业成本核算设置两个科目——"生产成本"和"制造费用"。直接材料、直接人工和其他直接支出在发生时记入"生产成本"科目,其他为产品生产而发生但又没有直接关系的费用先在"制造费用"科目归集,期末时再按一定标准分配转入"生产成本"各明细科目。农民合作社一般产品种类少,也就是成本核算对象少,因此其成本核算也相应简化,取消"制造费用"科目,只设一个"生产成本"科目。和企业一样,直接成本直接记入"生产成本"科目;和企业不一样的是,间接成本不再记入"制造费用"科目,而是按一定分配标准记入"生产成本"下相关明细科目。

(4)收入和费用核算的简化。收入核算的简化。不再区分主营业务收入和其他业务收入,原"主营业务收入"和"其他业务收入"科目合并为"经营收入"科目,对应的原"营业外收入"科目改为"其他收入"科目。

费用核算的简化。一是不再划分主营业务成本和其他业务成本,统一在"经营支出"科目中核算;二是将《小企业会计制度》中的"营业费用"也并入"经营支出"科目核算,"财务费用"和"营业外支出"都并入"其他支出"科目核算,"管理费用"科目保留;三是由于农民专业合作社享受国家的各种优惠政策,不再设置"营业税金及附加"和"所得税"科目。

第三类差异是根据农民专业合作社的特点进行的调整或增设。

(1)增设存货类项目。农民合作社的成员是农民,其很大一部分业务是接受成员委托为其代购生产资料和代销农产品,针对这一特点,合作社会计制度增设"受托代销商品"和"受托代购商品"这两个特别的存货类会计科目。

(2)增设"成员往来"科目。企业应收款项的相关会计科目是按其应收款形成的原因不同而设置的,包括"应收账款""应收票据""应收股息"和"其他应收款"这四个科目。而合作社的业务大多为与成员间的往来，如代购代销业务、委托生产业务等，所以合作社是按是否与成员有关来设置会计科目。和成员发生的应收款，通过"成员往来"科目核算；与成员之外的单位或个人发生的应收款项则通过"应收款"会计科目核算。

（3）农业资产科目的替换。在存货方面，合作社和一般企业的一个区别是在合作社的存货中有一些是有生命的。合作社会计制度中将牲畜（禽）资产、林木资产和其他农业资产作为农业资产列入流动资产的存货中。和一般的资产相比，农业资产价值构成的一个特点是其生长过程中相应资产的价值有可能增长，如种畜、种苗、果用林等。对于这类资产，《小企业会计制度》中也有两个对应科目，即"消耗性生物资产"和"生产性生物资产"，相比之下，合作社会计制度中的会计科目更加直观，其核算也更为简单。

（4）用"应付盈余返还"和"应付剩余盈余"科目替代"应付利润"科目，这是为了满足合作社盈余分配的特殊规定。

（5）用"股金"科目代替"实收资本"科目。与企业不同，合作社实行民主管理制，一人一票，而不是按资本份额决定投票权的大小。与一般企业相同的是合作社分红时也是按资本份额大小进行。因此用"股金"代替"实收资本"科目要更为贴切。

（6）用"本年盈余"科目代替"本年利润"科目。这是由合作社的目标特点所决定的。企业的目标首先是利润最大化，成立企业的目的是通过将外部交易内部化来降低交易成本；合作社则是通过在市场上处于相对弱势地位的分散农户的联合来增强其生存能力和竞争能力，虽然也追求利润最大化，但更强调合作和互助。因此为区别于企业，用"盈余"代替"利润"，与此类似的还有用"盈余分配"代替"利润分配"。

（7）增设"专项基金"科目和"专项应付款"科目核算国家财政直接补助资金和他人捐赠资金。形成财产的这两类资金要平均量化为成员份额，作为盈余分配依据，但以下两种情况除外：一是成员退社后，不能再依此享有剩余盈余的分配；二是合作社解散、破产清算时，不可以将这部分财产分配给成员，而是由国务院规定。

国家财政向合作社直接拨付的补助资金形成国家财政直接补助资金，用于支持和鼓励合作社发展，如开展财会培训、农产品质量标准与认证、农业生产基础设施建设、市场营销和技术推广等。当收到财政补助时，借记"库存现金""银行存款"等货币资金科目，贷记"专项应付款"科目。合作社按照财政补助资金规定的用途，购置或取得相关资产时，借记"固定资产""牲畜（禽）资产""林木资产""其他农业资产"等科目，贷记相关货币资金科目，同时借记"专项应付款"科目，贷记"专项基金"科目；用于开展培训、市场营销、技术推广等活动支出时，借记"专项应付款"科目，贷记相关货币资金科目。

例1　国家财政向某合作社拨付直接补助资金5万元，规定其中80%即4万元用于成立合作社，建设合作社办公楼实际支出3.5万元，购置办公设备支出0.5万元；剩下20%用于合作社活动支出，其中农业技术推广5 000元，合作社成员培训5 000元。会计分录为：

（1）收到国家财政拨付的补助资金时：

借：银行存款　　　　　50 000

　　贷：专项应付款　　　　50 000

（2）建设办公楼和购置办公设备时：

借：固定资产——办公楼　　35 000

　　贷：银行存款　35 000

借：固定资产——电脑　5 000

　　贷：银行存款　5 000

同时，转入"专项基金"科目：

借：专项应付款　35 000

　　贷：专项基金　35 000

借：专项应付款　5 000

　　贷：专项基金　5 000

（3）用于合作社活动支出时：

借：专项应付款——农技推广　5 000

　　　　　　　　——成员培训　5 000

　　贷：银行存款　10 000

合作社收到的他人捐赠的货币资金和非货币资产就是他人捐赠资金。合作社实际收到他人捐赠资金时，借记"银行存款""固定资产""无形资产"等资产类科目，贷记"专项基金"科目。

例2　某公司向合作社捐赠农用小卡车一辆，价税和相关费用合计3万元。则会计分录为：

借：固定资产——卡车　30 000

　　贷：专项基金　30 000

4. 财务管理信息系统建设

为了加强农民专业合作社信息化、规范化建设，农业部经管总站从2013年1月开始向全国农民专业合作社免费推广应用"财务管理系统"软件（免费下载地址：中国农民专业合作社网）。软件主要包括财务账务管理、人事工资管理、财务预算管理等七项功能，农民专业合作社的会计核算通过其中的"财务账务管理"模块即可完成。这一软件操作简单，即使合作社没有专业会计人员，根据软件操作说明书也可以一步步完成农民专业合作社的基本会计核算。

除了上述免费软件外，市场上还有很多种类似通用软件可供选择。对于有自己特定要求的合作社，也可以开发适合于自己业务特点的专用财务管理信息系统，如湖南郴州市农村经济管理局就计划通过政府采购建立郴州市农民专业合作社经营管理财务信息系统[①]。

当然，规模较小、业务简单的农民专业合作社也可以选择传统的手工会计信息系统。

5. 会计核算监管

根据《会计法》和《农民专业合作社法》，农民专业合作社的会计核算工作接受各级财政部门和农经部门的指导、监督和管理。

（1）指导工作。国家财政部门制定统一的合作社财务会计制度，地方各级财政部门制定财务会计制度的实施细则和规定具体表格、文档的编制报送。各级农经部门根据财政部门的规定对合作社的财务会计工作进行指导，督促相关会计人员及时准确地建账、编制会计凭证、登记账簿、编制和报送财务会计报告等，规范会计基础工作，并及时发现问题和提出整改建议。

（2）监督工作。各级农经部门应对所辖地区报送的合作社资产负债表、盈余及盈余分配表和成员权益变动表进行审查，然后逐级汇总上报，同时附送财务状况说明书，按规定时间报农业部。同时，各级财政部门和农经部门还要深入基层合作社进行细致调查，全面及时了解合作社会计工作开展情况，加强监督。一方面对国家财政直接补助资金和各种奖励项目的使用情况要进行严密监管；另一方面，还要检查和监督合作社的会计核算和财务管理工作，从而更好地实现合作社合作互助的功能。

（3）会计培训工作。缺乏高素质的财会人员，一直是农民专业合作社财务管理水平相对薄弱的一个重要原因。一名优秀的会计人才，不仅能满足会计核算和监督工作的需要，更重要的是能为合作社的管理决策提供有用的会计信息。因此，各级财政和农经部门采取多种方式对合作社财务人员开展广泛的培训，提高其业务素质是很有必要的。培训工作主要包括两个方面：一是职业道德培训，主要是法规政策和相关案例的学习，包括会计法、政府预算法、合作

---

① 见 2015 年 1 月 5 日中国国际招标网：《郴州市农民专业合作社经营管理财务信息系统建设服务政府采购》。

社法和合作社财务会计制度等，从而提高财会人员的职业道德素质，政策理解、执行和应用能力；二是会计业务培训，提高财会人员会计核算能力和会计信息化管理水平。在此同时，各级财政和农经部门还要积极为合作社提供财务管理经验交流的平台，如组织财务人员进行实地考察，举办各种农业经济管理会议，建立相关网络论坛和主题社区，使得合作社会计人员可以有多种渠道对财务管理知识和问题进行学习、研究、交流和创新，从而提高财务管理能力和工作效率。

（二）合作社财务信息报告要求

根据《农民专业合作社法》第五章第三十三条规定，农民专业合作社应向成员公开报告的财务信息与企业年报类似，包括年度业务报告、财务会计报告、盈余分配方案和亏损处理方案，披露时间为年度成员大会召开的十五日前。合作社的财务会计报告包括会计报表、会计报表附注及财务状况说明书。具体而言，合作社应编制资产负债表、盈余及盈余分配表、成员权益变动表、科目余额表、收支明细表、财务状况说明书等。

合作社应按登记机关规定的时限和要求，及时报送资产负债表、盈余及盈余分配表和成员权益变动表。资产负债表、盈余及盈余分配表和成员权益变动表格式及编制由合作社财务会计制度统一规定，科目余额表和收支明细表的格式及编制说明则由各省、自治区、直辖市财政部门和农村经营管理部门在合作社财会制度相关规定的基础上自行规定。

（三）合作社盈余分配要求

根据《农民专业合作社法》第三十七条的规定，合作社成员按其与合作社的交易量（额）比例获得盈余返还，盈余返还的总额应在可分配盈余的60%（含）以上。按交易量进行盈余分配是合作社特殊性的一个体现。和一般的企业法人不同，合作社盈余分配最重要的依据不是所有者即每个成员的出资额，而是成员与合作社之间的交易量（额）。这是因为合作社盈余的形成既来源于成员的投资（出资额和公积金），成员与合作社之间的交易也是盈余的重要来源。因此，如何合理确定按交易量（额）分配盈余与按照出资额分配盈余的比例是合作社盈余分配的关键问题。

对此，《农民专业合作社法》中规定的盈余分配顺序是首先用于弥补历史亏损，这与一般企业没有区别；接下来是提取公积金，这和一般企业提取法定盈余公积金是一致的；在弥补完亏损、提取公积金后剩下的盈余，即为合作社的可分配盈余。如前所述，对于可分配盈余，合作社首先按成员与本社的交易量（额）比例返还 60％以上，对于剩余部分再根据成员的出资额和公积金份额（包括国家财政补助和接受他人捐赠分摊给成员的部分）按比例分配给每位成员。

（四）合作社财务报告的审计要求

《农民专业合作社法》第三十九条规定，合作社的财务报告应当进行审计。内部审计由合作社的监事或者监事会负责，审计结果应当向成员大会报告。不具备内审条件的，也可由成员大会委托外部审计机构如会计师事务所对本社的财务报告进行审计。

二、农民合作社财务管理现状

（一）农民合作社会计核算现状

1. 农民合作社建账情况

2007 年 7 月 1 日开始实施的《农民专业合作社法》明确规定农民专业合作社应独立建账核算，这是建立健全财务管理制度的基础。在此之前，除非税务要求，很多合作社并没有独立建账，只有简单的流水账或现金日记账。如根据 2004 年浙江省台州市农经总站对该市农民专业合作社的调查，从收上来的报表反映，已建账（包括仅建现金日记账）的农民专业合作社约占合作社总数的 70％，而详细调查的 10 家合作社中，建账基本规范的仅占半数，剩余半数记流水账。建账基本完整的合作社主要分为三类：一是规模较大被认定为一般纳税人的合作社，无论是否有可统一执行的会计制度，出于纳税需要，这一类合作社都必须独立建账，其会计制度一般参照乡镇企业会计制度；二是供销社领导下建立的农业合作社，可参照供销社会计建账；三是依托农业龙头企业建账。

根据调查，合作社不建账的原因可以从两个方面分析，一是从合作社自身来看，出于成本收益比较的考虑而不建账。对于大部分小规模的合作社来说，很难找到能够独立完成会计核算的社员，而从外部聘请专业会计人员又会加重合作社的经营成本，不如只记流水账合适。二是从外部要求来看，并没有相关法规统一要求合作社必须单独建账。对于农业行政主管部门来说，通常只有在年末评定示范性合作社时才要求合作社上报相关报表，平时并不需要；而从纳税来看，单独农户在市场上销售农产品可以免税，而由合作社统一销售却要纳税，客观上来说增加了农民的税收负担，因此一些合作社不愿意建账。

《农民专业合作社法》实施以后，明确规定了应该建账，并通过各种培训活动辅导合作社完成建账、记账和编制报表等会计工作。这从技术上解决了合作社规范会计核算的问题，因此大多数农民专业合作社都能够独立建账和按规定设置会计科目，但仍有少数合作社不建账。根据 2010 年农业部开展的农民专业合作社财务管理摸底调查统计结果，截至 2009 年年底，全国共有约 21.6万家合作社纳入统计，其中约三分之二的合作社设置了会计账簿（包括总账、明细账和日记账），这其中按统一的会计制度规定的格式设置的大约占 60%，剩余 40% 未按规定格式建账。相比较而言，内蒙古、吉林、广西、青海等经济不发达省区的合作社不建账情况更多。与前述 2004 年浙江台州市的调查结果相比，我们可以发现，在合作社法实施两年多后，农民合作社建账的比例有明显提高，从 50% 提高到了将近 70%，而后者还是针对全国的调查数据。这是相关部门开展的大量财务培训和支持工作的效果的体现。

随着农民专业合作社信息化、规范化建设的深入开展，农民合作社的建账工作从技术上来说变得更加容易，建账成本也越来越低，因此建账的合作社比例也越来越高。如唐亚、邓军蓉在 2013 年对湖北省荆州、恩施等 23 家合作社的调查结果显示，在样本合作社中只有 3 家未独立建账，只有流水账，只占总数的 13%[①]。但对于规模较小、业务较少的农民合作社来说，建账的比例仍然较低。如甘肃省天水市秦州区经管站 2014 年的调查结果表明，该区农民专业合作社按统一格式设置日记账、总账和明细账的仅占 10%，自设日记账的也只有 20%。这与 2009 年的调查结果一致，即经济不发达省区的合作社财务管理水平较低。从客观上来看，经济越发达，相应的财务管理要求就越高，反之亦然。

在实际建账过程中，如果是合作社成立一开始就建账，通常会请专门会计人员或代理记账机构根据合作社财务会计制度代为建账，很多地区的农经管理部门也会专门组织合作社进行相关财会知识培训。所以这种情况下新账的建立相对较为规范，问题更多的出现在农民专业合作社中途建账或结旧账建新账过程中。

一是成立建账后不核算，这样会计年度结束时的结旧账建新账也就无法进行。其原因和前述调查发现的不建账的原因类似，如合作社管理层（理事长）不重视核算，认为建账和会计核算没什么用；合作社财务管理水平低，缺乏合格的专门财会人员，聘请专业会计成本较高；相关部门监管不力，是否建账无

---

① 唐亚，邓军蓉. 湖北省农民专业合作社财务管理现状分析——基于 23 家合作社的调查. 经济研究导刊，2013（24）.

关紧要。

二是账簿启用表没有填写。账簿启用表有两个作用，既可作为目录方便账簿的查阅，又可以明确相关财会人员的责任。但很多合作社填写不齐全或不填写，这样不仅不便于查阅，日后出问题时也不易弄清责任人员。

三是结账不及时。按合作社财务会计制度要求，合作社在月末、季末和年末要结账。而有些合作社由于缺乏专职会计人员，兼职会计不重视或没有能力及时结账，甚至拖延到次年 3、4 月都没有结清账目。还有的结账前没有认真完成对账工作，使得账账、账表和账实之间数字不符，给第二年的结旧建新工作带来困难。

四是不按合作社财务会计制度的规定设置相关账簿，除了设置不齐全外，最突出的问题是有些合作社不设物资保管账；会计科目方面则表现为科目的增减、更改或合并比较随意，另外明细科目设置较少或不设置。

五是结旧建新时不规范。如登记"上年结转"金额时将该金额同时填入次年新账的发生栏和余额栏里，而按规定该金额只应填写余额栏，并指明余额的"借"或"贷"。这种做法的后果是新年第一个月的发生额包含了上年结转金额，与真实发生额不符。

六是结账前不进行财产清查核对工作。有些合作社财务管理不规范，基本上不进行财产清查工作，对合作社的各种资产不盘点，不及时核对往来，结旧建新时只是直接照抄上年末账面数，结果造成账实不符、各种往来不一致等问题。

2. 会计核算机构设置和会计人员素质

农民专业合作社的财务管理工作要靠相应的会计人员和会计机构来展开。根据前述 2010 年农业部开展的合作社财务管理调查统计结果显示，所调查的215 916 家合作社共有会计人员 170 289 人，平均下来每家合作社约拥有 0.79 名会计；在这些会计人员中，专职会计只有 64 869 人，不到总数的 40％，也就是说平均一家合作社大约配备 0.3 名专职会计人员。从人员结构来看，他们的年龄大多数在 45 岁以下，财会工作经历集中在 5 年以上，学历则多为高中或中专以下，大学生很少。从人员结构可以看出，为合作社服务的会计人员大多数是农村会计工作经历较为丰富的"老会计"，但其知识结构和学历结构都并不太高。从这一调查结果我们可以很容易地推断出，大多数的农民专业合作社都没有配备专门的会计核算机构，因为最简单的会计部门也最少需要两人以上——专职会计部门需要至少一名出纳和一名会计。经过财政部门和农村经管部门组织的大量会计培训，合作社财会制度得以实施，但会计专业人才的缺乏依然是广大农民合作社面临的一个问题。如 2014 年宝鸡市财政局对该市农民专业合作社进行的调研表明①，全市 1 567 家合作社中能独立核算的有 1 254 个（其中代理记账的 205 个），占 80%；共有财务人员 1 106 人，其中有会计从业资格证的只有 76 人，10% 都不到，而会计从业资格证仅仅是会计执业的入门许可而已。

从以上调查结果中可知，即使加上兼职会计，平均每家合作社所配备的会计人员都不到一名。会计核算机构规模的大小与经济组织的规模直接相关，农民合作社的规模普遍偏小。如 2009 年对山东省青岛市和青海省海东地区农民专业合作社进行的实地调查表明②，交回有效调查问卷的 237 家合作社的平均规模为：成员数 154 人，联系农户约 320 户，注册资金约 80 万元，实际出资约 60 万元。从成员数和联系农户数看和中小企业规模相当，但农民专业合作社是松散的联合，所以其规模大小更主要的是看注册资金和实际出资数，从调查结果看，平均规模还是偏小。如将样本中的青岛市农民专业合作社的注册资金水平与同期该市其他市场主体相比，农民专业合作社平均注册资金仅高于工商个体户，相当于外企的 1/30，内资国企的 1/25，内资私企的 1/4。

由于规模较小，加上农村专业会计人员缺乏的原因，在实践中，部分合作社采取了委托中介机构代理记账和核算工作的办法。这些中介机构包括村组会计、乡镇财务核算中心、代理记账公司、会计师事务所等。这里的代理记账工作是指将合作社的记账和会计核算等会计工作全部委托给专业记账公司完成，合作社只设立专职或兼职出纳人员，负责日常经营中货币资金的收支业务工作和原始凭证收集保管工作。平均一家合作社不到一名会计人员的配备，这对于要有效完成合作社财务管理工作的目标来说是不够的。即使采取委托专业的中介机构代理记账的办法，也仅仅能够完成最基本的会计核算工作，对于内控、成本管理等更深入的财务管理工作也是力不能及的。

总之，由于一般农民合作社的规模较小，业务量也少，相应的其会计核算机构普遍规模小，财会人员的文化水平和专业素质也相对较低。这些会计核算机构和财会人员可以为合作社完成最基础的会计核算工作，但其会计监督和财务分析能力普遍较低，不容易如实和及时反映合作社的财务状况和经营成果，也难以为合作社的管理层决策提出合理建议，对国家财经政策和合作社相关财务制度和财税政策的变化，也难以及时有效地解读和反应，不利于合作社的长远发展。

---

① 杨萍．农民专业合作社财务会计管理存在问题及对策．西部财会，2014（7）：43-45.

② 郑丹，王伟．我国农民专业合作社发展现状、问题及政策建议．中国农经信息网，2011-04-17.

3. 合作社财务会计核算工作现状

根据《农民专业合作社法》第三十二条的要求，合作社应当按照国务院财政部门制定的财务会计制度进行会计核算。该制度明确了会计核算的基本要求，规定了会计科目表，还提供了资产负债表、盈余及盈余分配表和成员权益变动表的格式，并对具体会计科目的使用和这三种报表的编制进行了说明。该制度2007年颁布后，各地财政部门和农村经管部门为了推动制度的实施，相继进行了大量的财务培训，有的还推出了更为详细可行的实施指南，以期为合作社会计人员的会计核算实务提供更加具体的参考。

有些地区的合作社统一规范了账簿和重要单据，如山东某县印制了"××县农民专业合作社统一账簿"和日常收支单据，包括"农民专业合作社收款收据""农民专业合作社付款票据""农民专业合作社产品物资入库单""农民专业合作社产品物资出库单"等；有些明确规定了合作社向乡镇经管站、县农业局报送有关报表的时间和种类，要求每月 5 日前报送上月的科目余额表和收支明细表，每年的 1 月 15 日前上报国务院财会制度中明确了格式的三大报表——资产负债表、成员权益变动表和盈余及盈余分配表①。还有的用图表格式展现了合作社的会计核算流程，直观明了（表 3-1）。

表 3-1　农民专业合作社会计核算流程

1	注册登记、领取营业执照					
2	召开成员大会制定财务制度					
	现金、存款管理制度	物资采购管理制度	产品销售、劳务收入管理制度	产品物资管理制度	固定资产管理制度	日常报账核算制度
3	设置会计机构和岗位					
	财务主管	会计	出纳	物资保管	成员民主理财小组	成员民主监督小组
4	设置会计账簿体系					
	总分类账 / 现金日记账 / 存款日记账 / 往来账 / 产品物资账 / 收入分类账 / 成本费用账 / 收益分配账				固定资产账	成员明细账

---

① 参见山东省沂水县农村经营管理服务中心 2011 年 2 月编写的《农民专业合作社账务处理实务》。

（续）

5	开展日常会计核算												
	受理原始凭证			编制会计分录、填制记账凭证				登记相关科目					
								登账			对账		
	合法性审查	合规性审查	合理性审查	正确编制分录	简要填写摘要	注明所附单据数	经办人员手续齐全	总账	明细账	成员账	账证核对	账账核对	账实核对

6	结账、编制科目余额表	
	月末将各科目进行合计、结算出余额	将各科目余额过录到科目余额表

7	编制相关会计报表			
	月度、季度和年度会计报表			
	收支明细表	资产负债表	盈余及分配表	成员权益变动表

8	编写财务状况说明书
9	公布财务状况和经营成果

资料来源：百度文库：2012年丽水市供销合作社系统农民专业合作社财务会计实务初步规范指南。

以上工作大大促进了合作社会计核算的规范开展，但实际工作中仍然存在很多不规范的地方，主要表现在三个方面。

一是原始凭证不规范。在合作社中，这首先表现在原始凭证内容的不完整。根据财会制度规定，原始凭证上至少要有三个章，即填制凭单单位的印章、接受单位经办人的签章和接受单位审批人的签章，另外至少六个要点要齐全：发票抬头、品名、数量、单价、金额和开票日期。合作社原始凭证不完整主要表现在：关键要素经常含糊其辞，例如购买办公用品的凭证，不注明具体品名、规格、型号、数量，很多其实是相关经办人员的个人消费；有的凭证金额缺乏各项目明细，如果结合市价水平，金额大小常有虚报嫌疑；有的原始凭证则三章不全，最常见的如没有单位公章，经手人姓名不完整，因此无法确定原始凭证的合法性和来源，以后的归责也可能无法落实；各种自制原始凭证常常出现填写过于简单、遗漏重要项目，甚至白条抵票等现象。

其次是原始凭证填制有错误。如金额大小写不一致，随意涂改，公章、发票章、财务章乱用，发票不符合税务要求等。

另外合作社原始凭证还存在缺乏审核和处理及时性差的情况。由于合作社普遍较小，很多原始凭证都是一人全部办理，因此常出现收支款项无会计审核、无经办人员签字或无相关主管签字审批等。合作社也经常出现拿到原始凭证后不及时编制记账凭证，这样会严重影响相关报表的质量，有的原始凭证甚至拖到几年以后才处理。

二是合作社的记账凭证不规范。除了上述的记账凭证编制不及时外，记账凭证不规范的最主要原因是合作社的会计人员对合作社会计制度规定的会计科目理解不够准确，因而不能正确使用。如对于合作社与成员（社员）之间的业务往来，按照《小企业会计制度》应计入应收/付账款或其他应收/付款科目，对应的，合作社会计从合作社财会制度的会计科目表中找到的最相似的是应收款和应付款账户，但正确的科目应该是"内部往来"科目。另外还有一个不规范的表现是随意简化会计核算，如把所有费用都记入经营支出，而忽略管理费用和其他支出科目；还有的把全部支出记入生产成本，严重影响最终报表的正确性。

三是会计账簿登记不完整。按财务会计制度要求，一定会计期间内合作社的全部经济业务都应该入账，但一些合作社只核算部分业务，尤其是合作社发生的收入和盈余记录不全甚至根本不计，成本核算也非常薄弱。一般来说，上级财政部门、税务部门或农村经管部门要检查的内容登记得比较清楚，尤其是国家财政直接拨付的补助资金，基金的来源和使用记录清晰，相关证账齐全，填制完整规范，但其他业务就常常忽略，从账簿上难以看到其记录，相关原始凭证也可能不齐全甚至缺失，自然也不会纳入会计报表。

根据合作社财会制度规定，合作社有盈余时应该进行两次盈余分配，首先按成员与合作社的交易量（额）比例返还不低于60%的可分配盈余，然后再根据成员出资额和公积金份额，以及合作社接受国家财政直接补助和他人捐赠形成的财产平均量化到成员的份额，按比例分配剩余的盈余。在可分配盈余分配的实际操作中，一些合作社出现混乱现象，主要表现在两次分配的标准确定不合理，这和前述会计核算不规范有关系，当会计记录不完整不准确时，很难真实准确地计算可分配盈余、成员交易量和平均量化到成员的国家财政直接补助和他人捐赠所形成的财产，自然也难以对可分配盈余进行合理返还；有的合作社则完全取决于合作社实际控制人的意愿而任意分配，甚至有些合作社账上有盈余，却不进行盈余分配。这些混乱现象的存在，严重影响了农民合作社成员的积极性，侵害了成员的正当权益，影响了合作社的长远健康发展。

除了以上由于会计核算不规范或合作社控制人不遵守财会制度所造成的盈余分配混乱外，还有一些合作社因为客观原因选择在与社员交易时直接返利，而不是年底再返还。如某合作社与成员的业务往来主要是在每年豌豆成熟的季节收豆子，同时给农民豆子款，然后年底返利。由于合作社成员账户是手工记录的，多达 527 名的合作社成员就必须有 527 个成员账户。为了正确返利，合作社的出纳在年底时要花上半个月的时间进行记录结算，这导致合作社的会计资料里的成员账户多达 8 本，这对会计人员来说是个不小的负担。① 相比较而言，该合作社与成员之间的业务往来是比较简单的，那么对于很多业务更加复杂，成员数量更加庞大的合作社来说，他们更倾向于交易时直接返利就是一个比较现实可行的选择了。

（二）合作社内部控制制度建设现状

合理的内部控制制度能有效保证合作社的资产安全完整，保障各成员利益。合作社财会制度规定，合作社应建立健全与货币资金、销售业务、采购业务、存货、对外投资业务、有价证券、固定资产和借款业务相关的内部控制制度，并定期和不定期对与资产有关的内部控制制度进行监督检查，及时发现内控薄弱环节，及时采取纠正和改善措施，确保合作社资产安全和成员利益的实现。

然而在实际操作中，大多数合作社并没有建立完善的内部控制制度，如对新疆玛纳斯县 25 家典型合作社的实地调查发现，只有 3 家建立了比较完善的合作社内控制度，绝大部分合作社在内控制度的建设和实施上都不太理想②。而对于建立了内部控制制度的合作社来说，很多实施力度也是不够的。这与合作社的管理层不重视或能力不够有密切联系。

（三）合作社财务监督现状

合作社的财务监督分为审计监督和国家监督。

合作社的审计监督分成内审和外审两部分。合作社财务会计制度规定，设有执行监事或者监事会的农民专业合作社，应由其负责对本社的财务进行内部审计，对于外部审计并没有强制规定。目前大部分的合作社没有内部审计部门，即使有执行监事或监事会进行内部审计，也难以保证内部审计的独立性，起不到财务监督作用。另外，多数合作社的财务公开做得并不好，而由于大多数成员不懂财务，即使财务公开，许多成员也看不懂。由于聘请外部审计机构进行审计需要成员大会同意并支付审计费，很少有合作社聘请独立的第三方中介来完成审计。因此，从审计监督来看，对于合作社的财务监督力度是比较

① 北京荣涛豌豆产销专业合作社财务管理情况调查报告．中国农业信息网，2013-12-24.
② 农梅，陈巧．农民专业合作社财务会计制度建设现状与对策——基于新疆玛纳斯县 25 家合作社的调查．新疆农垦经济，2015（2）.

弱的。

从相关国家部门的外部监督来看，财政、农业经管部门、税务等诸多国家监督机关各自为政，相互间缺乏协调配合和信息共享，其监督缺乏持续性，效果也欠佳，实际造成了合作社的会计核算不完整，财务管理薄弱。政府部门监管哪些，财会人员就会加强哪方面的会计核算。除了前述国家财政直接拨付的补助资金外，如果税务部门要查税，相关收入成本核算和管理就会更加规范，否则就干脆不核算收入和成本，或者"两套账"之类。这也是有些合作社不严格区分与成员和非成员之间的业务往来核算的一个重要原因，因为和成员的往来常常不用纳税，而和非成员的往来常常需要交税。

（四）合作社财务管理信息化现状

目前我国实现农村产业结构升级、实现"互联网＋"、推广农村电子商务农业，都离不开农村信息化。而作为我国未来农业发展的重要基础组织、农业信息化的一个关键环节和实施主体——农民专业合作社，大力开展信息化建设，这是合作社长远健康发展的必然选择，也是市场经济的客观需求。而这一重大工程的实施包括四个方面，即网络建设、硬件配置、软件开发和人力配备。

前述官方提供的免费软件（如农业部2013年开始向全国农民专业合作社提供的"财务管理系统"软件），还有市场提供的更有针对性的专用财务管理信息系统软件，只是构成了合作社财务管理信息化建设的一个部分，即其中的软件开发。从当前的农村合作社财务管理信息系统的建设来看，比较典型的是以下两种方式。

第一种是传统手工财务管理信息系统。顾名思义，这是以人工处理为主的财务管理信息数据处理系统。在该阶段，财务人员使用最简单的纸、笔、算盘或计算器等工具，对会计数据和其他相关数据进行归集、整理、记录、分类、汇总，并编制最终财务报告。在合作社现有人力资源水平和资金水平下，手工信息系统具有硬件成本低和对财务人员素质要求不高的特点，因而简便易行，相当多的合作社依然还是采取这种方式。如对2014年6月湖南某县合作社的调查表明，该县190多家农民合作社中，有170多家依然采用手工会计信息系统，只有10%不到的合作社实现了会计电算化[①]。采用手工会计信息系统的合作社多数规模较小，经济实力较弱，业务量不大，成员规模也较小，事实上达不到信息化条件——必须要有一定规模的营业收入和净盈利才能覆盖信息化的

---

① 彭道琼. 农民专业合作社会计信息化现状思考. 现代商贸工业，2015（8）.

相关成本，否则信息化对于这些合作社来说是并不划算的。除了成本因素的考虑外，由于网络、计算机技术发展的速度很快，很多合作社的管理层跟不上技术发展的步伐，不能及时向新型农民转化，不重视信息化建设，对信息化建设的重要性和必要性没有深刻的认识，因而不愿在合作社信息化方面进行实质投入。当然某些地区基础网络配套设施的欠缺也是信息化在合作社层面发展速度较慢的重要原因之一。此外，还有少数合作社因为产权关系、盈余分配、税收缴纳等方面的考虑，公开财务信息意愿较弱，相应地也不愿意在合作社推行会计信息化。

然而在手工会计信息系统中，由于所有工作都要财会人员亲力亲为，这让他们的大部分精力耗在了机械记账上，而且手工操作出错率高，数据信息共享性差，这些都导致会计工作效率低下，会计信息质量也受影响。对于合作社有限的会计人员来说，能及时准确地报账都是个艰巨的任务，至于利用现有数据进行更深入的财务管理就几乎是无法涉及了。

第二种典型的财务管理信息系统是以会计电算化为核心的信息系统。与手工会计信息系统相比，电算化会计信息系统效率高，准确率高，对于合作社的会计信息规范化有明显的促进作用。下面是合作社推广会计电算化的一个典型案例。

案例　双赢水果专业合作社的信息化建设工程①

1. 合作社信息化建设的背景

双赢水果合作社的信息化建设是安徽省 2009 年推出的农民专业合作社信息化建设工程的示范项目之一。该工程持续三年时间，面向全省农民专业合作社，目的是推动农村信息化建设和加快合作社发展。建设工程的原则是"因地制宜、整合资源、多方参与、务求实效"，建设的重点是不同模式和不同类型的示范社，推出典型，逐步推进，探索一条政府推动、部门协作、市场化运作、服务农民专业合作社的现代农业信息服务体系模式。工程的主要内容是"安徽省农民专业合作社网"的搭建和应用为主要内容，选取宣城市和广德、宁国、绩溪、太湖、杨山五县开展"安徽农民专业合作社网"的先期应用工作。凡是承担部、省级其他试点示范建设项目的市、县、乡（镇），省级以上农业产业化龙头企业以及各级农民专业合作社示范社，可以率先参加安徽省农民专业合作社信息化建设工程。在总结前期示范社实施经验的基础上，再进入全面实施阶段。

---

① 李倩．安徽省农民专业合作社信息化服务建设研究．安徽财经大学硕士学位论文，2012.

2. 双赢水果专业合作社基本情况

该社处于安徽省一水果大县，该县还有其他各类合作社，便于比较。在安徽省从 2009 年到 2012 年间实施的农民专业合作社信息化建设工程中，该社是第一批被选择扶持的信息化建设示范社，并于 2012 年被国家评为"全国农民专业合作社示范社"，属于信息化建设比较出色的单位。2009 年该合作社有成员 600 余户，资产总额破 1 000 万元大关，2009 年 4 月被评为"优秀专业合作组织"，当年 6 月被确定为第一批省级信息化建设示范专业合作社。与其资产和社员规模相比，最初开展信息化建设的条件并不是很好，仅有财务人员 1 名，信息员 2 名，电脑 5 台，电话传真机一台。

3. 合作社信息化工程的实施

（1）网络建设。在省农委的领导下，创立了安徽农民专业合作社网，双赢合作社是由县农委组织第一批加入的。

（2）硬件配置。除合作社原有电脑网络设备外，还得到了省农委用综合扶持资金奖励补助的电话传真一体机一台和电脑一台。

（3）软件开发。由一家信息科技发展公司承担全省信息化建设工程的技术支持工作，包括信息化所需网络基础设施的搭建，合作社网综合服务平台和各合作社网站的设计和开发。

（4）人力配备。合作社专门设信息员 2 名。前述信息公司负责合作社相关人员的信息化知识和操作培训。

4. 合作社信息化系统结构和功能

安徽省农民专业合作社综合服务平台是安徽省合作社信息化建设服务工程的主要成果，是以互联网为基础提供软件服务的综合平台。信息公司为合作社搭建信息化的网络基础设施和软、硬件平台，并负责培训、实施和后续维护。在信息化实施过程中，双赢合作社购置电脑和通网后，即可使用该互联网综合服务平台。省农委统一向信息公司按月支付一定的租赁费，合作社不承担这一笔成本。合作社从该平台登录后即可公开发布各种信息。

该综合平台包括以下内容：

（1）示范社信息化平台。该平台包括合作社社务管理系统、短信系统、实时在线监控系统、网上 3D 展览、农产品追溯系统和合作社物联网系统。

合作社安装了种植类社务管理系统①。通过该系统，合作社可以进行社员档案管理和购销信息管理。

通过合作社短信平台，合作社可以向社员手机群发包括气象提醒、生产技

---

① 除种植类外，还有养殖类、资金互助、农机类、土地流转等不同类别合作社社务管理系统。

术、市场动态等信息，同时还可以向各级农经管理部门报送合作社的最新工作动态，还可以进行网上缴费等项业务。

农产品追溯系统可采集果林种植档案、采摘信息、生产包装信息等，并生成追溯码。通过追溯码，可以让消费者了解水果从种植到采摘各环节的质量信息。追溯码有多种查询方式，如网络查询、终端查询、手机短信查询、电话查询等，这使得消费者可以很方便迅捷地查到相关信息。

实时在线监控系统将合作社的生产情况搬到了网络上，消费者可以随时在网上看到合作社产品的实际生产环境和生产过程。由于该系统的应用需要在农产品生产基地安装摄像头进行实时监测，成本较高，双赢合作社并未应用。事实上，养殖业合作社更适用这一系统。例如一生态养鸡合作社应用该系统实时监测合作社生态养殖的黑鸡生长过程和生态环境，大大提高了消费者对合作社黑鸡的信任度，与不少城市月嫂中心和高档乡村民宿建立了长期合作关系，同时开展市民认养销售方式，从而得以进入高端消费市场，显著提高了合作社的利润。

网上 3D 展览系统则运用 3D 技术在网上展示合作社的产品，相当于给合作社的产品提供了一个网上展览馆。

合作社财务管理系统为合作社解决财务管理中的问题，促进了合作社财务管理的规范化，也提高了合作社财务管理的透明度。

（2）合作社产品推介平台。双赢水果合作社可以在该平台上进行名优产品推介、网店展示和产品供求信息发布等。潜在客户可以方便快捷地通过该平台查到合作社水果产品的价格、供应时间、合作社地址和联系方式。此外，合作社还可以在平台上开网店销售水果，即开展电商业务，这样避免了开实体店的高额成本，也大大节省了推销费用。当然合作社也可以在平台上按行业或地区查看其他网店，购买所需产品，如购买农资等。网店购物流程与阿里巴巴的类似。

（3）合作社学习平台。合作社可以在该平台上学习农业政策、水果种植技术、经营管理知识、信息技术、网络技术等，也可以和其他合作社成员相互交流。该平台包括合作社讲堂、农民商学院、《安徽农民专业合作社网》杂志和名人名社几个部分。合作社讲堂由理论探讨、项目指导和专家答疑三个版块构成。

（4）畜牧养殖协同管理平台。该平台针对生猪养殖合作社专门开发，因此双赢合作社很少应用这一平台。

（5）其他服务平台。除了上述四个主要平台之外，还有新闻、产品价格分析、合作社服务企业等版块。在这些版块上合作社社员可以及时了解重大政策动态、市场信息、相关法规和国家扶持项目等重要信息，可以找到各种专业服务企业，如合作社产品包装设计、品牌策划、技术咨询等。

5. 合作社信息化建设效果

（1）拓宽视野，了解信息，学习合作社经营管理知识，为合作社农民升级为新型农民提供了一个低成本的独特学习渠道。

（2）社务管理平台和短信平台的应用促进了合作社管理效率的提高。由于通过社务管理平台可以方便快捷地进行合作社社员档案管理、产购销信息管理和会计信息管理，合作社管理效率得到了显著提高，也方便合作社财务公开，从而使得社员更容易对合作社的经营进行监督。合作社短信平台方便了和果农社员之间的及时沟通，也便于各级农经管理部门及时掌握合作社动态，从而进行有效地管理、引导和扶持。

（3）农产品质量安全追溯系统的应用促使双赢水果专业合作社对其优质水果产品进行严格的农药残留检测，使得消费者可以更加放心的购买该社的无公害水果。

（4）综合服务平台的应用提高了双赢水果专业合作社的品牌建设意识和宣传意识，同时也为合作社提供了一个低成本的宣传平台，促进了合作社的品牌建设工作，为合作社产品的"农超对接"提供了方便。

（5）扩大了合作社的销售渠道。网上发布信息、开设网店、完善合作社网站等信息建设工作使得合作社的优质水果不再局限于本地销售，而是推向全国市场，有效地提高了销量。

（6）信息化服务建设的最显著效果显然应该体现在社员收入的提高上。信息化服务建设前的 2009 年，双赢水果专业合作社的人均收入略低于全县平均水平，而从开始信息化建设的 2010 年开始，连续两年合作社的人均收入都高于县平均水平。这和信息化建设提高了合作社的市场应对能力，拓宽了市场渠道，提高了管理效率是分不开的。

与单纯的电算化相比，作为合作社综合信息化系统的一个重要有机构成部分的合作社财务管理信息系统显然作用更大。除了完成合作社的会计核算外，还能更加有效地促进合作社财务管理水平的提高。然而合作社综合信息系统的建立依然面临着内部和外部的很多制约因素。

内部制约因素首先是资金缺乏。从双赢水果合作社的信息化建设案例我们可以看出，即使政府承担了成本的主要部分，剩余支出对于很多合作社来说依然是项不小的成本。电脑成本、网络使用费和信息费加起来对于很多合作社来说都是不小的负担。合作社资金缺乏制约了合作社的信息化服务建设。除了成本过高，信息化人才缺乏也是一个重要的制约因素。合作社社员大都年龄偏大，学历偏低，网络知识和信息技术储备较少，合作意识欠缺，信息化意识淡薄，接受信息化培训流于表面，难以深入。这导致合作社对已有的网络平台资源应用不够充分。合作社信息化建设需要新型农民，他们不仅要懂得务农，还要懂得合作社的经营管理，了解信息技术，适应迅速变化的农业市场。

外部制约因素则包括政府支持力度、技术支持水平和社会力量参与程度这三个方面。

双赢水果信息化建设过程中得到了政府的大力支持，这体现在资金支持、技术支持、人员培训和政策支持等方方面面。从 2009 年开始，安徽省连续三年为合作社信息化服务建设工程累计支出财政扶助资金 2 700 万元，平均一年900 万元。但全省共有 2 万多家合作社，这样平摊到每家合作社上才 450 元，对于合作社信息化建设来说是杯水车薪。从人员培训来看，安徽省三年共计培训合作社理事长和信息员近万人，但培训内容局限于简单电脑操作，且培训对象并没有包括合作社其他社员。而在合作社信息建设服务工程告一段落后，政府相关主管部门对合作社后续的信息跟踪和反馈仍需重视，否则不利于信息化建设成果的巩固和扩大。

网络信息技术发展迅速，农民专业合作社信息化建设需要不断维护与升级，这需要有力的技术支持和服务创新。事实上，除了安徽省农民专业合作社网站外，各级政府部门、各省市以及一些社会力量创办的农民专业合作社网都很容易在网上查到。但是各个网站上信息资源的更新、开发和吸引眼球程度是不一样的。

三、完善农民合作社财务管理的思路

（一）合作社财务管理问题的深层次原因分析

当前我国农民专业合作社的财务管理水平普遍偏低，表现出来的现象是很多合作社不建账，或有建账而会计核算非常不规范，绝大多数合作社缺乏完善的内部控制制度，或者有制度并不执行，财务管理信息化水平也比较低等。分析这些现象出现的原因，表面上看可以归纳为"六缺"：缺钱、缺人、缺技术、缺政策、缺制度、缺监管。然而追究问题本质，我们可以发现，这些原因的背后隐含了更深刻的时代背景——合作社发展的特殊性。这些原因其实是合作社本身的特点和发展程度所导致的结果，合作社财务管理的薄弱只是这些结果的一个显现而已。合作社的特殊性决定了当前阶段合作社财务管理水平普遍较低，而薄弱的财务管理不能保证合作社资产安全，不能切实保障社员利益，反过来又影响了合作社的健康成长。两者互为因果，相互纠缠，形成一个僵局。

那么如何破局呢？我们可以从两个方面来考虑，一是直接提高合作社的财务管理水平，二是先壮大合作社的实力，随之完善合作社的财务管理。事实上，财务管理并不仅指基础的会计管理，还包括在经营活动、筹资活动、投资活动和分配活动中的资金运用和资金管理。当前大部分合作社的财务管理主要指基础会计核算，营运资金管理、筹资管理、投资管理、盈利分配等都涉及不多，这也是合作社发展水平所决定的。当合作社规模扩大，实力增强后，更加深入的财务管理是合作社进一步健康发展的必然要求。

（二）多渠道多方法提高合作社财务管理水平

1. 加强信息服务、教育培训、技术支持、资金融通方面的财政补贴，提高补贴资金的利用效率

《农业专业合作社法》明确规定，各级政府部门对农民合作经济组织的发展有"指导、扶持、服务"的责任。指导和帮助合作社提高财务管理水平、改善其财务状况即为落实这一规定的一个体现，这方面的补贴降低了合作社的财务成本，同时也符合 WTO 协议的《反补贴措施协定》的规定。很多发达国家也提供了类似的做法可以借鉴[①]，例如：美国政府向农业合作组织提供研究、管理和教育方面的补贴和支持，给予农场主低于市场利率的贷款。在日本，对于农协开展政府支持的农产品加工项目，补贴厂房、设备所需投资的 50%。法国政府则在财政税收等方面进行支持和鼓励。德国巴伐利亚政府每年对包括合作社在内的各类农民经济组织给予 5 亿马克的补贴。这些补贴使得农民合作社组织在融资和投资方面处于更加有利的地位。当前我国各地财政部门拨出的支持合作社发展的财政专项资金中，有一部分就是用于合作社的信息化建设和会计教育培训，例如前面我们提到过的江苏某市某区会计信息化和安徽合作社信息化服务建设工程都得到了专项财政资金的扶持，促进了这些地区合作社财务管理水平的提高。

2. 加强财务管理培训，开发互联网教育手段，增强合作社的财务管理意识，提高合作社财会人员技能水平

对于合作社会计人才缺乏的问题，除了利用现有资源如乡镇农经管理部门的会计资源和村级会计代理外，还可以考虑大学生"村官"的引入。合作社的发展离不开强有力的领导人、带头人，建立合作社的人才库，建立合作社经营管理知识和能力培训基地，储备合作社辅导员，这些都需要大量的高学历、知识结构新的青年人投入合作社的建设中去。大学生"村官"这一预备人才库也

---

① 万志琴，王育才.《农民专业合作社法》的完善. 祖国，2013（22）.

在很多合作社中得到了应用。

<h2 style="text-align:center">案例　大学生"村官"与农民专业合作社财务管理①</h2>

2011 年，从农学专业毕业的小邬被北京某区录用为大学生"村官"，然后分配到了一家果品专业合作社。为方便工作，小邬吃住在合作社，直接与合作社社员打交道。

经过观察，小邬发现合作社档案管理混乱，制度建设不完善，虽然有计算机，但计算机应用不多。于是小邬在深入了解和熟悉合作社的经营业务和管理状况后，逐步完善各种管理制度，制作展牌并使制度上墙。

小邬工作的大头是规范详细地记录每一笔社员交易明细，正确登记所有成员账户，从而有明确依据进行盈余返还和股利分红。除此之外，银行支票进账与取现、网银转账，报税买发票，会计对账，农资和果品的出入库管理等会计基本工作都属于小邬的日常业务。这些工作很多都需要上网和应用计算机办公软件和财务软件，也需要学习很多财务知识，但这对于大学毕业的小邬来说学习起来比较快，尽管她原来的专业并不是会计。

2013 年，小邬所在合作社申报市级帮扶残疾人脱贫项目，作为合作社里的唯一一个大学生，小邬负责撰写可行性报告、项目申报书和准备各种材料，最后项目申报成功，合作社成为所在镇第一个扶贫助残基地。项目申报成功后小邬继续负责技术培训和档案管理，在项目实施中发挥了重要作用。

此外，小邬还针对合作社资金短缺，认真研究国家及银行部门各种惠农政策，帮助合作社争取各种惠农贷款及扶持，做好财政贴息工作。同时，响应上级号召，努力从自身找出路，在合作社内部开展信用合作，有效解决了合作社资金短缺问题。协助理事会、监事会开展成员大会及各种社员培训工作，做好会议记录，传达有关政策文件、会议精神，帮助社员上果树农业保险，及时上报险情及田间查损拍照，普及果品质量安全重要性及宣传合作社的品牌果品。

从上例中我们可以看到，年轻的大学生"村官"有较高的学历，眼界开阔，信息灵通，并有很强的学习能力和旺盛的工作精力，对于领会国家政策精神，规范合作社基础会计核算，加强资产管理，多渠道融资、正确投资、加强营运管理，建立健全合作社的民主管理制度等都能起到很大的作用，可以成为合作社健康发展的一支重要力量。事实上，有些农民合作专业社就是由大学生"村官"牵头创办的。当然，这些"村官"中有些会在任期满后离开，如何引

---

① 邬春芳．大学生"村官"眼中的农民专业合作社．大学生村官之家网，http：//cunguan. youth. cn，2014-07-25.

进有潜力的大学生"村官"、培养大学生"村官",同时保证合作社的可持续发展,是这一人才引进渠道必须重视的问题。

3. 加强对合作社的信息技术支持

在安徽省合作社信息化服务建设工程中,承担信息技术支持的信息公司发挥了重要作用。当合作社信息化建设完成时,财务管理信息系统作为其中的一个子系统随之建立,正规会计软件的应用自然就促进了财务核算的规范开展。随着合作社收入的增加,业务量的增大,面临的风险也会更大,这时更广泛的财务管理也顺理成章会得到合作社的重视。随着互联网农业和农产品电子商务的蓬勃发展,农业部接下来将积极筹备开展农村电子商务示范工程建设,鼓励发展农产品电子商务,重点支持优势农民专业合作社与市场的高效对接、各种农产品电子商务运营模式与技术的应用、农业经营大数据中心平台的构建等核心工程①。

当前开展合作社信息化建设的最主要两个问题是配套服务环境水平低和信息人才缺乏。配套差主要表现在农村金融服务缺乏,物流系统差,网络基础设施不齐等方面,人才问题则表现在很多合作社不会或只会简单的上网操作,对于电子商务、信息技术、数据处理技术的操作则了解甚少,相关培训也极为欠缺。因此政府相关部门和大的电商可以在合作社信息化技术扶持方面做出更多的努力。

(三)结合合作社发展的需求加快相关制度建设

在我国,合作社发展到目前经历了三个阶段。从 20 世纪 80 年代到 2007年合作社法颁布,是合作社的起步阶段;合作社法实施后到 2013 年,是合作社边发展边规范阶段;从 2013 年三中全会和 2014 年中央 1 号文件出台后,合作社进入了规范、创新和提升阶段。经过这么多年的发展,合作社现在所处的经济环境和面临的问题和前两个阶段已经发生了很大变化,而我们所遵循的规范依然还是 2007 年前后颁布的合作社法和合作社财务会计制度,在很多地方已经不太适合合作社发展的需求。下面的案例是个很好的说明。

案例 农旺合作社 1300 万元现金"分红"的背后

2014 年 1 月每日经济新闻报道了这么一篇新闻——"1 300 万分红背后:合作社发起人既是村官也是老板"②。这 1 300 万"分红"是 2014 年 1 月 14 日

---

① 乔金亮. 电子商务促进农业经营信息化. 经济日报,2015-04-13.
② 2014 年 1 月 24 日每日经济新闻:《1300 万分红背后:合作社发起人既是村官也是老板》,记者岳琦报道。

四川省凉山州冕宁县建设村农旺合作社发放的年终奖，并且是以现金形式发放的。巨奖发放后，引起媒体轰动，网民羡慕之余，也质疑其是否"非法集资""圈钱""偷税漏税"，并引来了税务、民政和银监等部门的询问。而建设村村支书、农旺合作社理事长金洪元则称这 1 300 万不是非法集资的分红。

那这 1 300 万"分红"的由来到底是什么呢？合作社并没有正式建账，没有会计报表，平常只由一名村里的老会计记流水账。根据合作社提供的资料显示，这 1 300 万的 2013 年"分红"包括两个部分，一是土地流转租金。建设村有 1 040 亩土地加入了合作社进行流转，由合作社包给承包大户进行种植或养殖，然后承包大户按每亩每年 1 500 元的价格交承包费给合作社 156 万元，合作社再将这部分钱返还给社员。但是这部分土地流转租金只占 1 300 万的12%，也就是金洪元所坚持的不是分红的部分。剩下的是农旺合作社给冕宁县建设养殖专业合作社、建设沙场及冕宁县洪元实业开发有限公司三合电站的投资所得年息 1 144 万元，正好是 1 300 万中的 88%①。

而在这 5 720 万元的投资中，合作社成员自有资金入股的为 3 700 余万元，其余 1 900 余万元是银行贷款。根据村民的入股凭证显示，这部分贷款的抵押担保是金洪元个人持有的长兴水电站股权。金洪元表示，这是合作社帮助农户从银行获得贷款，然后农户利用贷款资金发展产业，赚来的钱再投资入股。

事实上合作社并不是用赚来的钱投资入股，而是直接将贷款作为股金，并在入股凭证上说明贷款分红年息 20%，除去当年银行利息，剩余部分分给农民。

农旺合作社的章程第三条规定，合作社由金洪元、金瓯、金洪成 3 名大股东以自有入股资金为担保，保证社员的入股资金以年利 20%分红。年限为 2010 年 9 月至 2014 年 9 月，4 年以后合作社走入正规化，实行民主管理，自主经营、自负盈亏。而按照合作社法的规定，合作社的当年盈余在弥补亏损、提取公积金后剩下来的部分方可作为可分配盈余进行分配或返还，分配标准首先是按成员与合作社的交易量（额）比例，返还百分之六十以上，剩余部分才根据股金份额、公积金份额和接受国家财政直接补助和他人捐赠形成的财产平均量化到成员的份额进行二次分配。而农旺合作社的作法是不管是否有盈余，直接根据股金额分配 20%的固定年息。这种作法显然是不规范的。那合作社的这种分配制度是怎么来的呢？

---

①　农旺合作社分别投资 1 300 万元、1 495 万元和 2 925 万元给冕宁县建设养殖专业合作社、建设沙场及冕宁县洪元实业开发有限公司三合电站，共计 5 720 万元。根据合作社与这 3 家被投资单位的协议承诺，2010 年 9 月到 2014 年 9 月 4 年间无论盈亏，每年按照固定年息 20%向农旺合作社支付费用。

建设村共有 480 多户，耕地面积 2 130 亩，而在 2010 年年底农旺合作社刚成立时，土地流转只有 100 多亩，参与的农户只有 60 多户，涉及的产业就是传统的养殖和种植，可以说加入的农户并不多。由于种植业和养殖业都需要一定的时间才能有效益，到 2012 年年初，合作社的收入增长并不明显，尽管有分红，大多村民对于合作社前景依然存疑，加入并不踊跃。

为此，农旺合作社社员加该村两位委员共 67 人在 2012 年 4 月开了一次特别的会议，金洪元作为村支书在会上曾表示，建设村新农村建设初见成效，但产业过于单一，无法实现产业促新村的目标，尤其是合作社的发展没有达到规划要求。为吸引村民的兴趣，大会决定实行大面积土地流转。最终 2012 年年初的社员大会形成决议，利用社民自有资金及发展产业得到的贷款资金，投资前述三家实业，并签署了保证 20% 年息的协议。这 3 家单位都是农旺合作社大股东金洪元、金瓯、金洪成的个人控制资产。同时金洪元等人还需用其他的个人资产作为投资款的抵押。显然，这时的专业合作社不再专一于养殖和种植，已经是超范围经营了。

那么这 20% 的利息是否影响了三家单位的收益呢？据金瓯介绍，其养殖合作社并不是每年都盈利，但 3 年平均下来，分红之后基本能够保持盈亏平衡。而金洪元表示，三合电站的利润并没有 20% 那么高，但是由于电站的现金流充裕，每年的分红资金并不受影响。

对于合作社的未来发展规划，合作社理事长金洪元表示，到 2014 年 9 月，过渡期就结束了，由于前四年收入的显著增长，社员的抗风险能力已经显著提高，这时合作社再转入正规的风险共担、盈亏自负和民主管理，成员也不会遭受大的损失。同时，金洪元计划为土地流转设置保底分红，从发起人的股本金里和企业收益中保证，从而为社员设置一个最低保障。

到 2013 年年底，全村加入合作社的已有 340 户。为激励所有村民都参加合作社，实现土地全面流转，合作社采取了现金发放"分红"这种虽然不规范但是很有效的方式。1 月 20 日是 2014 年入股时限的最后一天，直到下午，建设村村委会的入股窗口仍然挤满了人，这几天工作人员已经累计登记了 100 多位村民入股，金额都在 3 万元左右。

从"农旺合作社 1 300 万分红"的案例里，我们可以看到非常多的财务管理不规范之处。

第一个不规范是巨额现金分红。根据现金管理条例规定，1 000 元以上的资金不应以现金方式操作。事实上，农旺合作社应该以打入成员银行账户的方式发放"分红"。而一次提取 1 300 万现金，也是违反银行规定的，合作社有可能是多次提取。

第二个明显的不规范之处是合作社没有账簿，没有正规的会计报表。一般来说，我们认为规模小、业务小、盈利少的合作社会计核算经常会不规范，但这对于农旺合作社来说显然不符合实际情况，因此只能认为是合作社理事"不重视"会计工作，同时相关监管部门的工作也不到位。根据记者对冕宁县农办的采访了解到，农旺合作社是当地经济发展规模最大的合作社，其余上百家合作社有很多只是挂了牌子，只在农户间起到协调作用。在"分红"后，冕宁县地税局也去建设村要求提供相关财务数据，因为如果是分红需要交 20%的股息，当然由于合作社享有部分免税政策，是否征税还需向上级请示。对于村民来说，他们只关注分红是否能准时发放，是否盈利他们并不关心，也不担心入股的可能风险。从这来看，似乎所有重要的利益相关方都并不需要正规的财务报表。这也是很多合作社不编报表或会计核算不完整的原因——做了没有多少实际意义。

第三个不规范的地方是股金的投入方式。股金属于所有者权益，按理来说不应该享受固定收益。从性质上看，农旺合作社的股金类似于固定利率的优先股，村民们向合作社投入自有资金，但并不参与管理（从案例中可以看出该合作社明显是内部人控制），只享有 20%的固定收益。从这一角度看，这些固定收益明显就是分红。然而对于合作社的控制人来说，这些固定资金使用费支出从性质上来说更加类似于负债的利息，与银行贷款的区别在于不用偿还本金，因此合作社理事认为这不是"分红"——分红是在有盈余之后，也不是非法集资，因为这是为了建设新农村，是合作社的股金，并且四年后就要转为自负盈亏。

第四个不规范的是合作社的投资。农旺合作社的全称是"冕宁县农旺种养殖专业合作社"，其经营范围只包括养殖种植及其产品销售。但随着农旺规模的扩大和业务的拓展，发展到现在，农旺已经是投资多个产业，并带有资金互助性质的合作社了。合作社不再专业，虽然发展起了规模，但这种做法并不规范，也蕴含着更大的投资风险。

第五个不规范之处是合作社缺乏健全规范的民主管理制度。从案例中我们可以发现合作社没有正规的内部控制制度、民主管理制度、监事制度，除了每年召开社员大会外，一切重大事项基本都是金洪元和另两名理事做主。这不符合合作社民主互助的性质。

然而尽管与合作社法和合作社财务会计制度对比，农旺合作社的种种行为显得非常不规范，但其做法似乎已经解决了各方的需求：对于参加合作社的村民来说，他们的股金能够获得 20%的固定年息，并且有实业和合作社发起人的其他个人财产作为抵押保证年息的发放，尽管没有规范的财务管理，也没有民主管理制度的保障，他们的收入却的确得到了增长，风险也大大降低，这比完善的合作社章程、健全的管理制度和严格的财务管理加起来的效果还要好；对于合作社的理事长和其他主要发起人来说，尽管要承担支付固定年息的财务风险，村民普遍参股后合作社壮大了规模，土地大面积流转，其名下各家产业公司也获得了发展所需的资金；对于农经管理部门来说，农旺合作社兴旺发展，把当地农民带入富裕行列，并探索出不少可能适合本地其他合作社发展的新道路，如果总结经验教训，把成功模式推广开来，对于发展当地农业经济将会有很大的推动作用；对于银行来说，尽管合作社以贷款资金入股的做法并不妥当，但他们贷给水电厂的款项其实是有充足抵押的，并且水电厂运营良好，贷款的真实风险并不大。唯一不满意的可能只有当地税务部门，如果是企业分红，需要缴纳20％的个人所得税，但合作社本身就应享有一定的税收优惠，所以是否要对合作社分红征收所得税，目前政策尚未明确规定。

2014年中央1号文件《关于全面深化农村改革加快推进农业现代化的若干意见》中提出，"要鼓励探索创新，在明确底线的前提下，支持地方先行先试，尊重农民群众实践创造；要因地制宜、循序渐进，不搞'一刀切'、不追求一步到位，允许采取差异性、过渡性的制度和政策安排。"如果相关规定不能适应合作社发展的需求，那我们需要修改的是相关规章制度。

从实际情况来看，以下几个财务管理问题需要在修改相关法规时予以解决。

第一问题是盈余分配问题。《农民专业合作社法》规定，合作社可分配盈余的分配基础是成员与合作社之间的交易量。这一原则最早是1844年罗虚代尔先锋合作社提出的，其分配依据是"按购买额分配"，1895年成立的国际合作社联盟也应用了这一分配原则。但随着合作社的发展，按交易量（额）分配的比例逐渐下降，所以目前我国也是规定60％以上。

但和国外合作社不同的是，发达国家不管是消费者合作社还是生产者合作社，成员之间差异不大，同质性较高，而我国的合作社成员之间则呈现出较大的差异，主要体现在初始资金投入、固定资产投入、管理投入、交易量的差异。前述农旺合作社就是一个典型例子：合作社理事长金洪元还有另两名理事作为发起人投入了大部分初始资金，其他村民成员或者不投入，或者投入很少；合作社超过1 000万元的固定分红的抵押是由这些发起人提供；合作社的经营管理工作大多数由理事长和理事负责，社员们很少关心。对于很多合作社来说，合作社所用办公地点、办公设备也多由少数人提供；从交易量方面来看，如果是种植类或养殖类合作社，种植和养殖大户的种植/养殖面积、产品产量、交易量都远大于一般成员，但如果是销售大户带头的合作社，这些大户可能没有用于交易的产品，其作用主要是销售。从上述分析可以看出，合作社的可分配盈余产生的基础是资金、固定资产、劳动等要素的投入，而如果盈余主要按照交易量（额）进行分配，对于很多大户、发起人可能是很不公平的。如果死板地按照《农民专业合作社法》规范专业合作社的发展，只允许以交易量为主的分配方式，可能会打击理事长等核心成员的积极性，一旦这些核心成员、带头人因为不公平而减少投入，合作社的发展也会受到阻碍，最后可分配盈余会减少，社员的利益最终还是无法保证。因此，修订后的盈余分配制度应该为多元化分配制度留下更加合理的空间。

对于这个问题，我们可以从三个方面考虑。一是要求成员都要投入基本股金，基本股金是盈余分配的重要依据；二是对股金投入较多的成员，考虑适当的补偿方式，可以是固定分红，也可以作为盈余分配的一个依据；三是对于包括理事长在内的主要合作社管理人员的劳动投入要给予一定经济报酬。

第二个问题是联合社问题。从农旺合作社案例我们可以看出，农旺合作社和建设养殖专业合作社有密切关系。但现行合作社相关法规对于合作社之间的联合没有规定，联合社的法律地位、组织结构、内部管理、决策方式，合作社之间权利与责任的界定都不清楚。从目前情况看，更需要关注的是同业内紧密联合的联合社，这些联合社的治理结构与合作社类似。至于松散型的联合，有联合销售的，有联合技术标准推广的，也有按同一产业链联合的，还有只是就重大事项进行协商或协调的，类似于行业协会。那么对于不同类型的联合社，是否需要规范、如何规范，都是合作社财务制度建设所需要考虑的。

第三个问题是土地股份合作社问题。我们可以发现，农旺合作社的巨额分红的依据之一是入社流转的土地，而土地并不是成员与合作社之间的交易。2014年中央1号文件推动了农村土地的所有权、承包权和经营权三权分置，进一步推动了土地股份合作社的发展。尽管土地经营权可以作价，如农旺合作社就规定一亩土地一年可获得1 500元分红，但土地毕竟是农民赖以存身的最后一项资产保障，万一由于合作社倒闭而造成农民失地的现象，将会带来社会的动荡。现实中还有大量合作社吸收入股时规定可以以土地入股，那么以土地入股的方式、价格、期限、土地入股和货币入股的关系、分配方式，入股后合作社对于土地的权利，合作社破产或解散时对土地的处理等都应作出明确的规定，从而规范以土地经营权入股合作社的行为。

第四个问题是专业合作社的范围问题。2014年中央1号文件鼓励兴办专业合作社、股份合作社等多元化、多类型的合作社，而不是"农民专业合作社"。事实上这些年来合作社的迅猛发展早已突破了《农民专业合作社法》所规定的"专业"范围，规范与实践不相容。很多农民合作社的业务范围在不断扩大过程中突破了"同类"产品和"同类"服务的界限，一个合作社可能为农民提供多产品、多产业、多功能的多元化服务，现有规定应该在这一点上进行修改。当前农民合作社可以大概分为四类：专业合作社、股份合作社（包括社区股份合作和土地股份合作）和资金合作社。尽管资金合作社的成立不符合现有法律的规定，即有像农旺合作社那样的非法集资嫌疑，但由于这类合作社从一定程度上解决了合作社融资难的问题，2014年的中央1号文件仍先于法律的修订对其做了具体规定，即社区性、社员制、封闭性，不对外吸储放贷、不支付固定回报。显然，农旺合作社在最后一点上违反了国家规定。

最后一个问题是政府部门的监督缺乏统一。从农旺合作社的例子来看（也是现实中经常会出现的情况），合作社的发展事实上并没有明确的直接主管部门。尽管《农民专业合作社法》和合作社财务会计制度都规定，各级农经管理部门和其他相关部门及有关组织，对农民专业合作社的建设和发展应给予指导、扶持和服务，但这实际上相当于没有明确主管部门。比如在农旺合作社从成立到巨额分红的四年探索发展过程中，很少有主管部门的影子，分红事件以后才有税务部门、银监部门、工商部门等纷纷上门询问了解情况。当然这有可能利于合作社在弱小时有自由发展的空间，但需要制定相关政策，如税收优惠政策，为合作社提供项目资金、制定合作社制度标准、监督合作社依法经营时，由于各部门之间职责不清，就可能互相扯皮，监管不力，甚至造成没人管的结果，这时已有的财务管理制度就可能形同虚设。我们可以参照《国务院关于同意建立全国农民合作社发展部际联席会议制度的批复》（国函〔2013〕84号）的规定，明确农业部门牵头、相关部门分工协作的监督体系，真正实现对农民合作社的有效监督，从而降低合作社发展过程中的财务风险。

第四章 农民合作社会计核算问题研究

一、农民合作社会计核算基础

《农民专业合作社财务会计制度（试行）》规定，农民专业合作社的会计核算基础采用权责发生制。会计核算划分的会计期间为一个会计年度，自公历1月1日至12月31日止，并分期结算账目。

权责发生制即应收应付制，是以应收和应付作为标准来确认本期的收益和费用。凡属于本期的收益和费用，不论是否已经收入或付出，都作为本期的收益和费用处理；而不属于本期的收益和费用，即使已经实际收入或付出，都不能作为本期的收益和费用。

二、农民合作社会计核算的要求

（一）农民合作社会计核算的一般要求

会计核算的内容是指特定主题的资金运动，包括资金的投入、资金的循环与周转、资金的退出三个阶段。资金在上述三个阶段的运动，又是通过一系列的经济事项进行的。农民专业合作社会计核算的内容也是如此，所以其会计核算要求与一般的会计主体有很多共同之处，如记账方法、记账程序、会计年度等；不同的是会计科目的设置和特殊的分配制度等。

1. 会计核算方法

会计核算方法是对经济业务进行完整、连续和系统的记录和计算，为经营管理提供必要的信息所应用的方法。与其他的经济组织一样，各个农民专业合作社都要按照《农民专业合作社财务会计制度（试行）》的规定，设置和使用会计科目，采用复试记账，填制和审核会计凭证，登记会计账簿，编制会计报表。

（1）会计科目。会计对象是会计所要核算和监督的内容，它涉及面广，内容繁多，为便于会计核算，必须对其作进一步的分类。这种分类类别，在会计上称为会计要素。

  会计要素是对会计对象按其经济特征所作的进一步分类，它是会计对象的基本组成部分，是建立会计科目和设计会计报表的依据。农民合作社的会计要素由资产、负债、所有者权益、收入、费用和盈余这六项构成。

  会计科目是对会计要素对象的具体内容进行分类核算的类目。设置会计科目是对会计对象的具体内容加以科学归类，是进行分类核算与监督的一种方法。合作社财务会计制度设置了 37 个会计科目，划分为资产类（17 个）、负债类（7 个）、所有者权益类（6 个）、成本类（1 个）和损益类（6 个）五大类，详见表 4-1。

表 4-1　农民合作社会计科目表

顺序号	科目编号	科目名称
		一、资产类
1	101	库存现金
2	102	银行存款
3	113	应收款
4	114	成员往来
5	121	产品物资
6	124	委托加工物资
7	125	委托代销商品
8	127	受托代购商品
9	128	受托代销商品
10	131	对外投资
11	141	牲畜（禽）资产
12	142	林木资产
13	151	固定资产
14	152	累计折旧
15	153	在建工程
16	154	固定资产清理
17	161	无形资产
		二、负债类
18	201	短期借款
19	211	应付款
20	212	应付工资
21	221	应付盈余返还

（续）

顺序号	科目编号	科目名称
22	222	应付剩余盈余
23	231	长期借款
24	235	专项应付款
		三、所有者权益类
25	301	股金
26	311	专项基金
27	321	资本公积
28	322	盈余公积
29	331	本年盈余
30	332	盈余分配
		四、成本类
31	401	生产成本
		五、损益类
32	501	经营收入
33	502	其他收入
34	511	投资收益
35	521	经营支出
36	522	管理费用
37	529	其他支出

　　《农民专业合作社财务会计制度（试行）》还规定：合作社在经营中涉及使用外埠存款、银行汇票存款、银行本票存款、信用卡存款、信用证保证金存款等各种其他货币资金的，可增设"其他货币资金"科目（科目编号109）；合作社在经营中大量使用包装物，需要单独对其进行核算的，可增设"包装物"科目（科目编号122）；合作社生产经营过程中，有牲畜（禽）资产、林木资产以外的其他农业资产，需要单独对其进行合算的，可增设"其他农业资产"科目（科目编号149），参照"牲畜（禽）资产""林木资产"进行核算；合作社需要分年摊销相关长期费用的，可增设"长期待摊费用"科目（科目编号171）。

　　（2）复式记账。复式记账是对每一项经济业务通过两个或两个以上有关账户相互联系起来进行登记的一种专门方法。《农民专业合作社财务会计制度（试行）》规定：合作社的会计记账方法采用借贷记账法。

借贷记账法是用"借"和"贷"作为记账符号的一种复试记账的方法。它以"借"和"贷"作为记账符号,把每个账户结构都划分为"借方""贷方"和"余额"三栏,借方在左,贷方在右,以反映资金的增减变化情况。以"有借必有贷,借贷必相等"作为记账规则,对每项业务以相等金额,同时在两个或两个以上相互联系的账户中进行登记,并进行试算平衡,检查各账户记录是否正确,以提高会计核算质量。

借贷记账法使用的"借""贷"两字有专门的含义,并且其含义因账户性质不同而恰好相反。在资产类、成本费用类账户,"借"表示增加,"贷"表示减少;而在负债及所有者权益类、收入成果类账户,"借"表示减少,"贷"表示增加。如表 4-2 所示。

表 4-2 借贷方向

借	贷
资产的增加	负债的增加
负债的减少	资产的减少
成本费用的增加	收入成果的增加
收入成果的减少	成本费用的减少

(3)会计凭证。会计凭证是记录经济业务,明确经济责任,并据以登记账簿的书面证明。为了保证会计记录真实性和合法性,合作社对所反映的经济业务都要做到有根有据,必须取得或填制能证明经济业务内容、数量和金额的凭证,并对凭证进行审核,只有经过审核无误的会计凭证才能作为登记账簿的依据。

会计凭证按其编制程序和用途的不同,可以分为原始凭证和记账凭证两大类。

原始凭证是在经济业务发生或完成时取得或编制的载明经济业务的具体内容、明确经济责任、具有法律效力的书面证明。它是组织会计核算的原始资料和重要依据。各种原始凭证必须具备凭证名称、填制日期、填制凭证单位名称或填制人姓名、经办人员的签字或盖章、接受凭证单位名称、经济业务内容、数量单位金额等内容。

原始凭证按其来源不同,可分为外来原始凭证和自制原始凭证两种。外来原始凭证是在经济业务活动发生或完成时,从其他单位或个人直接取得的原始凭证。如增值税专用发票、银行进账单等(图 4-1)。

自制原始凭证是指内部具体经办业务的部门和人员,在执行或完成某项经济业务时所填制的原始凭证。如销货发票、入库单等(图 4-2)。

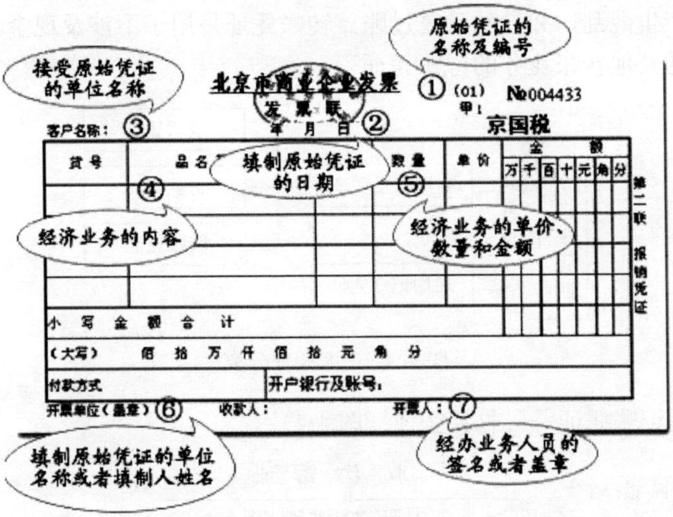

图 4-1 发票样式

A公司领料单

领料部门：第三车间   No 2-39

用途：制造分离器   2006年2月16日   发料仓库：1号

材料类别	材料编号	名称	规格	单位	数量		单价	金额	
					请领	实发			第二联·记账联
Ⅱ	01	甲材料	φ57×3	米	8	8	50	400	
合　　　计								￥400	

发料部门核准人：   发料人：   发料部门负责人：   领料人：

图 4-2 领料单样式

记账凭证是财会部门根据审核无误的原始凭证或原始凭证汇总表填制，记载经济业务简单内容，确定会计分录，作为记账依据的会计凭证。会计人员应根据审核无误的原始凭证或原始凭证汇总表，填制记账凭证。记账凭证必须具备填制日期、凭证编号、经济业务摘要、会计科目、借贷方向、金额、所附原始凭证张数等，并须由填制、审核、记账、会计主管和出纳人员签名盖章。

记账凭证可以按其反映的经济内容不同，采用收款凭证、付款凭证和转账凭证三种（图 4-3）。收款凭证用于现金和银行存款收入业务。在发生涉及现金和银行存款之间的收付款业务时，只填制付款凭证，不再填制收款凭证。否则，容易产生混乱，并导致重复过账。转账凭证是用于不涉及现金和银行存款收付业务的其他转账业务的记账凭证。

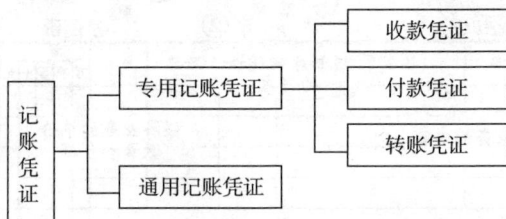

图 4-3　记账凭证分类

①专用记账凭证——收款凭证（图 4-4）。

收　款　凭　证

借方科目：银行存款

开户银行账号：469901525　　　　　日期：2005年5月10日　　　　　　　第0568号

摘　要	贷方科目		金　额								记账
	总账科目	明细科目	千	百	十	万	千	百	十	元	角	分
收到货款	应收账款	东风厂				5	2	0	0	0	0	0	
合计			¥	5	2	0	0	0	0	0	

核　准　　　　复　核　　　　记　账　　　　出　纳　　　　制　单

图 4-4　收款凭证

②专用记账凭证——付款凭证（图 4-5）。

付　款　凭　证

贷方科目：银行存款

开户银行账号：469901525　　　　　日期：2005年5月10日　　　　　　　第0567号

摘　要	借方科目		金　额								记账
	总账科目	明细科目	千	百	十	万	千	百	十	元	角	分
提取现金备用	库存现金					1	5	0	0	0	0	0	
合计			¥	1	5	0	0	0	0	0	

核　准　　　复　核　　　记　账　　　出　纳　　　制　单　　　收款人

图 4-5　付款凭证

③专用记账凭证——转账凭证（图 4-6）。

转 账 凭 证

日期：2001年5月12日　　　　　　　　第05127号

摘　要	总账科目	明细科目	借方金额									付方金额										记账
			千	百	十	万	千	百	十	万	角	分	千	百	十	万	千	百	十	元	角	分	
生产A产品消耗甲材料	生产成本	A产品			1	8	5	0	0	0	0												
	原材料	甲材料													1	8	5	0	0	0	0		
			¥	1	8	5	0	0	0	0			¥	1	8	5	0	0	0	0			

核准　　　复核　　　　　　记账　　　　　　　制单

图 4-6　转账凭证

④通用记账凭证（图 4-7）。

记 账 凭 证

日期：2005 年5月10日　　　　　　　　第06872号

摘　要	记账科目	明细科目	借方金额									付方金额										记账
			千	百	十	万	千	百	十	万	角	分	千	百	十	万	千	百	十	元	角	分	
销售A产品	银行存款				2	3	4	0	0	0	0	0											
	主营业务收入	A产品													2	0	0	0	0	0	0	0	
	应交税费	应交增值税														3	4	0	0	0	0		
			¥	2	3	4	0	0	0	0	0		¥	2	3	4	0	0	0	0	0		

核准　　　复核　　　　　　记账　　　出纳　　　　制单　　　签收

图 4-7　通用记账凭证

（4）会计账簿。会计账簿是以会计凭证为依据，对全部经济业务进行全面、系统、连续、分类地记录和核算的簿籍，是编制会计报表的依据。会计账簿的种类多种多样，按其用途分类，会计账簿包括总账（总分类账）、明细账（明细分类账）、日记账和辅助账（备查簿）；按其外表形式的不同，可分为订本账、活页账和卡片账三种。

合作社设置库存现金日记账和银行存款日记账、总分类账和各种必要的明细分类账。对于不能在日记账和分类账中记录，而又需要考查的经济事项，合作社必须另设备查账簿进行账外登记。

库存现金日记账和银行存款日记账，应由出纳人员根据收、付款凭证，按有关经济业务完成时间的先后顺序登记，一律采用订本账。库存现金日记账和银行存款日记账的格式相同，基本结构为"借方""贷方"和"余额"三栏（图4-8）。

现 金 日 记 账

年		凭证编号	摘　　要	对应科目	借方									贷方									余额								
月	日				百	十	万	千	百	十	元	角	分	百	十	万	千	百	十	元	角	分	百	十	万	千	百	十	元	角	分

图 4-8　现金日记账样式

总分类账也称总账，是按总分类账户（会计科目）进行分类登记的账簿。它能全面、总括地反映和记录经济业务引起的资金运动和财务收支情况，并为编制会计报表提供数据。因此，每一个合作社都必须设置总分类账。总分类账按照总账科目设置，对全部经济业务进行总括分类登记，一般采用订本账。总分类账一般采用三栏式账页（图4-9）。

明细分类账也称明细账，是按明细分类账户（子目或细目）进行分类登记的账簿。明细分类账能分类详细地反映和记录资产、负债、所有者权益、费用、成本和收入、盈余的各种资料，也为编制会计报表提供一定的资料。明细分类账按明细科目设置，对有关经济业务进行明细分类登记，一般采用活页或卡片账。明细账的格式，应根据各合作社经营业务的特点和管理需求来确定。常用的有"三栏式账页""数量金额式账页"和"多栏式账页"等多种格式。

三栏式明细分类账的格式同总分类账的格式基本相同，它只设"借方"

总 分 类 账

总账科目　原材料　　　　　　　　　　　　　　　　　第　页

2011年 月日	凭证字、号	摘要	对方科目	页数	借方（十亿千百十万千百十元角分）	贷方（十亿千百十万千百十元角分）	借或贷	余额（十亿千百十万千百十元角分）
		期初余额					借	129100000
12 31		汇1-92号凭证			1787760000	1000000	借	1915860000

图 4-9　总分类账样式

"贷方"和"余额"三个金额栏，不设"数量"栏。它适用于采用金额核算的应收款、应付款等账户的明细核算。

数量金额式明细账在"收入""发出""结存"三栏内，再分别设置"数量""单价""金额"等栏目，以分别登记实物数量、单价和金额。它适用于既要进行金额明细核算，又要进行数量明细核算的财产物资项目，如"产品物资"等账户的明细核算（图 4-10）。

多栏式明细分类账的格式视管理需要而多种多样。它在一张账页上，按明细科目分设若干专栏，集中反映有关明细项目的核算资料。

　　　　　　　　　　　明细账

科目：　　　　　　规格等级：　　　　　　品名：

子目：　　　　　　计量单位：　　　　　　总页__ 分页__

年 月 日	凭证 字、号	摘要	收入			发出			结存		
			数量	单价	金额	数量	单价	金额	数量	单价	金额

图 4-10　明细账样式

农民合作社启用新账，必须填写账簿启用表，并编制目录。旧账结清后，要及时整理，装订成册，归档保管。账簿登记要做到数字正确、摘要清楚、登记及时。各种账簿的记录应定期核对，做到账证相符、账实相符、账款相符、账账相符和账表相符。

（5）会计报表。会计报表是反映合作社某一特定日期财务状况和某一会计期间经营成果的书面报告。合作社财务会计制度明确了农民合作社的会计报表主要包括资产负债表、盈余及盈余分配表、成员权益变动表、科目余额表和收支明细表、财务状况说明书等。合作社应按规定准确、及时、完整地编制会计报表，向登记机关、农村经营管理部门和有关单位报送，并按时置备于办公地点，供成员查询。

2. 账务处理程序

账务处理程序也称会计核算程序，是从取得原始凭证到编制会计报表的一系列会计核算工作的方法和步骤。每个合作社的账务处理程序不尽相同，但基本模式总是不变的。一般而言，农民合作社可采用的账务处理程序主要有以下三种：

（1）记账凭证账务处理程序。记账凭证账务处理程序是合作社会计核算中最基本的一种账务处理程序，它的特点是根据记账凭证逐笔登记总分类账。这种账务处理程序一般适用于规模较小、经济业务量较少的合作社。

采用记账凭证账务处理程序的合作社，一般应设置库存现金日记账、银行存款日记账、总分类账和明细分类账。库存现金、银行存款日记账和总分类账均可用三栏式；明细分类账可根据需要采用三栏式、数量金额式和多栏式；记账凭证可用一种通用格式，也可将收款凭证、付款凭证和转账凭证同时应用。在这种核算形势下，总分类账一般应按户设页。

第一步：根据原始凭证或原始凭证汇总表按不同的经济业务类型分别填制收款凭证、付款凭证和转账凭证；第二步：根据现金收、付款凭证逐笔序时登记现金日记账；根据银行存款收、付款凭证及其所附的银行结算凭证逐笔序时登记银行存款日记账；第三步：根据记账凭证及所附的原始凭证（或原始凭证汇总表）逐笔登记各有关明细分类账；第四步：根据各种记账凭证逐笔登记总分类账；第五步：根据对账的具体要求，将现金日记账、银行存款日记账和各种明细分类账定期与总分类账相互核对；第六步：期末，根据总分类账和明细分类账的有关资料编制会计报表（图 4-11）。

（2）汇总记账凭证账务处理程序。汇总记账凭证账务处理程序的基本特点是根据记账凭证编制汇总记账凭证，据以登记总账。这种账务处理程序一般适用于规模较大、经济业务量较多的农民合作社。

采用汇总记账凭证账务处理程序的合作社，应设置库存现金日记账、银行

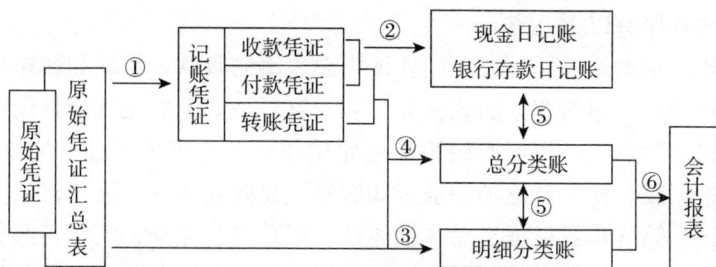

图 4-11　记账凭证财务处理程序

存款日记账、总分类账和明细分类账。库存现金日记账和银行存款日记账采用三栏式；总分类账可以是三栏式，也可以是多栏式；明细分类账可采用三栏式、数量金额式或多栏式。汇总记账凭证应分为汇总手段凭证、汇总付款凭证和汇总转账凭证三种，并分别根据收款、付款、转账三种记账凭证汇总填制。汇总记账凭证要定期填制，间隔天数视业务量多少而定，一般间隔5天或10天，每月汇总编制一张，月终结出合计数，据以登记总分类账。

汇总收款凭证应根据库存现金和银行存款的收款凭证，分别以该两账户的借方设置，并按与该两账户对应的贷方账户归类汇总。汇总付款凭证则方向相反。库存现金和银行存款之间相互划转的业务，视同汇总转账凭证处理。汇总转账凭证一般按有关账户的贷方分别设置，并以对应科目的借方账户归类汇总，因此，汇总转账凭证只能是一贷一借或一贷多借，而不能相反。为简化会计核算，如在一个会计期间内，某一贷方科目的转账凭证不多，可直接根据转账凭证登记总分类账。

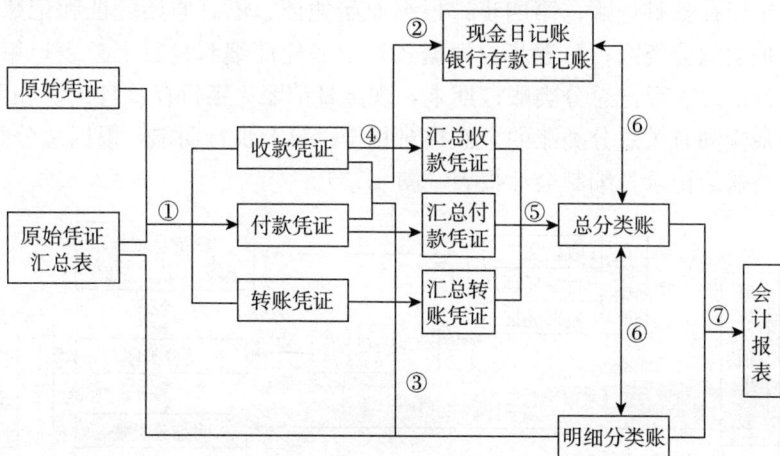

图 4-12　汇总记账凭证财务处理程序

其具体程序有以下几点：

第一步：根据原始凭证或原始凭证汇总表编制收款、付款和转账凭证。第二步：根据现金、银行存款的收款凭证和付款凭证逐笔登记现金日记账和银行存款日记账。第三步：根据原始凭证或原始凭证汇总表登记各种明细分类账。第四步：根据收、付、转三种凭证定期编制汇总收款凭证、汇总付款凭证和汇总转账凭证。第五步：根据汇总收款凭证、汇总付款凭证、汇总转账凭证登记总分类账。第六步：月末，现金日记账和银行存款日记账的余额及各种明细分类账的余额合计数应与总分类账有关账户的余额核对。第七步：月末，根据总分类账与明细分类账资料编制会计报表（图 4-12）。

（3）科目汇总表账务处理程序。科目汇总表账务处理程序的主要特点是定期编制科目汇总表，并据以登记总分类账。它一般适用于经济业务一般的农民合作社。采用这种账务处理程序，对凭证和账簿的要求及记账程序与前两种账务处理程序基本相同。

科目汇总表的编制方法是：不分对应科目进行汇总，将所有科目的本期借方、贷方发生额汇总在一张科目总表内，然后据以登记总账。为便于登记总账，科目汇总表上的科目排列，应按总分类账上科目排列的顺序来定。编制科目汇总表的时间间隔不宜过长，业务量较少的可 5～10 天汇总一次，一般间隔最长不超过 10 天，以便对发生额进行试算平衡，及时了解资金运动状况。

其一般程序是：

第一步：根据原始凭证编制汇总原始凭证；第二步：根据原始凭证或汇总原始凭证，编制记账凭证；第三步：根据收款凭证、付款凭证逐笔登记现金日记账和银行存款日记账；第四步：根据原始凭证、汇总原始凭证和记账凭证，登记各种明细分类账；第五步：根据各种记账凭证编制科目汇总表；第六步：根据科目汇总表登记总分类账；期末，现金日记账、银行存款日记账和明细分类账的余额同有关总分类账的余额核对相符；第七步：期末，根据总分类账和明细分类账的记录，编制会计报表（图 4-13）。

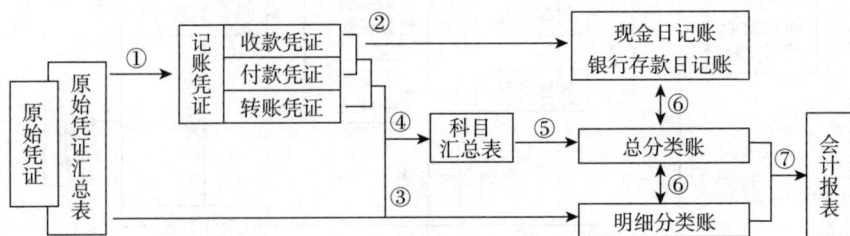

图 4-13　科目汇总表财务处理程序

（二）农民合作社财务会计核算的特殊要求

农民合作社财务会计核算的特殊要求，集中体现在《农民专业合作社法》对农民专业合作社财务核算的要求，也是合作社性质和特点在会计核算中的具体体现。农民专业合作社不同于企业，作为独立的市场主体，与公司制企业、小企业相比，农民专业合作社在成员构成、业务往来、盈余分配和公积金量化等财务活动方面有其他独特性。《农民专业合作社财务会计制度（试行）》根据《农民专业合作社法》的要求，除对盈余及盈余分配业务的核算进行规范外，还专门设计了成员权益的交易情况和合作社盈余、盈余分配及成员权益的情况。

1. 合作社与成员和非成员的交易分别核算

合作社与成员和非成员的交易分别核算制度，是《中华人民共和国农民专业合作社法》的要求，也是合作社会计核算的一个特殊要求。

（1）将合作社与成员和非成员的交易分别核算，是由合作社的互助性经济组织属性所决定的。以成员为主要服务对象，是合作社区别于其他经济组织的根本特征。如果一个合作社主要为非成员服务，它就与一般的公司制企业没有什么区别了，合作社也就失去了作为一种独立经济组织形式存在的必要。比如一个西瓜合作社，它成立的主要目的是销售成员生产的西瓜，而一个西瓜销售公司的成立目的则是通过销售西瓜赚钱，为了赚钱公司可以销售任何人的西瓜。在农民专业合作社的经营过程中，成员享受合作社服务的表现形式就是与合作社进行交易，这种交易可以是通过合作社共同购买生产资料、销售农产品，也可以是使用合作社的农业机械、享受合作社的技术和信息方面的服务。因此，将合作社与成员的交易同与非成员的交易分开核算，就可以使成员及有关部门清晰地了解合作社为成员提供服务的情况。只有确保合作社履行主要为成员服务的宗旨，才能体现合作社的基本准则，并充分发挥其互助性经济组织的作用。

（2）将合作社与成员和非成员的交易分别核算，也是为了向成员返还盈余的需要。《农民专业合作社法》第三十七条规定，合作社的可分配盈余应当按照成员与本社的交易量（额）比例返还，返还总额不得低于可分配盈余的60%。返还的依据是成员与合作社交易量（额）比例，在确定比例时，首先要确定所有成员与合作社交易量（额）的总数，以及每个成员与合作社的交易量（额），然后才能计算出每个成员所占的比例。因此，只有将合作社与成员的交易分别核算，才能按交易量（额）向成员返还盈余提供依据。

（3）将合作社与成员和非成员的交易分别核算，也是合作社为成员提供优惠服务的需要。由于合作社是成员之间的互助性经济组织，因此作为合作的实际拥有者，成员与合作社交易时的价格、交易方式往往与非成员不同，将两类交易分别核算也是合作社正常经营的需要。如一些农业生产资料购买合作社，成员购买生产资料时的价格要低于非成员，只有这两类交易分开核算，才能更准确地反映合作社的经营活动。

2. 特殊的盈余分配制度

盈余分配是农民专业合作社财务会计工作的核心，也是处理成员与合作社之间以及成员相互之间利益关系的核心。对于合作社而言，与一般的企业法人不同，其盈余的形成既有成员出资的贡献，也有成员与合作社之间交易的贡献，因此，合作社的盈余分配，关键是要合理确定按交易量（额）返还与按照出资额分配的界限。

根据《农民专业合作社法》的规定，合作社的当年盈余首先用于弥补亏损。其次，按照章程规定或者成员大会决议提取公积金。由于农民专业合作社在生产经营中对资金的需求不同，因此法律没有强制性的提取法定公积金要求，是否提取公积金，提取多少公积金，由章程规定或者根据成员大会的决议确定。如果提取了公积金，应当用于弥补亏损、扩大生产经营或者转为成员出资。同时，公积金应当根据章程规定按年度量化为每个成员的份额。在弥补亏损、提取公积金后的盈余，即为农民专业合作社的可分配盈余。《中华人民共和国农民专业合作社法》规定，可分配盈余按照下列规定返还或者分配给成员：一是按成员与本社的交易量（额）比例返还，返还总额不得低于可分配盈余的 60%；二是按前项规定返还后的剩余部分，以成员账户中记载的出资额和公积金份额，以及本社接受国家财政直接补助和他人捐赠形成的财产平均量化到成员的份额，按比例分配给本社成员。这样的规定有两个方面的意义：一是可分配盈余的大部分按照成员与本社的交易量（额）向成员返还，有助于鼓励成员向合作社出资，壮大合作社资金实力，缓解合作社在经营过程中的资金困难。二是《农民专业合作社法》还规定，农民专业合作社的具体分配办法按照章程规定或者经成员大会决议确定。也就是说，农民专业合作社应在严格执行《农民专业合作社法》规定的基础上，结合自身实际，由章程规定或者经成员大会决议确定可分配盈余的具体分配办法。

3. 公共积累量化制度

《农民专业合作社法》第三十五条第二款规定，合作社每年提取的公积金，应按照章程规定量化为每个成员的份额，这是合作社在财务核算中的一个重要特点。农民专业合作社公积金的产生，来源于成员对合作社的利用，本质上是属于合作成员所有的，为了明细合作社与成员的财产关系，保护成员的合法权益,《农民专业合作社法》规定公积金必须量化为每个成员的份额。

为了鼓励成员更多地利用合作社,在一般情况下,公积金的量化标准主要依据当年该成员与合作社的交易量(额)来确定。当然,合作社也可以根据自身情况,根据其他标准进行公积金的量化。一种是以成员出资为标准进行量化,另一种是把成员出资和交易量(额)结合起来考虑,两者各占一定的比例来进行量化,还可以单纯以成员平均的办法量化。财会人员要根据本社确定的具体量化方法进行财务核算。

4. 设立成员账户制度

三、农民合作社成员账户

为了明确界定成员与合作社之间的财产关系,便于将合作社与成员和非成员的交易分别核算,《中华人民共和国农民专业合作社法》《农民专业合作社财务会计制度(试行)》规定了成员账户这种核算方式。

(一)成员账户的概念及核算内容

成员账户是农民专业合作社用来记录成员与合作社交易情况以及其在合作社财产中所拥有份额的会计账户。农民专业合作社为每个成员设立单独账户进行核算,就可以清晰地反映出该成员对本社的出资,量化为该成员的公积金份额以及该成员与本社的交易量(额)情况。

根据《农民专业合作社法》第三十六条的规定,成员账户主要用于记载三项内容:一是记录成员的出资情况;二是记录成员与合作社交易情况;三是记录成员公积金变化情况。这些单独记录的会计资料是确定成员参与合作社盈余分配、财产分配的重要依据。

(二)成员账户的主要作用

(1)通过成员账户,可以分别核算成员与合作社的交易量(额),为成员参与盈余分配提供依据。根据《农民专业合作社法》第十六条的规定,合作社成员享有按照章程规定或者成员大会决议分享盈余的权利。第三十七条规定,合作社的可分配盈余应该按成员与本社的交易量(额)比例返还,返还总额不得低于可分配盈余的60%。而返还的依据是成员与本社的交易量(额),因此分别核算每个成员与合作社的交易量(额)是十分重要的。

(2)通过成员账户,可以分别核算成员的出资比例和公积金变化情况,为成员承担责任提供依据。根据《农民专业合作社法》第五条规定,农民专业合作社成员以其账户内记载的出资额和公积金份额为限对农民专业合作社承担责任。在合作社因各种原因解散而清算时，成员如何分担合作社的债务，都需要根据其成员账户的记载情况来确定。

（3）通过成员账户，可以为附加表决权的确定提供依据。根据《农民专业合作社法》第十七条的规定，出资额或者与本社交易量（额）较大的成员按照章程规定，可以享有附加表决权。只有对每个成员的交易量和出资额进行分别核算，才能确定各成员在总交易额中的份额或者在出资总额中的份额，进而确定附加表决权的分配办法。

（4）通过成员账户，可以为处理成员退社时的财务问题提供依据。《农民专业合作社法》第二十一条规定，成员资格终止的，农民专业合作社应当根据章程固定的方式和期限，退还记载在该成员账户内的出资额和公积金份额；对成员资格终止前的可分配盈余，依照《农民专业合作社法》第三十七条第二款的规定向其返还。只有为成员设立单独的账户，才能在其退社时确定其应当获得的公积金份额和盈余返还份额。

（三）成员账户的格式及编制说明

《农民专业合作社财务会计制度（试行）》对成员账户的基本格式及编制说明进行了规范。农民专业合作社可根据自身情况，增加或减少有关项目和内容，合理确定成员账户的格式。

1. 成员账户的基本格式（如表 4-3）

表 4-3 成员账户

成员姓名：　　　　　　　　　联系地址：　　　　　　　　　　第　页

编号	年		摘要	成员出资	公积金份额	形成财产的财政补助资金量化份额	捐赠财产量化份额	交易量		交易额		盈余返还金额	剩余盈余返还金额
	月	日						产品1	产品2	产品1	产品2		
1													
2													
3													
4													
5													
年终合计				公积金总额：						盈余返还总额：			

2. 成员账户编制说明

（1）本表反映合作社成员入社的出资额、量化到成员的公积金份额、成员与本社的交易量（额）以及返还给成员的盈余和剩余盈余金额。

（2）年初将上年各项公积金数额转入，本年发生公积金份额变化时，按实际发生变化数填列调整。"形成财产的财政补助资金量化份额""捐赠财产量化份额"在年度终了，或合作社进行剩余盈余分配时，根据实际发生情况或变化情况计算填列调整。

（3）成员与合作社发生经济业务往来时，"交易量（额）"按实际发生数填列。

（4）年度终了，以"成员出资""公积金份额""形成财产的财政补助资金量化份额""捐赠财产量化份额"合计数汇总成员应享有的合作社公积金份额，以"盈余返还金额"和"剩余盈余返还金额"合计数汇总成员全年盈余返还总额。

四、农民合作社会计报表

（一）会计报表概念

会计报表是反映合作社某一特定日期财务状况和某一会计期间经营成果的书面报告。它是在日常核算的基础上，以账簿记录为主要依据，以一定的指标体系，总括反映农民专业合作社某一特定日期的财务状况、一定时期的经营成果以及有关经济活动情况的书面文件。会计报表是农民专业合作社会计核算的总结。

编制会计报表的主要目的，是农民专业合作社传递会计信息的主要手段与渠道；是考核生产财务计划情况和评价经营业绩的重要资料；是进行科学合理的经济预测和决策、改善经营管理的重要依据；也便于政府和有关部门了解情况，加强指导和监督，为制定合理的农村经济政策、增加农民收入提供参考。会计报表的使用者通常包括成员、管理人员和外部出资者、债权人、农村经营管理部门或财政部门等政府机构。

（二）会计报表的种类

会计报表一般可以按照它所反映的经济内容、编报时间和编报单位进行分类。

1. 按其反映的经济内容分类

会计报表按其反映的经济内容，分为以下几类：

（1）科目余额表。科目余额表反映农民专业合作社会计所设会计科目在各个月末或季节余额多少的会计报表，是月（季）末结算账目的试算表，是编制资产负债表的重要依据。

（2）收支明细表。收支明细表是反映农民专业合作社在会计年度内的各月份或各季度各项收入、支出以及盈余情况的会计报表。它根据损益账户的明细账户的本期发生额填列编制，用来补充说明农民专业合作社收入的主要来源、支出的主要去向以及盈余实现的详细情况。

（3）资产负债表。资产负债表是反映农民专业合作社年末财务状况的会计报表，即反映农民专业合作社年末资产、负债及所有者权益状况的报表。

（4）盈余及盈余分配表。盈余及盈余分配表是反映合作社一定期间实现盈余及盈余分配的实际情况的报表。

（5）成员权益变动表。成员权益变动表是反映合作社报告年度成员权益增减变动情况的报表。

2. 按照编报的时间分类

会计报表按其编报的时间，可分为月报、季报和年报。

（1）月报是按月编报，以简明扼要的形式反映农民专业合作社某一月份财务状况和收支情况的会计报表。如科目余额表、收支明细表等。

（2）季报是按季度编制的会计报表。

（3）年报是按会计年度编制和报送的会计报表。是全面反映农民专业合作社全年的经济活动、财务收支和财务成果的报表。如"资产负债表""盈余及盈余分配表""成员权益变动表"，就是每年才编报的会计报表。

3. 按编报的单位分类

会计报表按编报单位的不同，可分为单位报表和汇总报表。

（1）单位报表是农民专业合作社在日常会计核算的基础上编制的报表。

（2）汇总报表是农村经营管理部门和财政部门，根据辖区内农民专业合作社会计报表逐级综合汇总编制的会计报表。按《农民专业合作社财务会计制度（试行）》的规定，各级农村经营管理部门，应对所辖地区报送的合作社资产负债表、盈余及盈余分配表和成员权益变动表进行审查，然后逐级汇总上报，同时附送财务状况说明书，按规定时间报送农业部。

（三）会计报表的编制要求

为了使会计报表真正成为各级使用者进行管理和决策的重要依据，会计报表应当根据已登记完整、核对无误的账簿记录和其他有关资料编制。在编制会计报表时，必须遵守的基本要求是：

1. 数字真实

报表填写的数字必须真实地反映合作社的经营情况。要求必须依据客观的账簿核算记录填写，不能用估计数代替实际数，更不能弄虚作假，篡改数字，虚报谎报。

2. 计算准确

会计报表上反映的各项指标都是通过数字表示的，报表中的每一个数字必须核对清楚、计算无误后再填列，并确保各会计报表在数字上的衔接，以保证会计报表的质量。

3. 内容完整

合作社对《农民专业合作社财务会计制度（试行）》规定应予填报的各种会计报表，必须编报齐全；应当填列的报表指标，无论是表内项目，还是补充资料，必须全部填列，不得随意漏编、漏报；应该编制的附表及财务状况说明书，必须同时编报。

4. 报送及时

会计报表应根据规定的报送日期及时向有关部门报送，保证会计报表提供信息的及时性，充分发挥会计报表的作用，以供各方了解合作社的情况。

此外，会计报表应有合作社的法定代表人、主管会计工作的负责人和编制会计报表的跨级人员签名盖章，分别对会计报表的真实性、合法性负债。同时加盖合作社的公章。

（四）会计报表编制前的准备工作

会计报表是会计核算工作的结果，是反映会计主体财务状况、经营成果的书面文件，也是会计核算提供各种会计信息的重要手段。为了保证会计报表所提供的各种信息能够满足报表使用者的要求，编制报表前应做好下列准备工作：

1. 报表编制前分期的结算账目

合作社的经济活动是连续不断进行的，会计记录也要连续不断地进行。为了总结每一个会计期间（月份、季度、半年、年度）的经济活动情况，考核财务成果，编制会计报表，就必须在每会计期末进行结账。

结账是在会计期末将本期内所发生的经济业务全部登记入账的基础上，按照规定的方法对该期内的账簿记录进行小结，计算出本期发生额合计数和余额，并将余额结转下期或者转入新账。

2. 期末账项调整

期末账项调整，是指将属于本期已经发生而尚未入账的收入和费用，按照权责发生制的原则调整入账。因为会计分期是会计核算的一个基本前提，通过会计分期将川流不息、循环往复的生产经营过程人为地化为会计期间。会计期间的产生使会计核算必然涉及划分本期的收入、费用等问题。《农民专业合作社财务会计制度（试行）》规定合作社的会计核算采用权责发生制，以权责发生制原则作为收入、费用确认的记账基础。按照权责发生制原则要求，合作社日常会计记录中对有些款项在本期虽然没有支付但应属于本期的费用，有些款项在本期虽然没有收到但应属于本期的收入，还没有确认本期的费用和收入；对有些在本期虽然已经支付了款项但不属于本期或不完全属于本期费用，还没有进行调整；对有些在本期虽然已经收到入账的款项但不属于本期的收入，也还没有进行调整。可见，日常会计记录还不能够确切地反映本期的收入、费用，因此在结账前还必须对这些经济业务进行调整，将那些应属于本期的费用和已经实现的收入调整入账。经过调整，正确、真实地反映本期收入和费用的实际水平，准确计算本期的经营成果。

通过期末账项调整，可以合理反映每个会计期间应获得的收入和应负担的费用，使每个会计期间的收入与费用能在相关的基础上进行配比，正确地计算该会计期间的盈亏，如实地反映会计期末的财务状况。

需要说明的是，会计报表编制前的准备工作还包括进行财产清查。

3. 期末账项调整的内容

合作社在期末需要进行账项调整的内容一般有应计收入、应计费用、收入分摊和成本费用分摊四类。

（1）应计收入的调整。应计收入，是指合作社在本期已经向外发出商品、提供劳务或让渡资产使用权，获得了属于本期的收入，但由于尚未结算或对方延期付款等原因致使本期的款项尚未收到。例如应收销售商品款、应收劳务款、应收银行存款利息等。这些经济业务在本期虽然未收到款项，但商品已经发出、劳务已经提供，已产生收取款项的权利，应计入本期收入。因此会计期末必须查明，予以调整入账。

（2）应计费用的调整。应计费用，是指合作社本期已经发生或已经收益，应由本期负担，但尚未支付款项或会计上尚未确认的费用。这些费用因未支付款项或虽然已经发生，但平时尚未予以记录，会计期末必须查明，予以调整。

（3）成本费用分摊的调整。成本费用分摊的调整包括预付费用的分摊和期末应计税金、应计提固定资产折旧两类经济业务。

①预付费用的分摊。预付费用，是指合作社已经支付，但本期尚未收益或虽已受益，但受益期涉及多个会计期间，因而应归属后续会计期间或应属本期和后续会计期间负担的费用。

②期末其他账项调整的内容。期末应计税金、计提固定资产折旧和计提坏账准备及有关资产减值准备、无形资产摊销等经济业务，在本质上也属于成本费用分摊的调整。

（五）结账与对账

1. 会计期末的结账

（1）结账前，必须将本期内发生的各项经济业务全部登记入账，既不能提前结账，也不能将本期发生的经济业务延至下期登记入账。

（2）按照权责发生制的要求，在会计期末进行账项调整的账务处理，并在此基础上进行其他有关转账业务的账务处理，以计算确定本期的成本、费用、收入和财务成果。

（3）结账时，计算、登记本期发生额和期末余额。计算登记各账户本期发生额和期末余额的工作，一般按月进行，称为月结；有的账目还应按季结账，称为季结；年度终了，还应进行年终结账，称为年结。

在手工操作条件下，结账的标志是划红线，目的是突出有关数字，表示本期的会计记录已经截止或者结束，并将本期与下期的记录明显分开。

2. 核对账目

核对账目就是对账簿记录进行核对。为了保证账簿提供的会计资料正确、真实、可靠，登记账簿后还应定期做好对账工作，做到账证相符、账账相符、账实相符。

（1）账证核对。账证核对是指各种账簿的记录与有关会计凭证进行核对。这种核对除了在日常编制凭证和记账过程中进行外，在会计期末如果发现账账不相符，也需重新进行账证核对，以确保账证相符。

（2）账账核对。账账核对是指各种账簿之间的有关数字进行核对。主要包括：总账各账户本月借方发生额合计数与贷方发生额合计数核对是否相符；总账各账户余额与其所属明细账各账户余额之和核对是否相符；现金日记账和银行存款日记账的余额与总账各该账户余额核对是否相符；会计部门有关财产物资的明细余额，与财产物资保管或使用部门所记录的内容、金额，应定期相互核对，保证相符。

（3）账实核对。账实核对是指各种财产物资的账面余额与实存数额相核对。具体内容包括：现金日记账账面余额与现金实际库存数每天核对；银行存款日记账账面余额与开户银行账目至少一个月核对一次；各种财产物资明细账账面余额与实存数相核对；各种应收款、应付款明细账账面余额与有关债务、债权单位的账目定期相核对。

（六）科目余额表的编制

1. 科目余额表的格式（表4-4）

表4-4 科目余额表

填报单位：平江红香椿合作社　　　　　　2011年11月17日　　　　　　　　单位：元

科目编号	科目名称	期初余额		本期发生额		期末余额	
		借方	贷方	借方	贷方	借方	贷方
101	库存现金	12 878.9		137 100	77 690	72 288.9	
102	银行存款						
113	应收款						
114	成员往来	70 950		35 500		106 450	
121	产品物资						
124	委托加工物资						
125	委托代销商品						
127	受托代购商品						
128	受托代销商品						
131	对外投资						
141	牲畜（禽）资产						
142	林木资产						
151	固定资产	570				570	
152	累计折旧						
153	在建工程						
154	固定资产清理						
161	无形资产						
201	短期借款						
211	应付款						
212	应付工资						
221	应付盈余返还						
222	应付剩余盈余						
231	长期借款						
235	专项应付款				137 100		137 100
301	股金						
311	专项基金						

（续）

科目编号	科目名称	期初余额		本期发生额		期末余额	
		借方	贷方	借方	贷方	借方	贷方
321	资本公积						
322	盈余公积						
331	本年盈余						
332	盈余分配						
401	生产成本	11 543.9				11 543.9	
501	经营收入		171 673.4				171 673.4
502	其他收入		260				260
511	投资收益						
521	经营支出	21 046.4				21 046.4	
522	管理费用	51 144.2		42 190		93 334.2	
529	其他支出	3 800				3 800	
合　计		171 933.4	171 933.4	214 790	214 790	309 033.4	309 033.4

2. 科目余额表的编制方法

科目余额表是合作社按月编制，用以反映月末各会计科目余额的会计报表。科目余额表也是试算平衡表，是编制资产负债表的基础。通过科目余额表，可以检查账目是否正确，分析合作社的财务状况和收支情况。

（1）"科目编号"根据《农民专业合作社财务会计制度（试行）》规定的科目编号及其顺序，逐个科目对应编列。

（2）除"成员往来"科目外，其他各科目的余额应在月末结账后，根据总账科目的余额（借方或贷方）逐个科目填列。

（3）"成员往来"科目，应按往来明细账户，分别汇总借方余额和贷方余额合计填列。

（4）科目余额表试算平衡等式：

借方余额合计＝贷方余额合计

资产类科目余额合计＝负债科目余额合计＋所有者权益类科目余额合计

（七）资产负债的编制

1. 资产负债表的格式

资产负债表是反映合作社期末全部资产、负债和所有者权益状况的报表。资产负债表可以向报表使用者提供以下几个方面的信息：①合作社在某一期末所掌握的经济资源及这些资源的分布结构状况；②合作社在某一期末负债总额及其结构情况；③合作社在某一期末资产情况；④通过对资产负债表的分析，可以了解合作社的财务实力、短期偿债能力和支付能力。

《农民专业合作社财务会计制度（试行）》规定了资产负债表的基本格式，如下表 4-5，是采用"工"字结构编制的。在本表中，资产类列在报表的左边，反映资产各项目；负债所有者权益类列在报表的右边，反映负债和所有者权益各项目。表中各项目均按一定的顺序排列：资产类按其流动性顺序排列，容易变现的项目排在前面，不容易变现的项目排在后面；负债类按其流动性顺序排列；所有者权益类按其重要性顺序排列。资产各项目合计等于负债和所有者权益各项目的合计。

表 4-5　资产负债表

_____年___月___日

编制单位：   单位：元

资产	行次	年初数	年末数	负债及所有者权益	行次	年初数	年末数
流动资产：				**流动负债：**			
货币资金				短期借款			
应收款项				应付款项			
存货				应付工资			
流动资产合计				应付盈余返还			
对外投资：				应付剩余盈余			
农业资产：				流动负债合计			
牲畜（禽）资产				**长期负债：**			
林木资产				长期借款			
农业资产合计				专项应付款			
固定资产：				长期负债合计			
固定资产原值				负债合计			
减：累计折旧				**所有者权益：**			
固定资产净值				股金			
固定资产清理				专项基金			
在建工程				资本公积			
固定资产合计				盈余公积			
无形资产：				未分配盈余			
				所有者权益合计			
资产总计				负债和所有者权益总计			

补充资料：

项　目	金　额
无法收回、尚未批准核销的应收款项	
盘亏、毁损和报废、尚未批准核销的存货	
无法收回、尚未批准核销的对外投资	
死亡毁损、尚未批准核销的农业资产	
盘亏、毁损和报废、尚未批准核销的固定资产	
毁损和报废、尚未批准核销的在建工程	
注销和无效、尚未批准核销的无形资产	

2. 资产负债表编制说明

（1）本表反映合作社一定日期全部资产、负债和所有者权益状况。

（2）本表"年初数"栏内各项数字，应根据上年末资产负债表"年末数"栏内所列数字填列。如果本年度资产负债表规定的各个项目的名称和内容同上年度不相一致，应对上年末资产负债表各项目的名称和数字按照本年度的规定进行调整，填入本表"年初数"栏内，并加以书面说明。

（3）本表"年末数"各项目的内容及其填列方法：

"货币资金"项目，反映合作社库存现金、银行结算账户存款等货币资金的合计数。本项目应根据"库存现金""银行存款"科目的年末余额合计填列。

"应收款项"项目，反映合作社应收而未收回和暂付的各种款项。本项目应根据"应收款"和"成员往来"各明细科目年末借方余额合计数合计填列。

"存货"项目，反映合作社年末在库、在途和在加工中的各项存货的价值，包括各种材料、燃料、机械零配件、包装物、种子、化肥、农药、农产品、在产品、半成品、产成品等。本项目应根据"产品物资""受托代销商品""受托代购商品""委托加工物资""委托代销商品""生产成本"科目年末余额合计填列。

"对外投资"项目，反映合作社的各种投资的账面余额。本项目应根据"对外投资"科目的年末余额填列。

"牲畜（禽）资产"项目，反映合作社购入或培育的幼畜及育肥畜和产役畜的账面余额。本项目应根据"牲畜（禽）资产"科目的年末余额填列。

"林木资产"项目，反映合作社购入或营造的林木的账面余额。本项目应根据"林木资产"科目的年末余额填列。

"固定资产原值"项目和"累计折旧"项目，反映合作社各种固定资产原值及累计折旧。这两个项目应根据"固定资产"科目和"累计折旧"科目的年末余额填列。

"固定资产清理"项目，反映合作社因出售、报废、毁损等原因转入清理但尚未清理完毕的固定资产的账面净值，以及固定资产清理过程中所发生的清理费用和变价收入等各项金额的差额。本项目应根据"固定资产清理"科目的年末借方余额填列；如为贷方余额，本项目数字应以"－"号表示。

"在建工程"项目，反映合作社各项尚未完工或虽已完工但尚未办理竣工决算和交付使用的工程项目实际成本。本项目应根据"在建工程"科目的年末余额填列。

"无形资产"项目，反映合作社持有的各项无形资产的账面余额。本项目应根据"无形资产"科目的年末余额填列。

"短期借款"项目，反映合作社借入尚未归还的一年期以下（含一年）的借款。本项目应根据"短期借款"科目的年末余额填列。

"应付款项"项目，反映合作社应付而未付及暂收的各种款项。本项目应根据"应付款"科目年末余额和"成员往来"各明细科目年末贷方余额合计数合计填列。

"应付工资"项目，反映合作社已提取但尚未支付的人员工资。本项目应根据"应付工资"科目的年末余额填列。

"应付盈余返还"项目，反映合作社按交易量（额）应支付但尚未支付给成员的可分配盈余返还。本项目应根据"应付盈余返还"科目的年末余额填列。

"应付剩余盈余"项目，反映合作社以成员账户中记载的出资额和公积金份额，以及本社接受国家财政直接补助和他人捐赠形成的财产平均量化到本社成员的、应支付但尚未支付给成员的剩余盈余。本项目应根据"应付剩余盈余"科目的年末余额填列。

"长期借款"项目，反映合作社借入尚未归还的一年期以上（不含一年）的借款。本项目应根据"长期借款"科目的年末余额填列。

"专项应付款"项目，反映合作社实际收到国家财政直接补助而尚未使用和结转的资金数额。本项目应根据"专项应付款"科目的年末余额填列。

"股金"项目，反映合作社实际收到成员投入的股金总额。本项目应根据"股金"科目的年末余额填列。

"专项基金"项目，反映合作社通过国家财政直接补助转入和他人捐赠形成的专项基金总额。本项目应根据"专项基金"科目年末余额填列。

"资本公积"项目，反映合作社资本公积的账面余额。本项目应根据"资本公积"科目的年末余额填列。

"盈余公积"项目，反映合作社盈余公积的账面余额。本项目应根据"盈余公积"科目的年末余额填列。

"未分配盈余"项目，反映合作社尚未分配的盈余。本项目应根据"本年盈余"科目和"盈余分配"科目的年末余额计算填列；未弥补的亏损，在本项目内数字以"－"号表示。

（八）盈余及盈余分配表

1. 盈余分配表的格式（表4-6）

表4-6　盈余及盈余分配表

_____年

编制单位：　　　　　　　　　　　　　　　　　　　　　　　　　　单位：元

项目	行次	金额	项目	行次	金额
本年盈余			**盈余分配**		
一、经营收入	1		四、本年盈余	16	
加：投资收益	2		加：年初未分配盈余	17	
减：经营支出	5		其他转入	18	
管理费用	6		五、可分配盈余	21	
二、经营收益	10		减：提取盈余公积	22	
加：其他收入	11		盈余返还	23	
减：其他支出	12		剩余盈余分配	24	
三、本年盈余	15		六、年末未分配盈余	28	

2. 盈余及盈余分配表编制说明

（1）本表反映合作社一定期间内实现盈余及其分配的实际情况。

（2）本表主要项目的内容及填列方法如下：

"经营收入"项目，反映合作社进行生产、销售、服务、劳务等活动取得的收入总额。本项目应根据"经营收入"科目的发生额分期填列。

"投资收益"项目，反映合作社以各种方式对外投资所取得的收益。本项目应根据"投资收益"科目的发生额分期填列；如为投资损失，以"－"号填列。

"经营支出"项目，反映合作社进行生产、销售、服务、劳务等活动发生的支出。本项目应根据"经营支出"科目的发生额分期填列。

"管理费用"项目，反映合作社为组织和管理生产经营服务活动而发生的费用。本项目应根据"管理费用"科目的发生额分期填列。

"其他收入"项目和"其他支出"项目，反映合作社除从事主要生产经营活动以外而取得的收入和支出，本项目应根据"其他收入"和"其他支出"科目的发生额分期填列。

"本年盈余"项目，反映合作社本年实现的盈余总额。如为亏损总额，本项目数字以"－"号填列。

"年初未分配盈余"项目，反映合作社上年度未分配的盈余。本项目应根据上年度盈余及盈余分配表中的"年末未分配盈余"数额填列。

"其他转入"项目，反映合作社按规定用公积金弥补亏损等转入的数额。本项目应根据实际转入的公积金数额填列。

"可分配盈余"项目，反映合作社年末可供分配的盈余总额。本项目应根据"本年盈余"项目、"年初未分配盈余"项目和"其他转入"项目的合计数填列。

"提取盈余公积"项目，反映合作社按规定提取的盈余公积数额。本项目应根据实际提取的盈余公积数额填列。

"盈余返还"项目，反映按交易量（额）应返还给成员的盈余。本项目应根据"盈余分配"科目的发生额分期填列。

"剩余盈余分配"项目，反映按规定应分配给成员的剩余可分配盈余。本项目应根据"盈余分配"科目的发生额分期填列。

"年末未分配盈余"项目，反映合作社年末累计未分配的盈余。如为未弥补的亏损，本项目数字以"－"号填列。本项目应根据"可分配盈余"项目扣除各项分配数额的差额填列。

（九）成员权益变动表（参见农民合作社成员账户）

（十）财务状况说明书

财务状况说明书是对合作社一定会计期间生产经营、提供劳务服务以及财务、成本情况进行分析说明的书面文字报告。合作社应于年末编制财务状况说明书，对年度内财务状况做出书面分析报告，进行全面系统的分析说明。财务状况说明书没有统一的格式，但其内容至少应涵盖以下几个方面：

1. 合作社生产经营服务的基本情况

包括：合作社的股金总额、成员总数、农民成员数及所占的比例、主要服务对象、主要经营项目等情况。

2. 成员权益结构

（1）理事长、理事、执行监事、监事会成员名单及变动情况。

（2）各成员的出资额，量化为各成员的公积金份额，以及成员入社和退社情况。

(3) 企事业单位或社会团体成员个数及所占的比例。

(4) 成员权益变动情况。

3. 其他重要事项

(1) 变更主要经营项目。

(2) 从事的进出口贸易。

(3) 重大财产处理、大额举债、对外投资和担保。

(4) 接受捐赠。

(5) 国家财政支持和税收优惠。

(6) 与成员的交易量（额）和与利用其提供的服务的非成员的交易量（额）。

(7) 提取盈余公积的比例。

(8) 盈余分配方案、亏损处理方案。

(9) 未决诉讼、仲裁。

五、问题及建议

（一）农民合作社存在的会计核算问题

我国现阶段已经颁布了相关的法律来确保农民专业合作社中会计核算的顺利进行，可是在实际的会计核算过程中依然存在一些问题。

1. 关于农民专业合作社中"专项基金"的会计核算问题

农民专业合作社中有明确规定，国家直接补助的资金或者是接受捐助的各项资金，合作社应该建立独立的资金专项账户进行会计核算。可在现实的操作中，农民专业合作社往往忽视了这一点，都没有建立独立的专项基金账户，或者即使建立了专项账户也没有进行好好的管理。建立的专项账户必须是有清晰地明细记录，记录每一笔资金的流动方向，让财务会计核算人员一目了然。同时，专业合作社在建立了资金账户后，资金的登记方法有时候做得也不够好，往往会出现登记失误的情况。这些都是农民专业合作社中关于"专项基金"的会计核算中可能出现的问题，合作社应该积极地重视这些问题。

2. 关于农民合作社中"成员往来"的会计核算问题

在现阶段的农民专业合作社中内部的各项资金都是由"成员往来"进行会计核算的。成员往来是一个非常好的账户，所有跟合作社合作过的客户都有记录，都能通过"成员往来"科目来进行会计核算。很多合作社往往做得不够好，这通常表现在没有良好的记录合作客户的各项财务资料，或者是财务资料丢失。这样的话，农民专业合作社在成员往来的会计核算中就会出现很大的失误，会计核算质量的可信度自然也就不高了。

3. 关于农民专业合作社中会计核算理论与实际不符的问题

在现阶段，会计核算的理论知识都没有很好地结合农民专业合作社的实际情况，这就会导致会计核算无法解决实际的财务问题，理论与实际工作存在一定的差异。现在合作社的会计核算法律指导只有一种，就是 2008 年颁布的《农民专业合作社财务会计制度（试行）》，而这个制度是否适合所有的农民专业合作社还没有得到证实。在现实的会计核算中，不一定所有的会计核算都能运用此法律条例来进行核算，比如说，同样是农民专业合作社，采用的可以是不同的会计制度等。除此之外，农民专业合作社的会计核算工作人员的素质跟不上合作社会计制度的需求。现阶段的合作社会计核算都是一些资历比较老的工作人员，相对应的他们接受新知识的能力低，运用新科技的效率就会降低，这都会影响会计核算的效率以及准确性。

4. 在农民专业合作社的会计核算中权利与责任不相符的问题

目前农民专业合作社中采用的都是以会计核算为中心，同一个问题由不同的部门来进行解决，把权力分散到了各个部门，这样的话就是把资金集中在会计核算部门，而把权利分配到了其他部门。这种做法会导致接下来出现很多的问题，比如说，资金的实际审查与实际的使用情况不相符合，会带来一定的损失；权力分散了会导致各部门之间相互推脱责任等。所以，在现阶段的农民专业合作社中会计核算的权利与责任分散的制度有着自身的问题与缺陷，导致合作社的各项活动受到影响，最终还可能会出现更严重的情况。

5. 农民专业合作社中会计制度与核算管理的问题

（1）管理制度不健全，管理水平较低。从经营管理体制看，多数专业合作组织按照《农民专业合作社法》的基本原则成立，制定章程，产生理事会、监事会成员，成立社员大会（或代表大会）作为最高权力机构。但是，大部分农民专业合作社缺乏在章程指导下的具体管理制度，比如具体的合作社财务管理制度、内部控制制度、内部管理制度、考核制度等。由于管理制度不健全，造成许多农民专业合作社的理事会、监事会成员、社员代表的产生以及审议理、监事会年度工作计划、决定盈余分配方案和亏损弥补办法以及合作组织的合并、解散等重大问题缺乏民主监督；当选的理事往往是具有带动作用的种养大户、农村经纪人等，造成权力过分集中，民主决策过程和必要的监督机制流于形式；财务核算和监督工作混乱无序，会计信息质量不高，合作社的财产保值增值能力缺乏，降低了合作社的持续经营和发展能力。农民合作社成员文化素质偏低，缺乏现代农业的管理经验；重短期、轻长期，只看眼前；有利则合，无利则散的现象在一些合作社成员中普遍存在，本该是紧密型的合作关系，却因为利益问题而变得松散。这种对合作社认识上的偏差，以及管理经验的缺失，造成合作社经营的不稳定性，加大了经营风险。

（2）会计人员专业素质普遍较低，不符合合作社长远发展要求。对北京部分郊区县、区的调查结果显示：受调查农民专业合作社会计人员中，持有会计从业资格证的只占到38%；会计人员学历结构中大专以上的只占到9%，高中及中专学历的占79%，初中及以下学历的占12%；会计人员中有高级技术职称的占到16%（而且全部是外请的代理记账员），有中级技术职称的占18%，有初级技术职称的占31%，无任何技术职称的占35%。这些简单的数据说明农民专业合作社的会计人员专业素质普遍很低，不符合合作社长远发展目标的需要。

（3）农民专业合作社资金互助业务的会计核算需要的问题。随着农村经济和社会的发展，农民和农村合作组织对于金融需求越来越大，资金短缺日益成为制约农民专业合作社发展的瓶颈，开展资金互助是农民在经济合作过程中的一个大胆尝试。目前北京郊区资金互助合作广泛兴起，并在专业合作社中发挥着越来越重要的作用。合作社的互助资金主要来源于国家扶持款、商业银行优惠贷款以及合作社社员，为社员提供生产经营和生活过程中的急需资金，以服务社员为宗旨，谋求全体社员的共同利益。互助资金的核算管理包括本金和利息两方面的内容，但是无论是农业部制定实施的《农民专业合作社会计制度（试行）》，还是北京市农村合作经济经营管理站制定实施的《北京市农民专业合作社会计核算办法（试行）》，都没有将这方面的内容考虑进去，没有作出相应的规范，形成核算上的空白，造成核算的混乱。比如某区的专业合作社摸索出了采用上述两个制度规范中已有的"其他应付款"总账科目进行核算互助资金，并在总账科目下设"互助金本金"和"互助金利息"两个科目。这种解决方式虽然很简便，但是把互助金当作普通负债项目来处理显然不符合互助资金的性质，容易造成社员理解上的混乱。

（二）改进农民合作社会计核算的建议

1. 加强农民合作社会计核算业务培训和技术指导，提升会计核算人员专业素养

相当一部分农民合作社会计人员对《农民专业合作社法》《农民专业合作社会计制度（试行）》不了解，没有一个明确的认识，对如何规范农民合作社会计核算没有方向，对于具体的合作社的业务处理生疏，存在很多不当的做法。因此，加强培训是当务之急。职能部门要积极采取各种措施进行培训，走进合作社，贴近实际，有针对性地开展培训，提高从业者的管理素质和观念，在实践中解决问题。培训工作应该长期化、经常化，并且要持证上岗、定期考

核，切实提高培训质量，提升会计人员业务素质和职业道德水平。

2. 简化、统一农民专业合作社会计制度，提高会计核算质量

（1）建议财产清查中产生的盘盈、盘亏财产不记入"待处理财产损溢"账户，直接根据批准结果记入"管理费用""营业外支出""营业外收入""其他应收款""其他应付款"等账户，这样更符合农民专业合作社的实际情况，同时降低了核算工作量。

（2）资产期末计价的时候，保留"坏账准备"账户，合并"存货跌价准备""长期投资减值准备""固定资产减值准备""无形资产减值准备"账户为"资产减值准备"账户，减少会计核算工作量。

（3）取消"长期股权投资"账户，增设"对外投资"账户，用来核算所有合作社对外投资业务，该账户按投资目的和期限的长短分设"长期投资"和"短期投资"两个二级明细账户，以利于资产负债表上"流动负债"和"非流动负债"的列示。

（4）建议增设"专项基金"账户，反映国家扶持资金的来源和去向。

（5）在会计制度中增加"互助流转金"科目以满足有资金互助业务的专业合作社的会计核算需要。"互助流转金"是负债类科目，核算合作社筹集使用互助资金的情况。该账户贷方登记互助资金的取得（社员存入互助金及产生互助金利息收入），借方登记互助资金的使用（社员借出互助金及支付的互助金利息费用），期末贷方余额表示合作社现有未借出的互助金的本金和利息数。该科目设置"本金""利息"两个二级科目，并按照社员姓名设置专栏，进行明细分类核算。

3. 帮助农民专业合作社积极开展会计电算化工作，建立和推广农民专业合作社信息服务平台

农民专业合作社的电算化工作需要首先具备相应的软件和硬件条件，部分区县已经统一为农民专业合作社配备了电脑、打印机等基础设施，其中有的区县还统一安装农民专业合作社财务核算软件。下一步主要是依托各区县经管站的支持，举办培训班，普及推广电算化知识，提高会计工作效率，并进一步在全市统一规范并安装使用农民专业合作社财务管理软件，旨在规范合作社财务制度和会计核算，强化档案管理，推行社务公开，全面带动农民专业合作社财务会计管理的制度化和规范化建设。推广"农民专业合作社信息服务平台"，全面实现农民专业合作社经营、销售的信息化，包括在合作社信息网上发布、农产品电子商务、社员远程培训、财务电算化管理等综合管理服务功能。

第五章　农民合作社融资与核算研究

一、农民合作社融资概述

（一）融资及模式

融资通常是指货币资金的持有者和需求者之间，直接或间接地进行资金融通的活动。融资实质是一个资金配置过程，就是通过资金投入方向上的不断变化，引导资金流向个别收益率较高的行业或企业，以保持企业的竞争优势和实现企业经济效益的最大化。资金配置就是对资金进行科学合理的组织来最大限度地减少资金浪费和实现资金利润的最大化。一般而言，融资方式包括内源融资与外源融资、直接融资和间接融资、股权融资与债权融资、短期融资和长期融资。农民专业合作社在融资中可以综合运用。

1. 融资方式

融资方式是指资金由盈余的部门向亏损的部门转化的形式和渠道，也就是储蓄向投资转化的形式和渠道。资金的来源具有多样性，决定了企业的融资方式也可以是各种各样的。

传统的融资方式可以基本分为内源融资和外源融资两类，内源融资就是从企业的内部筹集资金，包括留存利润、折旧、内部集资和业主自筹。外源融资则是指从企业外部筹集资金，而外源融资又可细分为直接和间接融资两种方式，前者指企业向资金提供者直接融通资金的方式，如企业通过发行股票、债券、商业票据筹资或吸引政府财政投资；后者则指企业通过融资中介间接向资金供给者融通资金的方式，如企业向银行等金融机构借款进行融资。

学者张昌彩借鉴西方宏观经济学中的资金流量分析法，提出一种新的融资方式分类法。鉴于国民经济中存在政府、金融、企业、居民、国外五大部门，且每一部门都可能成为资金需求者的资金来源和融资对象，将社会的融资方式分为财政融资、银行融资、商业融资、证券融资和国际融资五种方式。财政融资方式，是指作为财政部门作为资金的提供方，如财政拨款；银行融资方式，是指银行部门（含非银行金融机构）作为资金的提供方，如企业向银行和信用合作社借款；商业融资方式，是指企业以商业信用形式向提供资金的其他单位或企业取得资金，如企业利用商业票据、延期获取付款向其他企业融资；证券融资方式，是指企业通过发行股票、债券等方式获得资金，如企业股票融资、债券融资；国际融资方式，是指企业通过各种方式，如合资、合作、联营等，向国外部门融入资金。

2. 融资模式

融资模式是指不同融资方式的组合。一种融资模式往往是突出以某一种或几种融资方式为主，其他融资方式为辅，形成各种融资方式相互配合共同起作用的格局。融资模式与融资方式的关系是：两者都是储蓄向投资转化的方式，但前者的内涵大于后者，融资模式包含融资方式，是多种融资方式的组合。融资模式一般用于研究一个国家或地区在一定时期内采用的主导性融资方式及其与其他融资方式的关系。

比较典型的融资模式分为两种，即保持距离性融资模式和关系型融资模式。保持距离型融资模式指的是一种企业与银行之间保持一定距离的融资关系。银行作为金融中介人，只从事一般债权债务型的借贷活动而不提供任何形式的中长期贷款与股本投资。企业只能在一定的资产保证下，从银行获得周转性资金，而中长期资金只能靠发行企业债券和股票从资本市场上筹集。保持距离型融资模式的适用背景是具备发达的资本市场，比如英美国家的企业。

关系型融资模式是指一种银行实行综合制经营，并通过银行对企业参股与持股而全面介入企业经营过程，企业的融资始终以银行融资为主，而以证券融资为辅的模式，是对这种特殊的银企关系的概括。关系型融资模式主要以日本、韩国等东亚国家及德国的企业以银行贷款为主导的融资模式为代表。

（二）融资理论

1. 金融抑制与金融深化理论

麦金农（R. I. Mckinnon）与肖（E. S. Shaw）在 1973 年提出了金融抑制与金融深化的理论，对农村金融发展领域影响深远，从不同角度对发展中国家的涉农融资进行了深入的研究。麦金农认为，发展中国家对金融活动采取干预性政策，政府为保护第一产业的发展，往往选择降低贷款利率，但是过低的贷款利率会导致国家资金上的缺口，这种方式不但无法帮助金融业的发展，同时也制约了经济的发展。

所谓金融抑制就是在金融发展和经济发展相互制约发展的情况下，贷款往往流向国有及大中型企业。发展中国家资金不够充足，过于低的贷款利率刺激了借款风潮，这就导致了资金需求量大于供给量。并且由于金融领域的二元化，金融服务多为城市所拥有，而农村地区的金融活动是被抑制的，金融机构往往选择与政府相关的部门或者发展前景良好的企业进行融资，而新兴企业及中小企业都很少得到贷款，农民专业合作社的特点是初期需要大量启动资金，而收益却需要很长一段时间来完成，并存在着高风险，所以农民专业合作社的资金需求往往无法得到满足，在农村的实际贷款利率远远高于银行贷款利率，这也将大大阻碍了农民专业合作社融资的步伐。

为了解决金融抑制带来的融资难的情况，相应地提出了金融深化理论。其公式为：

$$M/P = f(Y, I/Y, D\text{-}P^*)$$

其中，M/P 为实际货币需求，M 是名义货币存量，P 是价格水平，I/Y 代表投资占收入比率，I 表示投资，Y 为收入，D-P* 为货币的实际收益率，D 为各类存款名义利率的加权平均值，P* 为预期通货膨胀率。金融深化就是要求 D 不断增长来刺激实际货币需求，也就是增加收入带动存款量的增加，以保证国家货币资产收益为正，从而吸收存款。同时该理论还认为，要深入研究发展中国家金融特征并把握金融运行现状，降低政府对金融活动的干预程度，充分发挥市场机制，从而挖掘可用的闲置资金用于增加企业金融资金的存量，扩大金融规模。同时金融深化理论还提出完善金融市场秩序，将储蓄资金与金融资金快速转化，提高资金利用率，从而扩大了金融的广度与深度。

2. 不完全竞争市场理论

约瑟夫·斯蒂格利茨于 2001 年获得诺贝尔经济学奖时提出了不完全竞争市场理论，这就是农村金融不完全竞争市场理论的基础。该理论广泛应用于发展中国家。斯蒂格利茨认为，金融机构是无法完全掌握借款人的信息与情况的，为了弥补这部分市场机制的失效，就需要政府适当介入金融市场，但并不同于农业信贷补贴理论的体制介入，不完全竞争市场是对发展中国农村金融市场的非市场介入。

3. 麦克米伦缺口理论

20 世纪 30 年代英国麦克米伦提出了中小企业融资缺口理论，由于政府施行抓大放小政策，信贷政策多向国有及大中型企业倾斜，这就导致了强者越强，弱者更弱的"马太效应"，许多小型企业面临着巨大的融资问题。农民合作社更加需要农业政策性的金融支持，应提出相应的担保机制和信用体系，并加强企业自身的建设与管理，从而得到金融资金的补助。

（三）国家对农民合作社金融支持的内容

为了支持、引导农民专业合作社的发展，规范农民专业合作社的组织和行为，保护农民专业合作社及其成员的合法权益，促进农业和农村经济的发展，我国于 2006 年颁布了《农民专业合作社法》。国家对于农民合作社的金融支持主要体现在该法中，以及之后农业部等部门陆续出台的相关文件和政策中。

《农民专业合作社法》第五十条规定，中央和地方财政应当分别安排资金，支持农民专业合作社开展信息、培训、农产品质量标准与认证、农业生产基础设施建设、市场营销和技术推广等服务。目前，我国农民专业合作社经济实力还不强，自我积累能力较弱，给予专业合作社财政资金扶持，就是直接扶持农民、扶持农业、扶持农村。《农民专业合作社法》第五十一条规定，国家政策性金融机构和商业性金融机构应当采取多种形式，为农民专业合作社提供金融服务。具体支持政策由国务院规定。目前，我国的农业银行和储蓄银行能够为农业提供资金支持，农业发展银行作为国家政策性银行专门为农村服务，农村信用社以及由其合并重组而成的农村商业银行、农村合作银行在农村也设置了很多经营机构。此外，其他大型和股份制商业银行也应国家的要求面向农村提供一些金融服务。

2011 年，农业部和中国银监会也联合发了文件，提出对合作社开展金融服务产品创新、特别是要把合作社纳入信用评价体系里来，对它们给予先评级后授信再用信的办法解决合作社贷款难的问题。对示范社更是要给予相关支持，特别是在金融支持方面，对县级以上的示范社，在金融支持方面授信等级更高，授信额度更大。

2012 年，中共中央国务院出台了《关于加快推进农业科技创新持续增强农产品供给保障能力的若干意见》（中发〔2012〕1 号），在政府补贴、农村金融服务、种业科技创新、农村实用人才培训、农业机械化、农产品流通等八个方面加大对农民专业合作社的扶持力度，促进农民专业合作社发展。其中在提升农村金融服务水平方面，当年中央 1 号文件提出："有序发展农村资金互助组织，引导农民专业合作社规范开展信用合作。完善符合农村银行业金融机构和业务特点的差别化监管政策，适当提高涉农贷款风险容忍度，实行适度宽松的市场准入、弹性存贷比政策。继续发展农户小额信贷业务，加大对种养大户、农民专业合作社、县域小型微型企业的信贷投放力度。"

2015 年，除继续实行已有的扶持政策外，农业部将按照中央的统一部署和要求，配合有关部门选择产业基础牢、经营规模大、带动能力强、信用记录好的合作社，按照限于成员内部、用于产业发展、吸股不吸储、分红不分息、风险可掌控的原则，稳妥开展信用合作试点。当前，农民专业合作社蓬勃发展，在提高农业组织化程度、建设现代农业、促进农民增收等方面发挥了重要作用。中央 1 号文件明确提出"大力发展农民专业合作社"，为进一步推动农民专业合作社健康快速发展指明了方向，并就支持和促进农民专业合作社发展提出了一系列政策措施。主要包括：新增农业补贴适当向农民专业合作社倾斜；深入推进示范社建设行动，对服务能力强、民主管理好的合作社给予补助；各级政府扶持的贷款担保公司要把农民专业合作社纳入服务范围，支持有条件的合作社兴办农村资金互助社；扶持农民专业合作社自办农产品加工企业；全面推进"农超对接"，减少流通环节，降低流通成本。为进一步促进农民专业合作社规范化建设，在 2009 年提出开展农民专业合作社示范社建设行动的基础上，1 号文件又提出了"深入推进示范社建设行动，对服务能力强、民主管理好的合作社给予补助"的要求。这表明中央将进一步加大对示范社建设的支持力度，围绕示范社建设行动，以示范社为标杆，以示范社为方向，以示范社为抓手，引导和促进农民专业合作社又好又快发展。

(四) 农民合作社融资的特征和模式

农民专业合作社融资表现为营利性、风险性、扶助性等特点。农民专业合作社作为一种特殊的企业组织，它融资是为了扩大合作社规模，增强服务社员能力，更好地满足市场的需要。农民专业合作社对内不以营利为目标，但是对外则是以追求利润，实现利润最大化为目标，这是合作社作为营利性经济组织所必然提出的要求。因此，营利性是农民专业合作社融资的基本特点。农民专业合作社融资的风险性是指合作社与一般企业同样面临许多不确定性，如市场风险和自然灾害等意外风险。合作社面临的这些风险对吸引资金流入有负面影响，对资金供给者来说，对合作社放贷风险很大而收益较小，因此合作社商业贷款数量有限。农民专业合作社的扶助性是指作为一种弱势的组织，合作社发展中的资金需求需要政府及社会的扶持。

根据国内外合作社发展的实践，农民专业合作社融资可以有三种模式。

1. 传统合作制模式

这是高度合作化和低度商业化相结合的传统合作制，合作社自身规模较小，资本有限，经营也比较专业。目前我国当前一些规模较小的农民专业合作社按照经典合作社原则，更多地强调合作制的资本均等原则和民主管理原则而采用这一模式。

2. 高度市场化和低度合作化相结合的现代合作制模式

该模式规模很大、资本充足、经营多样化，利用股份制和资本市场融资较多。北美新一代合作社大多采用这一融资模式。从发展的观点看，其财产组织形式股份化和资本运作商业化的趋势比较明显。这种模式对专业合作社的要求比较高，在专业合作社发展到一定规模后可以采用这种模式。

3. 合作制与资本市场紧密结合的模式

该模式是前两种模式的综合，合作社在充分利用自身产权融资的基础上，适时地向金融机构借款，扩大资金来源渠道。可以预见，这种模式将成为我国农民专业合作社未来融资的主要方式。

上述三种模式在农民专业合作社发展中都可以采用，而且随着合作社的发展，必将会出现合作制与商业化结合的更多的模式。从长远来看农民专业合作社完全可以用自己的资产作后盾进行融资，借助资本市场来筹资以改善资本结构。

二、农民合作社融资会计核算

如前所述，融资的方式包括内源融资与外源融资、直接融资和间接融资、股权融资与债权融资、短期融资和长期融资。因此，根据融资资金性质、不同来源，期限长短等特点，相应的农民专业合作融资的会计核算可以从短期借款，长期借款、专项应付款、股金、专项基金、资本公积、盈余公积几个方面来进行核算。

（一）短期借款

农民合作社从银行、信用社或其他金融机构，以及外部单位和个人借入的期限在 1 年以下（含 1 年）的各种借款称为短期借款。在会计上应设置"短期借款"账户进行核算。"短期借款"科目应按借款单位和个人设置明细科目，进行明细核算。期末贷方余额，反映合作社尚未归还的短期借款本金。

当合作社借入各种短期借款时，借记"库存现金""银行存款"科目，贷记本科目；合作社发生的短期借款利息支出，直接计入当期损益，借记"其他支出"科目，贷记"库存现金""银行存款"等科目；归还短期借款时，借记本科目，贷记"库存现金""银行存款"科目。

例 1 北京某果蔬产销专业社 2014 年向农业银行申请 6 个月贷款 10 000 元，并存入其开户银行。6 个月后偿还到期贷款 10 500 元。

借入时的会计分录为：

借：银行存款　　　10 000

　　贷：短期借款　　　10 000

归还本利时的会计分录为：

借：其他支出　　　500

　　短期借款　　　10 000

　　贷：银行存款　　10 500

（二）长期借款

　　农民合作社从银行等金融机构及外部单位和个人借入的期限在 1 年以上（不含 1 年）的各项借款称为长期借款。在会计上应设置"长期借款"账户进行核算。本科目应按借款单位和个人设置明细账，进行明细核算。期末贷方余额，反映合作社尚未偿还的长期借款本金。

　　当农民合作社借入长期借款时，借记"库存现金""银行存款"科目，贷记本科目；合作社长期借款利息应按期计提，借记"其他支出"科目，贷记"应付款"科目；合作社偿还长期借款时，借记本科目，贷记"库存现金""银行存款"科目。支付长期借款利息时，借记"应付款"科目，贷记"库存现金""银行存款"科目。

　　例 2　北京某果蔬产销专业社 2014 年向农业银行申请 3 年期贷款 150 000元，并存入其开户银行。

　　借入时的会计分录为：

　　借：银行存款　　150 000
　　　　贷：长期借款　　150 000

　　2014 年年底计提长期借款利息 1 000 元，会计分录为：

　　借：其他支出　　1 000
　　　　贷：应付款　　1 000

　　到期归还本利时的会计分录为：

　　借：应付款　　3 000
　　　　长期借款　　150 000
　　　　贷：银行存款　　153 000

（三）专项应付款

　　农民合作社还会接受国家财政直接补助的资金，也是其资金的重要来源。为了全面反映国家专项资金的来源、使用、结余情况，会计上设置"专项应付款"进行核算。本科目应按国家财政补助资金项目设置明细科目，进行明细核算。期末贷方余额，反映合作社尚未使用和结转的国家财政补助资金数额。

　　当农民合作社收到国家财政补助的资金时，借记"库存现金""银行存款"等科目，贷记本科目；合作社按照国家财政补助资金的项目用途，取得固定资产、农业资产、无形资产等时，按实际支出，借记"固定资产""牲畜（禽）资产""林木资产""无形资产"等科目，贷记"库存现金""银行存款"等科目，同时借记本科目，贷记"专项基金"科目；用于开展信息、培训、农产品质量标准与认证、农业生产基础设施建设、市场营销和技术推广等项目支出时，借记本科目，贷记"库存现金""银行存款"等科目。

具体核算举例见"专项基金"的核算。

（四）股金

农民合作社通过成员入社出资、投资入股、公积金转增等所形成的股金是合作社资金来源的重要渠道。在会计上应设置"股金"会计账户来反映股金的增减变化及其结余情况。本科目应按成员设置明细科目，进行明细核算。期末贷方余额，反映合作社实有的股金数额。

当农民合作社收到成员以货币资金投入的股金，按实际收到的金额，借记"库存现金""银行存款"科目，按成员应享有合作社注册资本的份额计算的金额，贷记本科目，按两者之间的差额，贷记"资本公积"科目；合作社收到成员投资入股的非货币资产，按投资各方确认的价值，借记"产品物资""固定资产""无形资产"等科目，按成员应享有合作社注册资本的份额计算的金额，贷记本科目，按两者之间的差额，贷记或借记"资本公积"科目；合作社按照法定程序减少注册资本或成员退股时，借记本科目，贷记"库存现金""银行存款""固定资产""产品物资"等科目，并在有关明细账及备查簿中详细记录股金发生的变动情况；成员按规定转让出资的，应在成员账户和有关明细账及备查簿中记录受让方。

例 3 北京某果蔬产销专业社和某外单位签订的投资协议，该单位向专业合作社投资 25 000 元，款存银行。协议约定入股份额占专业合作社股份的20％，专业合作社原有股金 60 000 元。

该单位投入到专业合作社的资金 25 000 元中，能够作为股金入账的数额是：60 000×20％＝12 000 元，其余的 13 000 元，只能作为股金溢价，记入"资本公积"账户。会计分录为：

借：银行存款　　25 000

　　贷：股金——法人股金　　12 000

　　　　资本公积　　13 000

例 4 北京某果蔬产销专业社收到成员投入材料一批。评估确认价13 000元。

借：产品物资——××材料　　13 000

　　贷：股金——个人股金　　13 000

例 5 北京某果蔬产销专业社付给某农户退股 5 000 元。其中：库存现金支付 1 000 元，从开户行存款支付 4 000 元。

借：股金——个人股金　　5 000

　　贷：现金　　1 000

　　　　银行存款　　4 000

例 6　北京某果蔬产销专业社退出成员投入的材料一批，评估确认价 3 000元。

借：股金——个人股金　　3 000

　　贷：产品物资——××材料　　3 000

（五）专项基金

农民合作社通过国家财政直接补助转入和他人捐赠形成的专项基金，应设置"专项基金"账户来反映其增减变化及其结余情况。本科目应按专项基金的来源设置明细科目，进行明细核算。本科目期末贷方余额，反映合作社实有的专项基金数额。

当农民合作社使用国家财政直接补助资金取得固定资产、农业资产和无形资产等时，按实际使用国家财政直接补助资金的数额，借记"专项应付款"科目，贷记本科目；合作社实际收到他人捐赠的货币资金时，借记"库存现金""银行存款"科目，贷记本科目；合作社收到他人捐赠的非货币资产时，按照所附发票记载金额加上应支付的相关税费，借记"固定资产""产品物资"等科目，贷记本科目；无所附发票的，按照经过批准的评估价值，借记"固定资产""产品物资"等科目，贷记本科目。

由于专项基金与专项应付款在核算具有联系，故一起举例说明如下：

1. 取得财政扶持资金

按照《农民专业合作社财务会计制度（试行）》的规定，农民专业合作社收到国家财政直接补助资金时，应借记"库存现金""银行存款"等科目，贷记"专项应付款"科目。

例 7　北京某果蔬产销专业社接受国家财政专项补助资金 70 000 元，用于建造水果存储仓库。款项已存入当地信用社。

合作社会计应编制收款凭证，会计分录为：

借：银行存款　　70 000

　　贷：专项应付款　　70 000

2. 使用财政扶持资金

农民专业合作社使用国家财政直接补助资金取得固定资产、农业资产和无形资产等时，按实际使用国家财政直接补助资金的数额，借记"专项应付款"

科目，贷记"专项基金"科目。

例8 接例4，该仓库建造过程中，使用专用物资40 000元，支付社员工资20 000元，支付外聘临时员工工资10 000元。工程验收完成后交付使用。

合作社应做如下会计处理：

（1）库房建造时及发生各项费用时，会计分录为：

借：在建工程　　70 000

　　贷：产品物资　　40 000

　　　　应付工资　　20 000

　　　　应付款　　　10 000

（2）库房建成验收交付使用时，编制转账凭证，会计分录为：

借：固定资产　　70 000

　　贷：在建工程　　70 000

（3）结转专项基金时，编制转账凭证，会计分录为：

借：专项应付款　　70 000

　　贷：专项基金　　70 000

（六）资本公积

农民合作社设置"资本公积"账户来核算形成的资本公积金。本科目应按资本公积的来源设置明细科目，进行明细核算。本科目期末贷方余额，反映合作社实有的资本公积数额。

当成员入社投入货币资金和实物资产时，按实际收到的金额和投资各方确认的价值，借记"库存现金""银行存款""固定资产""产品物资"等科目，按其应享有合作社注册资本的份额计算的金额，贷记"股金"科目，按两者之间的差额，贷记或借记本科目；合作社以实物资产方式进行对外投资时，按照投资各方确认的价值，借记"对外投资"科目，按投出实物资产的账面余额，贷记"固定资产""产品物资"等科目，按两者之间的差额，借记或贷记本科目；合作社用资本公积转增股金时，借记本科目，贷记"股金"科目。

例9 北京某果蔬产销专业社2014年收到成员投入的股金350 000元，其应享有合作社注册资本的份额为300 000元。会计分录为：

借：银行存款　　350 000

　　贷：股金　　　300 000

　　　　资本公积　　50 000

（七）盈余公积

盈余公积金是指会计主体按照规定从当年盈余中提取的积累资金，主要用来弥补以前年度亏损和转增资本。农民合作社也应从每年盈余中提取的盈余公积，设置"盈余公积"账户进行会计核算。本科目应按用途设置明细科目，进行明细核算。期末贷方余额，反映合作社实有的盈余公积数额。

当合作社提取盈余公积时，借记"盈余分配"科目，贷记本科目；合作社用盈余公积转增股金或弥补亏损等时，借记本科目，贷记"股金""盈余分配"等科目。

例 10　北京某果蔬产销专业社 2014 年实现盈余 100 000 元，根据经批准的盈余分配方案，按本年盈余的 5％提取公积金。

借：盈余分配　　5 000
　　贷：盈余公积　　　5 000

三、农民合作社融资及核算现状及问题

农民专业合作社是为了解决农户的小生产和大市场之间的矛盾，减少农民参与市场竞争风险和不确定性，提高交易效率而出现的组织。在我国，随着农村经济体制改革进程的加快和市场经济的发展，涌现出大量的农民专业合作组织，已经逐渐成为促进农民增收、推动农村经济发展的重要载体。但就整体而言，合作社还存在规模小、服务功能较弱、带动作用有限等问题。根据有关调查，融资困难是制约当前农民专业合作社发展的最主要问题之一。

（一）农民专业合作社融资的现状分析

1. 合作社资金需求分析

在合作社发展的初级阶段，合作社主要从事需要资金量比较少的生产资料代购、农产品代销、农技推广、信息服务等业务，大多没有经营实体，不能对有关农产品进行加工增值。其经营理念是服务而不是盈利，对成员服务一般是免费或只收成本，对非组织成员即使收费也很低，因而盈利能力有限。一些调查也表明，社员最希望帮助解决的是信息、技术问题，而不是期望从合作社获得盈利。这就决定处于初级阶段的农民专业合作社提供的服务大多不需要太多资金，对资金的依赖性并不强。但从 21 世纪初期开始，农民专业合作社进入了比较成熟的发展阶段，进入这一阶段的明显标志是农民专业合作社兴办了自己的经济实体，此时农民专业合作社除提供产中的技术服务外，还能够提供产

前的生产资料供应服务、产后的贮藏、运输、加工、销售服务，这就造成合作社对资金的需求大大增加。据国家工商总局统计，截至 2014 年 12 月底，全国实有各类市场主体 6 932.22 万个，其中，农民专业合作社 128.88 万家，比上年底增长 31.18%，出资总额 2.73 万亿元，增长 44.15%。而在 2015 年上半年（截至 6 月底），全国新登记注册农民专业合作社只有 12.3 万家，比上年同期下降 33.3%，出资总额 0.3 万亿元，下降 36.4%。值此，全国农民专业合作社总数已达 141.18 万家，出资总额则突破了 3 万亿元关口，达 3.03 万亿元。此外，据全国农民合作社发展部际联席会议第三次全体会议（2015 年 3 月 19 日）公布的数据，截至 2014 年 12 月底，实际入社农户 9 227 万户，约占农户总数的 35.5%，同比增长 24.5%，而各级示范性合作社已超过 12 万家，联合社也达到了 6 800 多家，合作社在农业、林业、水利、供销等领域竞相发展，大大激发了农业农村的发展活力。同时，伴随农村经济发展，合作社发展过程中对资金需求会大幅度增加。但由于一些因素的限制，造成合作社的资金需求很难满足，缺口较大，融资状况不容乐观。

2. 合作社主要资金来源分析

（1）内部资金。内部资金是指企业从事生产经营活动产生的净利润，按协议、合同、公司章程或有关规定，要留用一部分用于扩大再生产和集体福利，留用的部分利润是企业内部资金的来源渠道，具体包括法定盈余公积金、公益金、任意盈余公积金和未分配利润。对于农民专业合作社来说，农民入会时所缴纳的会费和股金是其原始资本。农民专业合作社作为一种企业法人，它的内部资金有会员的会费、股金以及通过公积金制度和红利、盈余挂账的办法来筹集的资金等。

（2）银行借贷资金。银行贷款是农民专业合作社融资的最重要的外源融资方式，目前向专业合作社提供贷款的银行主要是商业银行和政策性银行。

（3）非银行金融机构借贷。农村中最主要的非银行金融机构是农村信用社和农村合作银行。农村合作银行是在农村信用社基础上建立的，目的是壮大农村金融机构的力量，更好地为农村经济发展服务。

（4）国家财政资金。国家财政资金是指国家以财政拨款的方式投入企业的资金。随着国家对农民专业合作社的重视程度的提高，国家对其政策倾斜和财政扶持力度也越来越大。2015 年中央财政拨付 20 亿元人民币资金，专项用于支持农民专业合作组织发展，旨在促进新型农业经营体系构建，不断提高农民组织化程度。但财政资金毕竟是有限的，远远解决不了农民合作社的资金饥渴。

（5）其他企业资金。农民专业合作社作为一种特殊的企业法人，也可以吸收其他优势企业的投资，在采取"龙头企业＋农户"经营模式的合作社，龙头企业的资金投入对农民专业合作社的发展会起到重要的推动作用。

（6）商业信用筹集资金。商业信用是商品交易中以延期付款、预收货款进行购销活动而形成的借贷关系，是一种直接信用的融资行为。特别是对于那些向银行借款受到限制的小公司来说，值得充分运用。其主要形式是商业承兑汇票、应收账款质押贷款、赊购商品和预收货款等。商业信用是企业融资的一种重要手段，也是一条有效的融资渠道，但是，目前农民专业合作社中通过商业信用来筹集资金的为数较少。

3. 合作社融资结构分析

从表面上看，我国农民专业合作社有着丰富的融资渠道，应该可以获得充足的发展资金，但实际上，合作社融资呈现出以下特点：

（1）资金来源以内部成员股权融资为主、政府扶持资金和金融机构贷款为辅。合作社采取了多种渠道获得组建和发展中所需的资金需求。其中，内部成员投资和增资是最主要的融资方式，政府扶持资金以及信贷资金是辅助的融资方式。农业部农村经济研究中心对 33 家农民专业合作社的调查表明，只有 7家从金融机构获得 1 552 万元贷款，贷款额仅占需求额的 6.6%。22 家农民专业合作社中，只有 10 家的成员获得贷款，贷款额为 2 211 万元，仅占贷款需求额的 12.2%。国务院发展研究中心的一项对 9 省 107 个获得财政部支持的农民合作经济组织的调查表明，合作组织营运资金中，仅有 9.25% 为金融机构贷款，其余全部需要自己想办法。由于很难获得金融支持，农民专业合作社很难做大做强。

（2）信贷融资的渠道较为单一，农村信用合作社占主导地位。农民专业合作社及其成员能够从各类涉农金融机构获得信贷资金，但总体而言，信贷融资的渠道较为集中和单一，农村信用社明显占绝对的主导地位。

（3）信贷资金的承贷主体以合作社成员或上下游龙头企业为主。金融机构的信贷资金大多以农户小额联保贷款、企业贷款等形式发放给合作社内部成员或外部龙头企业，具体表现为：一是农信社以农户小额贷款和联保贷款的方式，直接向合作社成员发放信贷资金；二是向合作社的带头人发放抵押贷款；三是通过金融机构向与合作社联系的龙头企业发放贷款，从而为收购农产品资金提供保证。

（二）农民专业合作社融资中存在的主要问题

（1）融资渠道狭窄，资金制约因素较为突出。尽管各级财政对农民专业合作社的扶持力度在逐步加大，但资金的投入量与专业合作社发展的现实需求相比，还有很大的差距。

（2）贷款难。农民专业合作社一般规模较小，自有资金规模有限，内部控制制度不健全，难以申请商业银行贷款。农民专业合作社力量较为薄弱，所办的各种服务性事业效率不高，盈余很少，自我积累能力相对不足，再加上在《农民专业合作社法》出台之前其法律地位也不明确，因此，要申请银行贷款来拓展业务十分困难。同时农村合作金融组织又不发达，狭窄的资金渠道和有限的资金积累，使得许多合作社不能扩大经营规模，不能及时地更新技术设备，从而极大地制约了农民专业合作社的正常成长。

（3）担保难。一是担保机构少，二是担保能力弱，三是担保费用高。这不仅加大了农民专业合作社负担，而且往往使农民专业合作社贻误了商机。

（4）缺乏资本市场融资渠道。由于农民专业合作社正处于起步和成长阶段，尚不具备上市发行股票的条件，所以，通过发行股票或债券来融资对农民专业合作社来说是很困难的。

因此，融资难问题已成为阻碍农民专业合作社生存和发展的一大难题。

（三）合作社融资难的成因分析

造成合作社融资难的因素主要是以下几个方面：

1. 合作社自身因素

（1）农民专业合作社经济实力匮乏，无力提供经营资金。使农民专业合作社的成员聚拢到一起的最大动力是个体农民经济力量的薄弱，专业合作社正是为了克服个体成员经济实力的弱小而联合起来的一种经济组织。其成员是为了寻求改善自己经济情况的可能性而加入组织的，这样的会员一般无力提供大量的资金。

（2）农民专业合作社缺乏吸引投资的制度基础。农民专业合作社既是一个由若干个人组成的组织又是一个经营性的组织。在组织内部治理方面，它贯彻"一人一票"的民主参与原则；在收益的分配上，它严格按照交易量进行分配而不是按照入股金的比例进行分配。这样看来，对于一个组织外的投资者来说，组织管理及投资收益制度的缺陷不能刺激其投资欲望的产生。

（3）没有形成良好的利益分配机制。首先，农民专业合作社的起步、发展需要资本金投入，资本不仅是合作社做大做强的物质基础，同时也是合作社联系成员的纽带。无论是从吸收和筹集资本金、拓展合作社业务的角度来看，还是从强化合作社组织与其成员之间的联系、增强成员对组织的依附感而言，合作社都应当实行按股分配。然而，合作社作为农民自我服务的组织，对内并不以盈利为目的，其产生的盈利主要来自于组织与成员之间的交易量（额），由此又要求合作社应当实行二次返利，即按社员与合作社的交易量（额）进行分配。这是合作社区别于一般企业的本质特征。现实中面临的难题是，合作社的大股东往往同时也是合作社的创办人、管理者，他们当然希望只实行按股分配，不希望实行二次返利；而作为成员的农民投入的股本少，则希望限制按股分配，主要采取按惠顾额返利的分配方式。因此，合作社并没有形成真正意义上的"利益共享、风险共担"的合作机制。显而易见，主要或仅实行按股分配，对农民加入合作社的吸引力不大，这也是当前许多农民不愿意与合作社进行更深层次和更广泛的合作的一个重要原因。

（4）内部财务管理制度不健全，资信度不高。由于很多农民专业合作社内部财务制度不健全，财务透明度差，导致其资信不高。许多政策不配套，专业合作社的财务管理方法、会计核算方法处于空白阶段。一些农民专业合作社财务无章可循、监督控制机制不健全，或有财务内部控制制度，但未形成完整的约束体系，从而造成财务管理混乱的局面。

2. 宏观因素

（1）服务农民专业合作社的金融机构较少。尽管我国农村金融体系从形式上是多层次的，但由于产品与服务对象雷同，这些金融机构的业务差别不大，在规模和效应上总是偏好大而全的规模，难以形成满足多层次融资需求的行之有效的多层次农村金融服务体系。同时，近几年来，基于利润和安全的考虑，各大商业银行逐步撤出农村金融市场，大量撤并了农村经营网点并紧缩信贷权限，农村金融信贷市场仅剩农村信用社一枝独秀，成为合作社获得资金的主渠道。但农村信用社也更加强调贷款的安全性和收益性，趋利避害的选择性贷款趋势加强，贷款结构亦表现出明显的城市化倾向。

（2）合作社有效抵押资产不足，贷款风险大，金融机构"怕贷""惜贷"。由于农民专业合作社发展尚处于起步阶段，内部利益联结机制不够紧密，现阶段基本没有可供抵押的有效资产，即使有一些资产，也只是经营场地、道路、厂房等方面的建设投入。同时，由于农业投资的周期长、效益低、风险高与商业资金追求安全性、流动性、盈利性的"三性"要求相悖，金融机构自然缺乏向合作社发放贷款的动力。此外，由于农民专业合作社参加保险的操作模式、管理办法等都处于尝试阶段，缺少愿意介入这一领域的专业担保基金、担保公司，农产品证券市场也不发达，进一步限制了金融机构提供信贷支持。

（3）借贷双方主体间信息不对称，制约了合作社贷款。金融机构在发放贷款时要审查申请者的信用等级，而当前，我国社会信用体系极不健全。农村征信体系建设尚未起步，农户信用等级评估缺乏科学指标体系和规范操作程序，带有较大随意性和片面性。退一步讲，即使能够对农户的信用进行科学评估，因我国农户数量巨大，征信机构也难以承担高昂的信息采集成本。农户居住分散，金融机构也难以全面准确掌握借款人生产经营、资金使用、偿债能力等信息，无法对借款人形成有效约束。信息的不对称性可能导致信贷过程中的道德风险和逆向选择，产生信用风险。

（4）合作社融资缺乏完备的政府制度保障。长期以来，对于农民专业合作社融资问题，政府一直未出台相关的扶持政策，直至 2007 年才实施《农民专业合作社法》。该法中规定了对合作社采取财政和税收扶持政策，但目前配套措施仍不够完善。主要体现在：一是财政扶持不足。据调查，中央及地方财政的扶持资金，社均不超过 1.3 万元，且每年能够获得中央财政资金扶持的合作社不到 300 个，仅占极小比重。二是税收等相关扶持制度建设相对滞后，优惠政策也不明确。

（四）农民合作社融资核算的现状及问题

《农民专业合作社法》的颁布和《农民专业合作社财务会计制度（试行）》的出台，为农民专业合作社的发展奠定了法律、法规基础，起到了积极的作用。但据我们了解，多数农民合作社的会计核算还处于刚刚起步的阶段，合作社会计人员专业素质普遍不高，不能深入理解复杂的财务会计制度，只能进行简单的关于融资业务的会计核算，而对于比较复杂、情况多变的融资业务却不能全面合理的加以反映和监督。

另外，国家为了支持鼓励合作社的发展，对合作社进行了资金扶持，合作社就要管好、用好这笔钱。《农民专业合作社财务会计制度（试行）》规定要采用"专项应付款"账户来核算财政支持资金，但这种方法不明确，造成实践中账务处理困难。《农民专业合作社财务会计制度（试行）》没有充分考虑有资金互助业务的专业合作社的会计核算需要，开展资金互助是农民在经济合作过程中的一个大胆尝试。目前全国很多地方资金互助合作广泛兴起，并在专业合作社中发挥着越来越重要的作用。合作社的互助资金主要来源于国家扶持款、商业银行优惠贷款以及合作社社员。互助资金的核算管理包括本金和利息两个方面的内容，但是《农民专业合作社财务会计制度（试行）》没有将这方面的内容考虑进去，没有做出相应的规范，形成核算上的空白，造成核算的混乱。

四、先进经验及启示

（一）北京通州区于家务乡资金互助模式

目前，北京郊区有多家依托各类农民专业合作社组建的，服务于内部成员的资金互助合作组织，仅通州区就有 20 多家。这其中，通州区于家务乡果村资金互助组织比较具有代表意义。

通州区于家务乡果村位于北京市通州区南部，以种植小拱棚芹菜闻名。全村现有 360 多户，1 500 多人，土地 246.67 公顷，几乎全村种菜。2006 年 8 月，由村委会牵头，联合蔬菜生产农户成立了北京果村蔬菜经济合作社，当时入社的农户有 255 户（现已发展到 300 多户）。2007 年 4 月，为解决社员在蔬菜生产过程中遇到的资金问题，在北京市和通州区有关部门的扶持下，在蔬菜合作社内部成立了资金互助组织，开始为成员提供资金互助服务。

互助资金运作的特点集中体现为合作互助，目的是通过社员之间资金余缺和时间差的灵活调剂，增强资金的可获得性，促进有限资金的高效使用，缓解社员融资难问题。具体做法是汇集众多社员的小笔资金为较大额的互助金，贷放给急需资金的社员，解决其生产中遇到的困难。其资金运作的基本模式是：①蔬菜合作社社员自愿参加，以缴纳互助金的方式获得资金互助社的社员资格，同时，也以这种方式完成用于提供资金服务的互助资金的汇集。②互助资金的使用只限于资金互助组织成员。③借款用途只限于解决蔬菜生产的流动资金，如购买种子、种苗、肥料、农药、支付运输等劳务费用的需求。④每户借款额度为其在资金互助组织所入资金的 15 倍，每笔最高不超过 5 000 元。⑤借款须两名资金互助组织成员以自有资金为其提供担保。⑥以提供短期借款为主，期限最长一年。⑦按银行一年期储蓄存款利率向成员缴纳的互助金支付报酬。⑧借出资金收取使用费。资金使用费率适时调整，目前执行的使用费率标准最高为借款的 3％，最低为借款的 0.25％。逾期借款按每天 0.1％收取滞纳金。

同样是提供融资服务，农民资金互助组织比农业银行或农村信用社在某些方面更具优势，更适合对农户开展资金服务，因而具有更强的适应性和生命力。归结农业银行和农村信用社拒绝大量有贷款需求农民的原因，主要有以下两点：一是借贷双方信息不对称，农户贷款的违约风险高。二是由于农户贷款具有期限短、频率高、数额小等特点，因而对农户放贷的成本高、效率低。贷款门槛高、手续繁琐、耗时过长成为农户不愿或无法更多求助于这类金融机构的原因。

相比之下，资金互助组织提供融资服务的适应性体现在：一是信息对称而透明，风险可控性强。由于内生于农村社会，而农村社会是一个"熟人社会"，这就使得资金互助组织先天就具有了独特的风险预防和控制机制。由于互助组织成员同村而居，彼此信息对称且透明，这样，就可以比较有效地把好三道关，最大限度控制出借资金的信用风险。第一关，基于对提出借款要求的社员人品的掌握和借款用途的了解，决定借与不借，把好第一关。第二关，借款成员对互助资金的使用"近在眼前"，资金互助组织以及成员可以很容易地随时进行监督，防范风险于未然，把好第二关。第三关，出借资金到期时，"熟人社会"道德约束的有效性发挥作用，促使借款者履约归还资金，把好第三关。此外，两名担保人的设定为互助资金的收回提供了技术保证。二是符合农户贷款的特点。上述"三关"的控制对于资金互助组织来说几乎不需要付出任何直接经济成本，并且决策时间短，效率高，适合对一家一户开展业务。对于农户来说，借贷门槛低，手续简单而快捷，资金使用成本低，"救急"作用明显。

(二) 黑龙江省农业产业链融资——五里明模式

1. 发展背景

五里明镇是产粮大镇，主要农作物为玉米。2008 年以来，该镇以规模化发展为方向，在农业生产经营模式特别是集约化经营方面进行了如下探索：①探索出具有现代企业特征的"1＋8"运营模式。镇里成立 1 家胜利农业公司，该公司下设 2 个农机作业合作社、5 个玉米种植专业合作社和 1 个米业专业合作社。②实行统分结合、以分为主的管理方式。总公司对合作社各项事务实施总控和监督；各合作社分别是独立法人，自主经营，自负盈亏，独立核算。③建立利益共享、风险共担的经营机制。比如，在 5 个玉米种植合作社的利润中，总公司提取 5％作为公司运行管理费用，其余 60％分给入社农民，35％作为合作社发展基金。此外，合作社还确定了包括收入保底、盈利分红、权益保障三项惠民机制。收入保底是指社员以土地入股，每亩为 1 股，每年每股保底收入 350 元，实现农民零风险入社；盈利分红是指合作社盈利部分的35％作为公积金、公益金和风险金，分别用于扩大再生产和弥补损失、社员技术培训和福利事业、自然灾害保险；权益保障是指入股社员拥有土地承包经营权，并享有国家各项惠农补贴。

农业集约化经营所形成的产业链条为银行开发信贷新产品和新模式提供了思路与平台。黑龙江省龙江银行在五里明镇的金融创新活动可分为以下两个阶段：①"公司＋合作社＋农户＋银行＋政府＋科技"阶段。2009 年，龙江银行针对五里明镇农业集约化经营的大规模资金需求，设计了新型农业产业链信贷产品，将农户、玉米种植合作社（简称"合作社"）、镇政府、龙江银行、科研机构（东北农业大学等）及中粮集团生化能源（肇东）有限公司（简称"中粮公司"）等多个主体纳入产品的设计当中。②"公司＋合作社＋农户＋银行＋信托＋政府＋科技"阶段。2010 年，龙江银行在五里明镇土地集约化经营范围扩大的背景下为其量身设计了新的融资模式，引入中粮信托有限责任公司

（简称"中粮信托"），利用信托隔离功能摆脱土地流转权难以抵押担保的困境。

上述金融创新活动将银行、收储加工企业、合作社及农户等各方有机结合起来，实现了多方共赢。截至 2011 年 2 月末，龙江银行对该试点已累计投放贷款 2 000 余万元，土地规模化经营面积已从 2008 年最初的 0.067 万公顷扩大到 0.47 万余公顷，农民每亩纯收入增加 300 余元，每亩粮食增产 300 千克，为肇东中粮公司提供稳定粮源 5 万吨。

2. 运行机制

依托五里明镇建立的农业产业链，龙江银行开发出的"公司＋合作社＋农户＋银行＋信托＋政府＋科技"的农业供应链金融服务模式，被称为"五里明模式"，其运行过程为：①农户以土地入股加入合作社，合作社作为承贷主体。②镇政府将合作社的土地经营权、农机设备收益权以及鱼塘承包经营权委托给中粮信托，设立自益型财产权信托。③中粮信托将上述信托收益权质押给龙江银行，作为合作社的贷款偿还担保。④龙江银行与合作社签订贷款协议并向合作社发放贷款；同时，合作社全体股东及镇领导干部与龙江银行签订个人保证合同，为贷款承担连带责任。⑤合作社与中粮公司签订购销协议，将生产出来的玉米销售给中粮公司。⑥龙江银行与中粮公司签订协议，由中粮公司协助银行将玉米种植合作社贷款本息从粮食收购款中扣除。⑦龙江银行与科研机构对玉米种植、收割、病虫害防控提供技术指导。

3. 主要特点

第一，引入信托公司设立自益型财产权信托，创新了抵押担保机制。中粮信托利用信托的财产隔离功能，将不能直接抵押的土地承包经营权和鱼塘承包权进行资产信托化，将信托收益权质押给龙江银行，为合作社贷款提供担保，解决了合作社贷款没有合适资产用于抵押的问题。

第二，通过加强基础设施建设以及实行订单收购，有效解决了农业信贷的高风险问题。五里明镇大力发展农田、水利等基础设施建设，并引入科研机构对粮食生产进行全程指导，大大降低了农业的自然风险；中粮公司对合作社的产品实行订单收购规避了由农产品价格波动造成的市场风险；中粮公司委托龙江银行结算划账，这种货款自动回笼机制有效防范了信贷风险。

第三，合作社提高了农民组织化程度，大大降低了单位贷款交易成本。"五里明模式"使合作社成为承贷主体，改变了过去面向小规模农户的一对一的金融服务方式，降低了信贷服务成本。

第四，政府的积极参与和多方协调保障了"五里明模式"的有效运行。五里明镇政府推动成立的胜利农业公司是其发挥协调和监管作用的纽带。该公司对内管理其下辖的 8 个合作社及入社社员，对外则负责与金融机构、中粮公司以及科研院所等机构的协调工作。

（三）国外金融支持农民合作组织的相关经验

1. 美国、加拿大的经验

美国"多元复合式"的农村金融体系。美国的合作金融兴起于 20 世纪初经济大萧条时期，按照自愿、平等、互利的原则，在社区内结成了合作性质的信用社，为入社成员提供借款等信用服务，其宗旨是不以盈利为目的，实行自主经营和"一人一票制"的民主管理。美国农村信用合作组织体系是由联邦土地银行、联邦中期信贷银行、合作银行等三家独立合作金融组织构成，三大系统受农业信用管理局领导，都有一套自主的经营体制和明确的职责范围。美国农业信贷合作组织是在政府领导下建立起来的，通过灵活而有效的手段建立了强有力的管理制度，即通过"以农业信贷合作为主，私营农业信贷为辅，国家农业信贷支持为补充"的农业信贷体系和制度，一方面，将农民的存款完全作为贷款资金；另一方面，充分引入农业外部资金，为农业生产和发展提供充足资金。

加拿大的信贷合作组织。加拿大信贷合作社属于合作型的金融机构，所有权和控制权属于成员。在银行和其他借款人不涉足的领域，信贷合作社的加入使农民获得了金融服务，在农村金融体系中具有不可替代的作用。成员所有、成员控制、成员受益是信用合作组织健康运行的基础；风险控制创新、组织管理创新、服务手段创新是信贷合作社的活力所在；完善的法律和政策框架、严密监控和良好的金融生态是信用社健康发展的重要保障。在法律和公共政策框架下，加拿大政府与储蓄担保公司合作对信用团体进行监管。加拿大政府为支持合作社和协会的发展，还出台了一些专门的政策。如果合作社或者协会成员不能偿还贷款，政府将负责偿还 25％的债务。由于合作社和协会成员是信用团体的主要客户，对信用团体来说，贷款风险大大降低了。

2. 欧盟国家的经验

德国"金字塔"式体制模式。合作金融发展的渊源在德国，早在 19 世纪中期，德国人雷发和舒尔茨就先后在合作运动中倡导信用合作，经过 150 余年的发展，已形成一套完整的体系和模式，该模式呈"金字塔"形。德国的合作银行共分三个层次：第一层是基层合作银行，规模一般都比较小，资本金主要来自农户、小农场主、银行雇员、自由职业者以及社会援助，直接从事信用合作业务；第二层是地区性合作银行，共三家，它由地区性的信用合作经营管理机构组成；第三层是全国合作金融组织的中央协调机关——德意志中央合作银行，它是德国信用社合作金融体系的最高机构。

法国"半官半民式"农业互助信贷体系。法国农业互助信贷银行集政策性金融机构、商业银行和合作制于一身，采取混合治理结构，实行所有权和经营权多样化分配。农业信贷互助银行总行属官方行政机构，是全国农业信贷互助银行的最高管理机关，受中央农业部和财政部双重领导。省农业信贷互助银行由若干地方农业信贷互助银行组成，它是地方行的领导机关，在总行领导下依法设置机构、选拔人才、经营业务、确定利率、管理财务等，享有较多的自主权，省农业信贷互助银行决策机构的职责与总行类似。地方农业信贷互助银行是基层组织，也是"互助合作"性质体现最集中的环节，大多数地方农业信贷互助银行按行政区设立，有些也跨行政区设立，其成员主要由个体成员和集体成员组成，农民是其主要和基本的成员，全面推行民主管理。农业信贷互助银行营业所是法国农业信贷互助银行最基层的服务网点，在省农业信贷互助银行的直接领导下，处理各种金融业务。法国正是通过这种模式把政策金融与合作金融有机地结合在一起。

3. 亚洲国家的经验

韩国和日本的"农业协同组合体系"。韩国农业信贷体系主要由各级农协组织负责进行，全国农业信贷银行总、分、支机构均由全国农业协同组合中央总部领导。这种直接领导与管理的优点：一是农协中央总部可以将内部资金（社员存款）和外部资金（其他单位借款）限定在货币稳定政策允许的范围之内；二是有利于控制农村金融市场上的高利贷；三是有利于中央帮助农协组织开展信贷、办理国内资金汇兑。作为政府、公共组织和银行组织的代理，向国际组织和外国银行申请贷款，从而更好地向农民提供资金。日本的农村金融体系是在第二次世界大战以后逐步建立和完善起来的，由于日本农村合作金融体系在创建初期政府给予了很大支持，因而带有一定的官办色彩。合作金融组织依附于农村合作经济组织（农业协同组合），是农业协同组合的一个子系统，同时又具有独立的融资功能。日本的法律规定农协可以自办信用事业，它以独立于商业银行的方式组织农协会员手中的剩余资金，开展以农协会员为对象的信贷业务，不以营利为目的，旨在为全体成员服务，资金主要用于发展农业生产，提高农民生活水平，信用业务赚的钱补贴到其他对农民的服务中的融资活动，将合作社真正建成了为会员办事的金融组织，保证了资金的顺利组织。在保证农业生产和农民生活两大领域的同时，还积累了大量资金。为更大范围实现资金效率，日本农协还建设了中央金库，负责实现合作组织之间的资金融通。因此，合作金融是日韩农协长期生存发展的基本条件。

（四）启示

（1）积极开放农村金融市场，大力开展农村合作金融，鼓励互助合作信用事业发展。在加强监管的同时，引导民间信贷向合作社聚集，允许合作社以高于银行利率的优惠利率吸引农民闲散资金，并以优惠条件面向农民社员发放贷款，农民一旦发生资金短缺，合作社就是他们获得资金的主要来源。使以家庭为单位、分散经营的农民以较低的利息实现融资，进而促进农村经济的发展，也为农民专业合作提供广阔的活动空间。

（2）政府必须在大力发展合作金融的同时，起到引导、支持和监督的作用。政府相关部门应尽快制定与宪法和中央政策相符的政策，放松并最终解除对农民专业合作社融资活动的压抑政策，就合作社融资机制的建立、运作、监管、市场退出等做出具体明确的规定，从根本上解决制约社员融资的法律限制，使合作社尽快突破融资瓶颈。同时，政府应在财政税收等领域给予大力支持，并对各类合作金融进行监督，保证其健康发展。

（3）农业产业化快速发展迫切需要能够提供更大额度、成本更低、更有效管理农业风险的新型农业融资模式，农民合作社融资问题不应仅仅局限于单个合作社的筹措资金，应着眼于整个产业农业。借鉴"五里明融资模式"，政府部门应大胆探索，勇于尝试新型的农业贷款产品和服务方式。

五、对策思路

1. 完善农村金融服务体系

首先，农村合作金融机构要继续发挥支农主力军的作用，增加对农民专业合作社法人及一般成员的授信贷款额度，探索适合农民专业合作社需要的金融产品，完善农村住房抵押贷款、农村土地承包经营权流转抵押贷款等新业务。其次，创新金融服务支农措施，针对农民专业合作社的资金需求特点，切实改进金融服务，创新金融产品，加大信贷投入。重点要在担保方式、授信额度、贷款利率等方面开发适合专业合作社特点的信贷产品，为农民专业合作社及成员提供信贷支持。再次，银监机构要进一步放宽农村金融市场准入政策，为村镇银行、农村资金互助社、小额贷款公司三种新型农村金融机构的发展提供更广阔的空间。最后，要加强农业保险试点步伐，全面建立政策性农业保险制度，增强农业的抗风险能力，减轻金融机构经营负担，提高金融机构支农积极性。

2. 健全农民专业合作社信贷担保体系

一是要强化信用基础建设。农村合作金融机构要把农民专业合作社全部纳入农村信用评定范围，开展农民专业合作社"信用单位"建设活动，通过建立成员信用档案，记录和监督成员的信用状况，对信用状况良好的成员加大支力度，对恶意拖欠、逃废银行债务的成员取消其贷款资格，进行相应制裁。二是推动成立农信担保公司。可由地方政府相关部门、金融机构、龙头企业等共同投资建立，为农民专业合作社提供贷款担保业务。财政部门要增加资金投入，扩大担保规模，增强担保能力，促进担保公司的健康发展。三是建立互助型担保组织。大力推行贷款联保制度，由合作社按自愿原则组织成员签订联保协议，通过互保互益、共担风险的形式提高成员获贷能力。依托农民专业合作社联合会组织农民专业合作社信贷担保公司，为成员单位及其成员提供信贷担保。

3. 完善农民专业合作社的金融配套服务

一是研究有利于农民专业合作社金融服务健康发展需要的配套法规；二是农民专业合作社参与的各类银行与非银行金融机构也需要融资，应该为它们进入货币市场、资本市场创造条件，特别是农民资金互助社，应该准予其进入银行同业拆借系统进行资金交易；三是组建投资基金，为农村各类微型金融组织，特别是农村资金互助社，进行股权投资；四是在治理结构优化、机构信用评级、审计、法律援助、信息等方面提供服务。

4. 加强农民专业合作社自身制度建设

一是完善农民专业合作社法人治理结构。健全成员大会、理事会、监事会制度，加强社务管理的民主决策；建立成员账户制度，明晰成员在合作社中的经济权益。二是加强农民专业合作社规范化建设，农民专业合作社的注册登记及运行要实行验资、年检制度，可设计免费的简易验资和年检程序，加强监管，树立良好的农民专业合作社经济法人形象，培育一批农民专业合作社财务管理人才，规范农民专业合作社财务管理和会计核算，提高金融机构对农民专业合作社的财务信任度。三是做大做强农民专业合作社，增强合作社自身的经济实力，降低金融机构贷款风险。

5. 加大对农民专业合作社的财政支持力度

一是设立农民专业合作社专项扶助基金。中央和地方财政应分别安排资金，支持农民专业合作社开展信息、培训、农产品质量标准与认证、农业生产基础设施建设、市场营销和技术推广等服务。对民族地区、边远地区和贫困地区的农民专业合作社和生产国家与社会急需的重要农产品的农民专业合作社给予优先扶持。二是涉农部门以项目形式给予资金支持。国家支持发展农业和农村经济的建设项目，可首先考虑委托和安排有条件的农民专业合作社实施，这既可实现支农的目的，又可缓解农民专业合作社资金的问题。三是明确并贯彻落实对农民专业合作社的税收优惠政策。农民专业合作社的发展离不开国家政策的支持，国家优惠政策可间接为农村合作经济组织提供资金支持。农民专业合作社享受国家规定的对农业生产、加工、流通、服务和其他涉农经济活动相应的税收优惠。在税收的优惠范围、幅度方面要具体切实可行，并且及早落实。

6. 提高农民专业合作社财务会计人员素质，完善财务会计核算

财政、农业部门应认真履行职责加强对农民合作社财务人员的业务培训，提高其业务素质和专业技能。尽快完善农民合作社财务会计制度，对合作社涉及的比较复杂会计业务的核算出台更为详细的实施细则或指南。建议在完善农民合作社财务会计制度时充分考虑新型的合作社融资方式——资金互助带来的会计核算问题。可以考虑增加相关的会计科目，比如"互助流转金"科目或者是在"成员往来"科目下设置"互助资金"二级科目，以满足有资金互助业务的专业合作社的会计核算需要。

第六章 农民合作社生产成本管理与核算研究

一、农民合作社生产成本及生产成本管理概述

(一) 生产成本、农产品成本

生产成本是生产单位为生产产品或提供劳务而发生的各项生产费用，包括各项直接支出和制造费用。直接支出包括直接材料（原材料、辅助材料、备品备件、燃料及动力等）、直接工资（生产人员的工资、补贴）、其他直接支出（如福利费）；制造费用是指企业内的分厂、车间为组织和管理生产所发生的各项费用，包括分厂、车间管理人员工资、折旧费、维修费、修理费及其他制造费用（办公费、差旅费、劳保费等）。

农民专业合作社生产成本是指农民专业合作社为生产产品或提供劳务服务而发生的各种消耗，主要包括材料、燃料、动力、人工、折旧等各项耗费。《农民专业合作社财务会计制度（试行）》规定，合作社直接组织生产或提供劳务服务所发生的各项生产费用和劳务服务成本，要按成本核算对象和成本项目分别归集，进行成本核算。合作社成本核算的对象主要是农产品和提供劳务服务。成本项目是指生产农产品和提供劳务发生的各种耗费，既包括生产农产品和提供劳务而发生的直接费用，也包括为生产产品和提供劳务服务而发生的间接费用。

1. 农产品的成本项目

（1）直接材料，指生产中耗用的自产或外购的种子、种苗、饲料、肥料、地膜、农药等。

（2）直接人工，指直接从事种植业生产人员的工资、工资性津贴、奖金、福利费。

（3）其他直接费，指除直接材料、直接人工以外的其他直接支出。包括机械作业费、技术服务费、灌溉费、田间运输费等。

（4）间接费用，指应摊销、分配计入各产品的间接生产费用。包括为组织和管理生产所发生的管理人员工资、折旧费、修理费、水电费、办公费等。

2. 加工品的成本项目

（1）外购材料，指农民专业合作社为加工农产品而耗用的一切从外单位购进的原料及主要材料、半成品、包装物、低值易耗品等。

（2）外购燃料，指农民专业合作社为加工农产品而耗用的一切从外单位购进的各种固体、液体和气体燃料。

（3）外购动力，指农民专业合作社为加工农产品而耗用的一切从外单位购进的各种动力。

（4）工资，指农民专业合作社应计入加工农产品成本的职工工资。

（5）折旧费，指农民专业合作社按照规定应计入加工农产品成本的固定资产折旧费。

（6）包装物，指农民专业合作社外购和自制的应计入加工农产品成本的包装物。

（7）其他支出，指不属于以上各要素但应计入加工农产品成本的支出。

3. 劳务服务费用成本项目

农民专业合作社提供劳务服务而发生的各项费用，包括培训费、工资福利、差旅费、保险费等。

（二）农产品成本的特点

1. 农产品成本受自然条件影响大

农业生产是经济再生产和自然再生产相结合，受自然条件和土壤肥力等影响较大。自然条件好的年份，土壤肥力高的地区，农产品产量高，成本就低，反之，成本就高。比如土地，由于土地是有限的，是农业生产不可替代的生产资料，而土地肥沃贫瘠程度不同，自然气候条件不同，经营中等、劣等地要比经营优等地耗费更多的劳动和资金，同样的投入在面积相等而肥力不同的土地上，会带来不等量的农产品。

2. 农业生产周期长，并有较强的季节性

计算农产品成本，一般要在一个农业生产年度或一个生产过程结束后才能进行。同时，较大型的农田基本建设工程，不一定当年受益，而是一年后多年受益；农作物生产中又有套种、间种等方式，因此，计算农产品成本，还需要在各年度之间或各种农产品之间分摊费用。

3. 活劳动消耗的计算具有多样性和复杂性

国营农业企业职工的劳动报酬采用工资制，活劳动消耗可以按工资标准计算。而集体和农民家庭自营农业经济的劳动报酬没有统一标准，因此，农产品的活劳动消耗计算比较困难。

二、农民合作社生产成本会计核算

(一)农民专业合作社农产品成本核算的主要特点

1. 成本计算对象与方法,应根据农产品的种类和特点确定

农产品的种类繁多,不同农产品的生长周期、生产特点、管理要求也各不相同,因此,在成本核算中,应从加强成本管理、简化成本计算的角度出发,来确定农产品的成本计算对象与方法。对于大田作物、主要作物及蔬菜应按照品种法单独核算其生产总成本、单位面积成本和单位产量成本;次要作物及蔬菜可以按照分类法或分批法合并核算其生产总成本和单位面积成本。对于牲畜(禽)资产所生产的农产品,如牛奶、禽蛋、肉食等,一般要按照品种法单独核算其总成本以及单位产量成本。对于林木资产所生产的农产品,如果品、茶叶、油料、药材等,应按照品种法单独核算其总成本、单位面积成本以及单位产量成本。

2. 成本计算期,一般应同农产品的生长周期保持一致

生物资产能够生产出农产品,有的需要几个月,有的则需要十几个月甚至几十个月才能收获农产品。因此,在确定农产品的成本计算期时,应当与其生长周期保持一致,在农产品产出的月份计算成本,且生产成本计算的截止时间应当计算至农产品入库或达到预定可销售状态为止。

3. 成本项目的归集与分配,应考虑合作社的自身特点与管理需要

在计算农产品的成本时,从理论上讲,其成本项目应当包括直接材料费(如生产过程中发生的种子、种苗、肥料、饲料、农药、地膜等)、直接人工费(如直接从事种植和养殖等合作社成员的工资、福利费以及雇用临时人员的劳务报酬等)、其他直接费用(如机械作业费、灌溉费、饲养费、生产经营专用设备的折旧费、修理费等)和间接生产费(包括为组织和管理生产活动所发生的水电费、运输费、差旅费,以及土地承包费、农用基础设施折旧费等)。

4. 成本核算手续,按照简化原则可以不办理农产品的入库与成本结转

在通常情况下,农产品收获时即可出售,如现场采摘、地头装运等,所以,实务中没有办理农产品入库及出库手续的必要。

(二)农民合作社生产成本的核算

成本核算是个非常复杂的过程。为正确生产成本核算,满足成本管理的需要,农民专业合作社必须要划分收益性支出与资本性支出的费用界限、产品生产成本与期间费用的界限、本期产品与下期产品之间的费用界限、各种产品之间的费用界限、本期完工产品与期末在产品之间的界限。并按照规范的核算程序和成本计算方法进行生产成本的确认、计量、记录。

从目前实际情况看，虽然合作社数量和种类较多，涉及领域较广，但就某一个合作社而言，生产经营的品种不多，规模也不大，农产品加工也属于简单的粗加工，大规模农产品深加工一般都由独立的农业企业来组织实施。因此，为了既能适应成本管理的要求，又能达到简化成本核算目的，下面简单介绍合作社相关的成本核算。

为反映、控制和监督合作社生产经营和劳务服务的耗费，合作社应设置"生产成本"账户，进行成本总分类核算。该账户属于成本类账户，借方反映按成本核算对象归集的各项生产费用和劳务服务成本，贷方反映完工入库产品和已实现销售的劳务服务的实际成本，期末余额在借方，反映合作社尚未完工的产品成本或尚未实现销售的劳务服务成本。该账户应按生产费用和劳务服务成本的种类设置明细账户，进行明细核算。

1. 农产品成本核算

农产品生产周期较长，收获期比较集中，各项费用和用工发生不均匀，农产品成本通常应按产品生产周期计算。发生各项生产费用和劳务服务成本时，要按成本对象归集和分配生产费用，能够分清属于某种产品负担的，就直接归集计入该种产品成本，不能区分的，可采用一定方法分配计入产品生产成本，借记"生产成本"科目，贷记"产品物资""应付工资""成员往来""应付款""库存现金"等科目。农产品收获入库时，将按成本核算对象归集的生产费用和劳务服务成本，转入农产品成本，借记"产品物资"科目，贷记"生产成本"科目。

例1 农民专业合作社统一组织黑木耳栽培，购入栽培用设备 3 000 元，投入培养基 2 000 元、菌种 4 000 元、菌袋 300 元，支付临时工工资 2 500 元，支付技术服务费 1 500 元，提取生产工人工资　3 600 元。

(1) 借：生产成本——黑木耳　3 000
　　　　贷：产品物资——设备　3 000

(2) 借：生产成本——黑木耳　2 000
　　　　贷：产品物资——黑木耳培养基　2 000

(3) 借：生产成本——黑木耳　4 000
　　　　贷：产品物资——黑木耳菌种　4 000

(4) 借：生产成本——黑木耳　300
　　　　贷：库存物资——菌袋　300

(5) 借：生产成本——黑木耳　2 500
　　　　贷：库存现金　2 500

（6）借：生产成本——黑木耳　　1 500

　　　　贷：库存现金　　1 500

（7）借：生产成本——黑木耳　　3 600

　　　　贷：应付工资　　3 600

（8）黑木耳入库时：

　　　借：产品物资——黑木耳　　16 900

　　　　贷：生产成本——黑木耳　　16 900

2. 加工农产品成本核算

农民专业合作社直接组织加工农产品的成本核算，要按成本对象归集费用。

例 2　农民专业合作社收购成员新茶 2 吨，每吨收购价 4 万元，售出后结算收购款。合作社统一组织新茶加工、包装和销售，支付临时工工资 2 000 元，领用包装物 2 400 元，计提加工人员工资 6 000 元，提取加工车间折旧费 1 600 元，加工完全部入库待售。

（1）借：产品物资——茶叶　　80 000

　　　　贷：成员往来　　80 000

（2）借：生产成本——茶叶　　2 000

　　　　贷：库存现金　　2 000

（3）借：生产成本——茶叶　　2 400

　　　　贷：产品物资（包装物）　　2 400

（4）借：生产成本——茶叶　　6 000

　　　　贷：应付工资　　6 000

（5）借：生产成本——茶叶　　1 600

　　　　贷：累计折旧　　1 600

（6）借：产品物资——茶叶　　12 000

　　　　贷：生产成本——茶叶　　12 000

例 3　农民专业合作社为成员提供了机耕服务，按合同约定，应向接受服务的成员收取服务费共计 5 000 元。服务期间支付燃料费 2 500 元，计提农机具折旧 500 元，提取农机具驾驶员和操作员工资 1 500 元。

（1）借：生产成本——机耕服务　　4 500

　　　　贷：库存现金　　2 500

　　　　　应付工资　　1 500

　　　　　累计折旧　　500

（2）借：银行存款　　5 000

　　　　贷：经营收入——服务收入　　5 000

借：经营支出　　　4 500
　　贷：生产成本——机耕服务　　4 500

（三）农民合作社开展生产成本核算应注意的几个问题

1. 合理确定生产成本开支范围

生产成本开支范围指按国家有关规定应列作产品成本的具体开支项目及其内容。《农民专业合作社财务会计制度（试行）》规定："合作社的生产成本是指合作社直接组织生产或对非成员提供劳务等活动所发生的各项生产费用和劳务成本。"包括产品生产或劳务提供过程中消耗的生产资料的价值和应付的劳动报酬。成本开支范围在不同经营方式的合作社表现也不同，具体项目为：

从事农业生产的，包括种子种（苗）费、农药费、肥料费、排灌费、畜力作业费、机械作业费、燃料动力费、棚架维修费、农具购置及维修费、固定资产折旧费、土地承包（租赁）费、期初生产费用分摊、借款利息等其他费用，以及人工费用。

从事农产品加工的，包括供加工的农产品价值、开展加工发生的燃料动力费、机械设备维修费、产品包装费、简易棚架修建费、固定资产折旧费、车间管理费、废品损失、借款利息等其他费用，以及工人工资及附加。

从事劳务或服务的，包括供服务用的有形物质（种子、肥料、农药、兽药等）、无形物质（技术、专利、信息等）的价值、开展劳务（服务）过程所发生的各项物质费用和人工费用。

2. 按经营方式和生产规模确定生产成本计算期

所谓生产成本计算期是指计算产品（劳务）成本时，对发生的费用计入产品（劳务）成本的起讫期，在产品生产中，通常根据产品的生产规模来确定，实行大量大批生产的，以日历月份为其成本计算期；实行单件小批生产的，以产品的生产周期为其成本计算期；在农业生产中，通常以农作物的生产周期为成本计算期。

生产型的合作社，从事农产品生产，由于产品批量不大，宜以产品的生产周期为成本计算期，其成本计算期起于生产活动开展之日，止于产品收获入库之时，农产品采收后，对土地进行整理和对林果树木进行养护等发生的费用宜归作下一茬生产的费用计算；但从事奶、蛋生产的合作社，由于其产品是批量重复生产，宜以日历月份为成本计算期。

服务型的合作社，宜以准备供服务用的物质至服务已提供、服务收入实现或取得收取价款凭证为其成本计算期。

3. 因社制宜设置生产成本的明细科目

《农民专业合作社财务会计制度（试行）》规定："合作社发生各项生产费用和劳务服务成本时，应按成本核算对象和成本项目分别归集。"即要以成本核算对象和成本项目作为生产成本的明细科目归集生产费用。

所谓成本核算对象是指在成本计算过程中，为归集和分配费用而确定的承受费用的产品。所谓成本项目是指对产品成本的构成内容所作的分类，如按产品成本中费用的经济用途划分为原材料、燃料动力等，按费用的经济性质划分为物质费用、人工费用等。

合作社生产成本的明细科目设置应根据产品结构繁简程度确定，成本核算对象和成本项目作哪一级明细科目，应按是否便于体现产品成本的具体项目来确定。合作社生产专业化程度不一，实行多种经营的合作社（有的既种蔬菜、水果，又养鱼养猪；有的同一时期中既种大白菜、花椰菜又种甘蓝菜，等等）为了直观反映某产品的总成本及其具体项目的开支情况，应以产品名称作二级明细科目，如大白菜、花椰菜、甘蓝菜等，以费用项目作三级明细科目，如种苗费、肥料费、农药费、人工费用等。进行单一产品专业生产的合作社，宜以费用项目作二级明细科目。

4. 按完工产品的处置方式结转生产成本

据《农民专业合作社财务会计制度（试行）》规定：合作社已经生产完成并已验收入库的产成品，应将其实际成本由"生产成本"科目转到"产品物资"科目，该产品出售后，再将其实际成本由"产品物资"科目转到"经营支出"科目，这是适用于合作社的通用的生产成本结转方法。但在农业生产中，农产品大多易腐烂变质不易储存，保质期特短的产品必须立即出售，不可能"验收入库"，可储存的产品，生产者也有收获后直接出售的，也不需"验收入库"，因而，合作社的生产成本结转也有了特例，即：凡产品收获后没有"验收入库"而直接出售的，其生产成本不需结转到"产品物资"科目，将其直接结转到"经营支出"科目即可。

5. 其他

在农业生产中，由于生产资料采购时间与实际使用时间、采购数量与实际使用数量、采购价格与使用价格都不一致，为完整准确计算出产品的生产成本，应把握好两个问题：一是消耗的生产资料的价格，按《农民专业合作社财务会计制度（试行）》规定：应包括其买价、运输费、装卸费、运输途中的合理损耗的价值等费用，还要加上其采购付出的出差费用、人工费用和仓库保管费，这才形成已使用的生产资料的实际价值；二是必须按实际使用数量计价，不论生产资料何时购买、购买数量多少，只有实际投入生产的，方可按实际使用数量计算其价值计入生产成本。

农产品成本包括为生产该产品消耗的物质价值和劳动报酬（即人工费用），但合作社没有把人工费用计入生产成本，而把它作为农民的净收入，这样计算的农产品成本是不完整的。合作社要改进成本核算方法，将产品生产的劳动报酬全部计入成本。劳动报酬的计算范围应当包括雇请社外人员、本社社员以及本社管理人员（董事会、理事会成员）参加产品生产劳动的工资；劳动报酬的金额，雇用非本社社员劳动的，应按双方商定的价格计算；本社社员投工的，可参照当地最低工资标准计算，也可按社员大会约定的工价标准计算。

三、农民合作社生产成本管理及核算现状及问题

（一）农民合作社生产成本管理与核算所处的环境和现状

近年来，我国农民专业合作社的数量呈现出快速增长的趋势，据国家工商总局统计，截至 2014 年 12 月底，全国实有各类市场主体 6 932.22 万个，其中，农民专业合作社 128.88 万家，比上年底增长 31.18％。而在 2015 年上半年（截至 6 月底），全国新登记注册农民专业合作社有 12.3 万家。全国农民专业合作社总数已达 141.18 万家，并且合作社绝大多数都分布在第一产业，主要以其入股成员为主要服务对象，提供农业生产资料的购买，农产品的生产、销售、加工、运输、贮藏以及与农业生产经营有关的技术、信息等服务。尽管近两年我国农民合作社得到了快速发展，取得了一定的成效，但目前合作社发展中仍然存在着很多问题。比如合作社总体规模偏小，制约着合作社作用的发挥；管理体制不健全，内部控制机制薄弱，运作和管理随意性较大，社员受益小；同时存在发展思路不清晰，有的有章程无制度，有的有制度得不到落实，"内部控权"问题严重，有些专业合作社仅仅停留在农产品初级生产阶段，在加工销售理念上未融入市场经济，不利于市场竞争。合作社在遇到外部环境的显著变化时应急反应慢，抵御风险的能力差，相当数量的合作社面临生产经营成本高、融资难等困难，加之大多数的经营者缺乏现代成本管理意识，多数情况下仅凭经验进行管理，没有完善的成本管理内部控制制度，企业生产成本管理存在诸多问题亟待解决。

（二）农民合作社生产成本管理与核算中存在的问题

1. 生产成本管理观念落后，内部成本控制效率低

当前，农民合作社，尤其是规模比较小的合作社的管理者在思想观念上还停留在以产量来衡量成绩的阶段。这种现象主要体现在以下几方面。首先，很

多合作社重视生产产量，忽视成本，未能建立起成本责任制度。这些合作社管理者认为，只有一心一意将产量提高，才能提高经济效益。特别是在合作社所生产的产品供不应求时，这种思想尤为突出。这使得合作社在提高产量的同时可能会造成成本的提高，资源和原材料的浪费。其次，由于受到观念的影响，很多合作社仅执行一级核算，未建立成本责任中心与成本相关的考核指标，未形成全面的日常成本控制体系。这就导致合作社为了保证正常生产和产品产量稳定增长而对投入缺乏科学控制，产品的原材料领用、物资设备消耗量增加，虽然产量是提高了，但成本却没有得到有效控制。在这种情况下，一旦市场形势发生变化，则可能造成生产越多亏损越多的严重后果。最后，还有一些合作社内部未能形成整体的成本意识，主要体现在一些合作社人员片面地认为加强合作社成本管理、提高合作社经济效益属于合作社领导和财务部门的事情，与自身无关。这些观念的存在都导致合作社内部成本控制的低效率。

2. 生产成本管理方法缺乏科学性，有待改善

现代成本会计的 7 个职能，即成本预测、成本计划、成本决策、成本预算、成本控制、成本分析、成本考核，这 7 个职能之间环环相扣，缺一不可。只有履行好这些相应的职能，加强事前、事中和事后各个阶段的成本管理，才能起到较好的效果。成本预测是成本决策的前提，成本计划是成本决策的依据，成本控制是实现成本决策既定目标的保证，成本分析和成本考核是实现成本决策目标的有效手段。在实际的成本管理方面，由于一些规模比较小的合作社受到实际情况的影响，未能形成系统的成本管理体系，即便是事后反映，也难以达到有效的调节和控制。

3. 生产成本会计核算不健全

首先，成本会计核算中会计人员仍然停留在报账型会计上，没有树立全员参与成本管理的思想。其次，计算机及网络时代的到来为合作社生产成本管理提供了更好的平台，但是很多中小合作社并没有充分利用和发挥其作用。这样做的后果一是数据资源传递较慢，存在资源的浪费；二是不利于形成有机联系的合作社整体成本管理系统，系统之间相互分割；三是财务软件仅满足财务会计要求，不能充分反映成本管理信息，从而制约了成本管理的创新；四是多数中小合作社财务机构的设置不够科学，存在着层次不清、分工不明的弊端，内部财务管理缺乏岗位激励和监督机制；五是一些农产品本身生长规律和特点使其成本的构成难以准确计量，加之会计人员专业素质不高，更使生产成本的确认和计量难上加难。

4. 缺乏成本约束激励机制

合作社大多不能严格执行成本管理制度。从合作社内部治理来看，合作社管理者通常一人说了算，为了美化合作社对外形象，任意修改成本资料粉饰会计报表，这种做法不仅使合作社无法获得准确的成本资料进行管理，也可能无法调动职工的工作积极性。

四、先进经验及启示

（一）邯钢经验

回顾我国成本管理的发展和变迁，邯郸钢铁始终是无法逾越的绚烂篇章。它在 1991 年始创出的"模拟市场核算，实行成本否决"的管理会计应用模式，首次跳出了中国企业责任会计体系下的成本管理模式，建立了"以成本为核心的、以市场为基础的、全员参与、全程控制的综合企业管理系统"，不仅在实践中大获成功，更获国务院发文向全国推广。在 20 世纪 90 年代中后期，引发了一场席卷全国 28 个省、市、自治区，22 个行业，140 000 多个企事业单位，10 万余人的浩浩荡荡的邯钢参观学习潮。

虽然已经过去 20 多年，用今天的眼光去审视邯钢经验并非尽善尽美，但是，邯钢经验仍然能够给新时期新环境下的农民合作社的发展带来有益的启示。

1. 背景：经营困境催生改革需求

邯钢是 1958 年建成投产的一个钢铁老厂。建厂前 20 年，有超过一半的年份是亏损的。十一届三中全会以后，邯钢逐渐走上了良性循环的轨道，"六五"和"七五"期间，通过强化管理，利用自筹资金进行技术改造等，使铁、钢材生产能力有了较大的发展。

1990 年，由于国家对宏观经济进行治理整顿，紧缩银根，压缩基建规模，造成钢材市场疲软，钢材售价一跌再跌，但同时，原燃材料涨价，钢材成本猛升。由于当时的邯钢实力相对比较薄弱，难以抵御如此巨大的市场风浪，因而当年连续 5 个月出现亏损，全厂所产的 28 个钢材品种，仅有两个品种盈利，其余全部亏损。邯钢的生产经营面临巨大的困难。

尽管当时已经改革开放十多年了，但是，仍然处在计划经济向市场经济过渡的阶段，邯钢的财务核算体制仍带着强烈的计划经济时代的色彩。邯钢实行的是以公司总部核算为中心，二级专业核算为基础的两级核算制，即由公司制定一套以国家调拨价为基础的内部计划价格，各二级厂根据公司给它制定的内部计划价格核算它的成本和内部利润。月末，二级厂的成本结转到公司总部，公司财务部门进行价差调整和必要的费用调整、分配，然后计算出公司的实际成本。这个实际成本才是计算盈亏、编制报表的最终依据。

1990 年前后，邯钢全部商品中，市场调节的部分已占很大比重。生产这部分产品的原燃材料是从市场上用高价买来的，产品也是随行就市卖高价，即实行"高进高出"。但内部核算却仍然以调拨价为核算系数，"低进低出"。

这种核算制度仿佛一堵无形的"墙"，割断了二级分厂和市场之间的联系。市场的风浪直接打在总厂的身上，而分厂和职工却感受不到。

要改革，首先是要推倒这堵"墙"，引进市场价格机制。这就是所谓的"推墙入海"。邯钢具有历史意义的管理改革由此开始。

2. 改革：模拟市场核算，实行成本否决

邯钢的这次改革不仅仅涉及到成本领域，还涉及到企业管理的很多方面，不但是一次成本管理的变革，也是一次管理会计的理论和方法的运用实践。邯钢"模拟市场核算，实行成本否决"的经营机制改革，概括起来就是八个字，即市场—倒推—全员—否决。

（1）市场。邯钢首先要做的就是改革价格体系，即通过模拟市场，使二级分厂和总厂一样感受到市场的压力。从管理会计的角度来看，其实就是制定更合适的内部转移价格。

邯钢制定内部价格的具体做法是：按照市场变化对计划价格进行动态调整，使修订后的价格更接近市场价格，这样就把原来全部由总厂分担的市场价格和计划价格的差额传导到了各二级分厂，使二级分厂也能感受到市场的压力。

（2）倒推。通过调整，确定了市场价格。接下来就是根据市场价格倒推目标成本。邯钢改变了过去以计划价格为基础的"正算法"，采用以市场价格为依据的"倒推法"来确定目标成本，使目标成本各项指标能真实反映市场的需求变化。

（3）全员。制定了总的目标成本，还需要把指标细化分解，落实到人。邯钢的具体做法就是把总厂下达的目标成本指标，在全厂范围进行"纵向到底，横向到边"的细化分解。"纵向到底"就是指标分解从分厂到车间工段，再到班组、岗位，最后到具体的人。"横向到边"是指指标分解要涵盖分厂各个管理部门，如生产科、供应科、机动科等各个科室以及下面的专业管理组。这样就形成了全员参与、全方位、全过程的目标成本管理体系。

（4）否决。成本否决制度是邯钢目标成本体系的最终落脚点。邯钢实行严格的成本考核和成本否决，制定了"四不"规定："不迁就、不照顾、不讲客观、不搞下不为例"，将个人的奖金与目标成本直接挂钩，实行成本目标一票否决权。即使其他指标完成得再好，只要目标成本指标完不成就扣发当月奖金，连续 3 个月完不成成本指标延缓单位工资升级。

3. 效果：改善经营困局，引发社会轰动

邯钢的成本制度改革取得了显著的效果，并且在全国引起了轰动。从邯钢内部来说，无论是从短期，还是中期长期来看，这都是一次成功的改革。最直接的效果就是成本和利润指标的改善。

按同口径计算，1991 年邯钢成本下降 6.36％，1992 年下降 4.83％，1993 年下降 6.13％，1994 年又下降 8.9％，到 1998 年每年下降 5％。1990 年邯钢实现的利润仅 100 万元，1991 年增长到 5 020 万元，1992 年达到 1.49 亿元，1993 年达到 4.53 亿元，1994 年达到 7.8 亿元。1998 年在消化增支减利因素 3 亿多元的情况下，仍实现利润 5.03 亿元。1991—1998 年，8 年累计实现利润 38.53 亿元，为建厂 41 年利润总和的 85％。

邯钢的这次以成本制度改革为主导的改革，其实也是一次涉及面广泛的管理变革，改革的触角深入到了财务制度、绩效考核、组织变革等方方面面。更重要的是，这一改革促进了企业领导和员工思想观念的转变，使市场观念、竞争观念、效益观念、成本意识等深入人心。

借着这次改革以及后续的改革，邯钢终于摆脱了原有的计划经济体制的阴影，真正成长为一个适应市场经济的现代企业。邯钢由过去的一个一般的地方中型钢铁企业跃居全国特大型钢铁企业行列。

邯钢的改革以及改革取得的巨大成效，在全国引起了广泛的关注。特别是在 1992 年邓小平视察南方重要讲话发表之后，中国的经济体制改革摆脱了在计划经济和市场经济之间犹疑不定的局面，市场经济的观念开始深入人心。而邯钢的管理改革正是一种以市场为导向的改革。邯钢经验引起了政府和企业的高度重视。

随着市场经济体制的不断成熟，以及管理会计理论和实践的不断发展，邯钢在后来的经营管理实践中，不但对旧的"邯钢经验"中的缺陷做了改善和弥补，而且发展出了新的"邯钢经验"。比如，针对早期"模拟市场核算，实行成本否决"主要针对生产系统的缺陷，邯钢发展了全产业链成本管理，把以工序为主的生产成本不断向人工成本、资金成本、采购成本、物流成本、销售成本、投资成本、管理成本、能源成本、结构成本等全领域拓展，向全产业链延伸。2006 年 1 月，邯钢正式上线 ERP 系统，进一步加强了企业信息化管理；2008 年在新一届班子上任后，进一步细化、完善各项管理制度，确定了一套以 6S 为基础，建设覆盖全员、全过程、全系统的精益管理模式。

4. 启示：超前的经典管理理念

虽然，从今天的角度来看"邯钢经验"，会发现它存在一些局限和不足之处，但是，邯钢经验在今天看来，仍然具有借鉴意义。

（1）以市场为导向的经营理念。在市场观念已经深入人心的今天，邯钢"推墙入海"，引入市场机制的做法已经是大多数企业的通行做法了。但我们也仍然能够看到有些企业对市场的重视不够，比如，在上新产品之前，并没有充分进行市场调研就匆忙上马，结果遭到市场的惩罚。

新时期农民合作社面对的市场环境更为复杂，更应该坚持市场导向的经营理念，密切关注市场信息，充分获取市场需求信息、价格信息、原材料市场供求信息以及行业间竞争信息等，不断根据市场份额，预测市场需求潜力，进而调整企业的库存，改进经营方式，提高企业经营管理效果。

（2）全员参与的成本管理思想。邯钢通过将成本指标层层分解、具体落实到每一个员工头上，不仅明确了责任，而且调动了全体员工人人当家理财的积极性，真正做到全方位、全过程地控制成本的目的。

随着经济形势的发展，合作社成本已经不单单是生产成本，而是形成了全领域多方向的成本组成，如资金成本、投资成本、管理成本、采购成本、物流成本、销售成本、能源成本、结构成本等。这些复杂的成本组成，涉及合作社生产经营的整个产业链，更需要从全员角度出发，分解成本控制指标，将成本控制体系辐射到每一名员工，充分发挥协同效应，促进全体员工积极降低成本、追求效益的理念，从整体层面促进成本的降低。

（3）持续改进的挖潜增效机制。邯钢以国内先进水平和本企业历史最优水平为依据，不断对目标成本和目标利润进行优化，主动寻求利润降低点、效益增长点，通过不断自我加压的方式，促进企业不断突破。在今天更加激烈的市场竞争环境下，合作社应该学习这种挖潜增效机制，勇于克服固化不变的装备条件，不断优化经营流程、改进生产工艺、淘汰落后产能、提高产品质量和生产效率，不断发现可供优化的成本降低点，提高增加经营效率，增强抗风险能力。

（4）积极应对、勇于承担风险的邯钢精神。今天我们重温邯钢经验，更能够体会在当时特定历史条件下，邯钢用市场观念清除计划经济阴影的勇气。当初邯钢面临着严峻的形势，能够不等不靠、苦练内功，积极主动探寻摆脱困境的方法，员工树立起主人翁观念、人人当家理财、精打细算。正是在全体员工共同努力和共同承担下，企业不仅很快渡过了难关，还创造了持续的辉煌。在经济形势日益复杂，经济危机频发的今天，这种精神的传承是企业壮大源源不断的动力和持续发展的根基。

（二）战略成本管理在伊利实业集团股份有限公司的应用

1. 战略成本管理

战略成本管理是企业为了适应变化的经济环境，在成本管理中引入了战略管理，并把二者有机结合起来的新的管理体系与方法。具体而言，战略成本管理是一个对投资立项、研究开发与设计、生产和销售环节进行全方位监控的过程，主要是从战略的视角来分析影响成本的因素，从而进一步发现降低成本的途径，其目标是营造企业的持久竞争战略。

在战略成本管理内容的划分上主要分为三个部分：一是战略定位，即企业如何在市场竞争中确立自己的优势地位，这应该成为战略成本管理的第一步。二是价值链分析，即将企业设计、生产、销售、发送和辅助产品生产过程中进行的各种活动，系统地连接成链状集合体，对其中的价值流动进行分析。三是成本动因分析，即对引发或推动成本的驱动因素进行分析。

2. 战略成本管理应用情况及效果

伊利实业集团股份有限公司（以下简称伊利股份公司），位于呼和浩特市，最早是从当地的红旗奶牛场成长起来，集团起初的名称为回民奶食品总厂。经过十几年的发展，于 1996 在上交所挂牌上市。之后，伊利凭借自身过硬的产品质量，加之政府的大力支持，在厂区建设、资金和科技投入方面都得到全面发展，公司得以在几年时间内稳步成长起来，并且其品牌迅速成为国内乳制品行业的驰名商标。

伊利是带领我国乳制品行业前进的龙头企业，公司生产的产品统一具有清真特色，凭借良好的口碑和过硬的质量，在全国范围内深受各类消费群体的青睐。作为食品行业的领军人物，伊利是第一家通过了工 ISO9002 国际质量体系认证的企业。伊利对产品质量的严格把控，使其获得了多项殊荣，2000 年 9 月，伊利被评为"全国质量管理先进企业"；2003 年 12 月，伊利获得了 ISO14001 环境管理体系认证证书，此证书被称为"绿色壁垒通行证"，这也就意味着伊利已经具备进入国际市场的资格，为公司将来更大的目标打下了坚实的基础。

伊利坐拥着包括内蒙古呼和浩特市、呼伦贝尔大草原和位于黑龙江的杜尔伯特大草原在内的全国三大优质奶源基地，确保了产品来自大草原的天然品质。在奶源建设上，伊利率先采用"公司＋农户"的形式，经营模式上贯彻：饲养分散、挤奶集中、品质第一、服务全面到位的原则，充分实现了奶源的优质优产。伊利正在逐步走更加科学化、更加规范化和集约化的奶牛养殖道路，带领我国乳制品行业在奶源建设和奶牛规模化养殖方面走向全新的发展道路。良好的奶源基础，是优质产品的一个原因，另外还包括技术装备、奶产品工艺体系、研发体系等其他因素。伊利在技术上投入大量资金，不仅拥有国际领先的技术设备，还创造了企业自己的二级研发体系，更加确保了产品的质量。为进一步提高企业的核心竞争力，伊利先后在全国范围内建立起自己的生产基地，使企业规模迅速扩大，并且，还投入巨资进行新工业园区的建设。

如今的伊利，面临着更加严峻的市场考验，从提出用"全球的资源，做中国的市场"，到"引领中国乳业，打造世界品牌"的愿景，伊利正通过自己的努力，不断创新，并且以追求人类健康生活为己任，带领着我国乳制品行业稳定发展，向世界迈进。

（1）价值链分析。要对企业成本进行更进一步分析，需要运用价值链分析来深入。伊利的价值链分析包括两个方面，一是企业外部价值链分析；二是企业内部价值链分析。通过对伊利股份公司的价值链进行分析，可以明确企业置身在行业中的位置，以及企业内部各价值活动的关系，进而明确企业在现实环境中的竞争地位，最终寻找到成本降低的渠道同时创建自身的整体成本优势。

①外部价值链分析。伊利股份公司的外部价值链分析基于供应链管理进行。从乳业供应链上看，上游供货方包括：各生产基地或奶农、产品包装提供商以及机器设备制造商，下游包括：配送经销商、消费者和其他一些相关机构，从重要性分析，伊利无疑是处在核心的位置。实施供应链的优化管理，首先从其组成结构入手，把各个相关单位紧密联系在一起，以便更好实施战略成本管理。具体来说，伊利从供应链的组成入手，积极采取措施，把供应链管理由之前的松散型逐步转变为紧密型；从企业提高集约化角度考虑，改变以前的"公司＋农户"模式上升为"养殖小区＋牧场园区"模式。另外，涉及到企业的物流运输，对乳制品企业来说，物流环节也是企业成本付出比较重要的部分，好的物流运输可以避免企业不必要的资金耗费。因此，伊利一般雇用其他物流公司，在对其进行统一招标时，常常会审定对方是否具备一定的运输能力和相应的资金周转能力。其次，伊利始终坚持与各个专业研究机构紧密合作，并将其纳入整个供应链中，而且不断进行产品创新，建立了中国第一个"乳业研究院"、第一个"中国母乳数据库"、第一家"母婴营养研究中心"。同时，公司吸纳了大量乳业研究人才，并且组建起了一支先进的研发团队。

在经过一系列卓有成效的管理以后，使伊利的供应链结构更加趋于合理高效，并且管理的同时达到了优化企业外部价值链的效果，不断提升企业成本管理能力，为企业创造更大的成本优势。

②内部价值链分析。伊利股份公司是一个现代化的乳制品制造企业，公司下设五大事业部，承担着伊利所有种类产品的研发及生产工作。公司所生产的乳制品繁多，每一个产品大体上都要经过研发、制造、销售等过程，构成了企业的内部价值链。公司内部价值链的每一项活动都会占用企业的一部分资产，相应就承担了企业的一部分成本，与此同时，每一种活动之间相互还会影响到各自的成本。企业内部的每一个部门都构成企业内部价值链的一部分，它们的

日常活动影响着企业产品的成本，如何提高各部门协调工作的效率，达到优化企业内部价值链的目的，是伊利进行研究的关键。

就伊利目前的价值链活动来看，产品价值的形成过程主要还是生产环节，成本的消耗也是相对比较集中的，伊利加大科研投入来改善生产管理条件，做到全面的信息化服务，一方面可以提高产品质量，另一方面也是持续降低产品成本的关键。不仅如此，伊利在企业内部通过优化相关生产流程，来降低这些生产流程中的不必要的成本支出，对于一些可能的增值活动，即企业价值链的"战略环节"，通过提高此部分作业的运作效率，不但有效地改善了企业的成本管理状况，而且也使企业获得了专业化的竞争优势。

（2）成本驱动因素分析。

①企业规模。企业规模可以有很多指标进行衡量，从伊利内部的生产性生物资产，即奶牛养殖情况来看，从 2008 年开始，伊利在此方面的成本支出呈逐年上升态势，随着生产性生物物资的投入扩大，从其所占成本的比重角度分析，2008 年是 0.32%，跃升至 2012 年的 4.54%，可见企业规模扩大对成本的影响越来越重要。就目前伊利的发展规模看，在行业中算规模最大的乳制品企业，是国家 520 家重点工业企业之一，其拥有遍布全国的优质奶源基地，并占据着享誉全国的三大黄金奶源带。伊利坚持建设天然优良的牧场，截至目前，伊利在全国拥有的自建、在建及合作牧场约 1 500 座，伊利奶源的供应比例中集中化、规模化的养殖达 90% 以上。很显然，规模效应是指因规模增大带来的经济效益提高，使得产量上升，进而使单位固定成本下降。对于集团公司的规模化，就要求企业在不断扩大生产规模的同时带来高效率的规模效益，进而对成本降低起到促进作用。对伊利来说，如何合理扩大企业规模，实现企业的经济效益是其需要考虑的问题。

②技术。乳制品行业是一个专业性很强，并且是一个技术含量要求相对较高的行业。目前，伊利已经建立起了自己的研发团队，截至 2012 年，科研人数已经达到 1 000 余人，并且研发支出已经达 4 000 多万元，占净资产比例为 0.54%，占营业收入和营业成本的比例分别为 0.10% 和 0.14%。可见技术支出在成本上的高占比率，充分体现了其在成本管理中的重要性。一方面的技术是针对乳制品加工技术，技术手段、设备和加工工艺直接影响产品的营养品质、口感、风味等；另一方面，主要包括相关的信息管理技术，对于像乳制品企业这样的资源型企业，同质产品带来了同行业不可避免的竞争压力，于是有效的成本管理对伊利来说更加重要。为了很好地适应现代化成本管理的要求，增强对复杂数据的处理能力，要运用好现代的技术手段，企业就需要一整套能够对财务信息、市场信息、成本控制等关键信息进行处理的管理软件。就当今

的乳制品市场大环境来看，如何在现代化的市场氛围中求得长足发展，追求信息技术的进步是伊利必然的选择。

③全面质量管理。产品的质量与产品的成本是两个相互制约的方面，对于乳制品企业也不例外。对伊利来说，质量关是企业生存的极其重要一环，老百姓对企业品牌的信任，不在于广告宣传力度有多大，而是牛奶的质量。近几年国家出台一系列政策确保乳品质量安全，如《奶牛标准化规模养殖生产技术规范》《乳制品安全监督管理条例》、农业部印发《2014年畜禽养殖标准化示范创建活动工作方案》等规范和条例，如果企业一味追求降低成本，就会损害顾客价值，减少市场份额，如果过分追求质量，则会削弱企业的竞争优势。如何有效对质量成本进行管理，是伊利进行战略成本管理需要关注的重点。

④物流与营销。近年来，随着乳制品行业的竞争加剧，促使乳制品行业的物流运输倾向于更加专业化、系统化的发展。好的物流管理不仅能对成本管理起到推动作用，更是提高乳品企业竞争力的重要因素。伊利的产品流通绝大部分应归属于冷链物流范畴。在国内，冷链运输的标准缺乏，加之各种社会环境的影响，顾客更加注重产品新鲜度的要求，随之而来的运输成本必然上升。如何做到更好的物流运输与良好的营销网络管理，减少不必要的成本支出，对伊利来说也至关重要。

⑤劳动力投入。企业的员工构成了企业的人力资源，特别是像伊利这样的大型乳制品企业，员工的数量必然相当庞大。战略成本管理的思想，不是单纯对员工实行降低工资来控制成本，员工是企业的无形资产，是必须在长远的未来给企业带来效益增值的资源，所以有效利用这部分资源对成本管理发挥作用才是战略成本管理的意图。企业战略是通过全体员工积极参与和相互协作来实现的，因此员工的成本控制意识对企业的成本管理和竞争优势的提升作用是很明显的。员工的成本意识观念提升，成本在全员参与下共同控制，培养起来员工参与的主动性，才能使成本降低的各项措施得到有效地执行。其中，如何制定有效的薪酬政策，对员工产生激励性与竞争性，是伊利需要研究的问题。

（3）成本控制措施及效果。通过以上价值链及成本驱动的详细分析，伊利公司采取了诸如企业规模由不平衡态势向平衡态势转变；提升科技含量，优化信息系统功能；向价值链前端延伸，实现奶源基地全面升级；加强全面生产质量管理；建立全方位的物流渠道，形成一级营销网络；专业人才的引进，制定薪酬政策等一系列成本控制措施，使企业成本利润率逐年上升，市场份额逐渐加大，逐渐成为我国乳品行业巨头。

3. 启示

（1）识别合作社内部价值链及其成本动因。合作社内部的产品生产、市场策划、分配和售后服务构成了合作社内部的价值链。识别合作社内部价值链的主要内容是划分合作社的主要价值活动。在合作社的生产经营过程中会涉及到各种各样的活动。而将这些活动进一步划分为各项价值作业有利于合作社寻找自身的竞争优势。

构成合作社内部价值链的价值作业可分为主要作业和辅助作业两类。主要作业大致可分为：内务后勤、生产作业、成品储运、市场营销和售后服务五种。辅助作业大体可分为：采购管理、技术开发、人力资源管理和基础管理等四种。另外，在划分过程中，还要结合合作社的具体情况，对合作社价值活动作出合理的划分，通过价值作业内部、作业之间关系的开发，推进各个价值作业的优化与相互协调，为合作社取得竞争优势打好基础。

产品消耗作业，作业消耗资源。合作社价值链的形成必定伴随着成本的发生。而竞争优势的取得来源于各竞争者之间成本的差异。因此，在划分了合作社内部价值链的基础上，还应确定影响各项价值作业的成本动因。战略成本动因可分为两大类，一是结构性成本动因，包括规模、范围、经验、技术、多样性等；二是执行性成本动因，包括员工责任感、全面质量管理、生产能力的利用、工厂布局的效率、产品设计是否合理、通过价值链开发合作社与供应商及客户之间的联系等。

（2）将合作社价值链扩展到产业价值链。在战略成本管理中，合作社不应局限于自身的价值链分析，而是应把合作社置身于整个产业价值链中。产业价值链是指从最初原材料到最终产品到达消费者手中的整个过程。为寻求竞争优势，合作社必须从战略的高度进行分析，考虑是否可以利用上、下游价值链进一步降低成本或调整合作社在产业价值链中的位置及范围。

五、对策思路

加强农民合作社成本管理，有效降低生产成本要通过实行全员和全过程的成本管理，形成人人关心成本、处处关注成本的局面。因此，通过全员成本管理，实现全过程成本控制，是合作社降低成本的保障。

（一）观念上树立现代生产成本管理新理念

现代管理思想是以人为中心的管理，而成本责任则体现以人为中心的观念。首先，合作社领导应加强自身管理素质，提高财务及企业管理知识，在将合作社经济效益作为首要目标的同时，树立全员成本管理意识。

首先，注重对合作社内部各个部门、车间的成本管理，通过管理加宣传的模式，逐步使广大社员群众人人关心成本，从思想意识上重视成本，在实际工作中主动节约各项开支，从而实现开源节流，为合作社创造更大的效益。其次，在合作社内部建立相应的成本责任制。在当前市场经济的大环境中，依靠传统的理想信念来开展合作社管理工作的体制，已经难以适应当前发展。要使合作社各级管理部门及社员的工作积极性得到提高，成本得到有效控制，必须结合实际，建立并实施有效的合作社内部协调与控制机制。通过科学合理的责、权、利相结合体制，奖罚分明的物质激励措施，来规范和约束广大社员群众，最终逐步形成良好的工作习惯。最后，根据合作社实际，加强责任会计制度的监理，通过责任会计的设置责任中心、编制责任预算、实施责任监控和进行业绩考核评价。实现合作社成本管理方面的分权管理，逐级授权，层层负责，激发人的内在积极性，明确权责范围，使各生产部门始终保持与合作社整体目标一致。

（二）采用科学先进的生产成本管理方法

充分认识到成本管理在各个阶段应控制的重点工作，如在事前要抓好生产成本预测、决策和成本计划工作，通过预测、决策和计划来指导日常生产；事中要抓好生产成本控制和核算工作，加强对原材料和相关成本控制；事后要抓好生产成本的考核和分析工作，注重不断反思总结，达到逐步改善的目的。科学的生产成本管理包括培养合作社管理者生产成本控制的系统观念，在生产成本控制中引入先进的方法和手段，对合作社的"作业流程"进行根本、彻底的改造。结合合作社实际，对影响合作社生产成本的主要因素进行分析，加强对这些主要因素的核算。另外，强调协调合作社内外部及与顾客的关系，从合作社整体出发，协调各部门、各环节的关系，要求合作社的物资供应、生产和销售等环节的各项作业形成连续、同步的"作业流程"，消除一切不能增加价值的作业，促使合作社整体的优化，提高合作社竞争优势。

（三）加强生产成本会计核算

首先，会计人员应提高业务素质，树立起全员参与成本管理的思想意识，建立健全会计账簿，不断学习先进的成本核算方法。根据合作社生产的特点，与本行业其他合作社之间应进行一定的交流，更为全面地分析成本构成，采用科学的会计核算方法，以满足现代合作社管理的需求。其次，合作社应恰当地利用计算机及网络管理平台来进行产品成本控制，使合作社内部形成有机联系的成本管理系统，使财务软件不仅满足财务会计要求，还能够充分全面地反映成本管理信息，最终提高成本会计信息处理的准确性与及时性。此外，合作社应明确财务部门职能，在认真执行国家有关的财务管理制度的基础之上，结合合作社实际建立健全合作社财务管理的相关规章制度，通过有效的制度来规范成本控制工作，通过制度来约束行为，建立有效的财务监督体系。

（四）通过激励机制创新成本管理新模式

生产成本管理主体要由生产成本管理机构向全员生产成本管理拓展，充分利用激励机制，建立以人为本的生产成本管理文化。合作社领导应提高自身现代合作社管理意识，建立各部门、各职位、各人员之间的相互监督机制，以及会计部门独立核算和内部牵制制度，通过培训与教育模式使员工在工作中从技术方面、操作方面做好成本控制，使广大职工群众真正关心合作社的成本。

（1）改革生产一线关键岗位或控制点的用人机制，通过有效可行的举措实现人尽其才、合理配置。时刻关注员工的需求，为他们提供自由和发展的空间，提高员工收入水平和相关福利待遇，从而实现员工队伍的稳定和合作社健康和谐发展。

（2）从根本上降低成本，管理好生产。这就需要建立一支相对比较专业的成本管理队伍，在合作社的各个生产环节配备成本管理专业人士。成本管理专业人士需要从掌握生产特点、精通生产工艺和了解设备性能的生产技术人员中选择任用，或者从生产车间的关键岗位或控制点选择任用。让他们参与到合作社成本的决策、预算、控制、预测、分析、计划和考核中去，积极发挥在降低生产消耗、挖掘合作社潜力等相关方面的良好作用，确保成本信息的真实性、完整性和及时性。

（3）健全组织管理机构，理清各职能部门的责任。合作社应当根据其经营管理特点、规模、管理理念和经营战略、外部环境等诸多因素的综合分析，在职责分解的同时，搞好整合，使整个合作社的组织体系在相互制衡的前提下协调高效运行。同时，明确职位层次顺序，保证信息沟通渠道流畅。这样有利于充分发挥各级组织机构和人员的积极性，也有利于分清责任，提高合作社整体运转的效率和效果。

第七章 农民合作社收支管理与核算研究

一、农民合作社收支概述

合作社收入的实现和支出的严格管理是合作社经营管理的重点，也是合作社盈余实现的前提和基础。收入与支出的正确核算是合作社及时准确编制收支明细表、盈余及盈余分配表和资产负债表的前提，而这些又是成员盈余分配的依据。因此，合作社应加强对收支的管理，正确计算各项收入和支出。

（一）收入

企业的收入是指企业通过销售商品、提供劳务、让渡资产使用权而获得的经济利益的总流入，这也是合作社的收入。同时合作社的收入还包括合作社为成员代购代销、向成员提供技术和信息服务等而获得的经济利益总流入。当然从定义上来说，合作社的这些通过服务活动实现的收入也可以包含在"提供劳务"所得之中，之所以专门提出来，是为了突出合作社互助合作、服务社员的性质。

合作社的收入可分类为销售农产品收入、劳务收入、租金收入、代购代销收入、服务收入、利息收入等。

1. 农民专业合作社收入的特点

（1）只有从农民专业合作社的经营活动中产生的经济利益流入才能算作收入，如合作社销售农产品或农资物品、提供各种服务等获得的收入。不属于经营活动的经济利益流入虽然也能给合作社带来好处，但不能算作是收入，例如农民专业合作社接受的国家财政补助资金和他人捐赠。

（2）收入可能表现为合作社资产的增加或负债的减少，也可能二者兼而有之。例如现金销售农产品收入会增加库存现金和银行存款，赊销收入则会增加成员往来或应收款；用合作社的农产品抵付应付农资款会减少合作社的负债；销售农产品时部分收取现款，会增加资产，部分抵偿债务，则减少负债。

（3）收入能够引起合作社所有者权益增加。根据会计恒等式"资产＝负债＋所有者权益"，我们可以推导出"所有者权益＝资产－负债"，由于收入能导致资产增加或负债减少或二者兼而有之，收入的增加必然导致所有者权益增加。这里的收入未考虑成本，是指经济利益的总流入，而不是净流入。

（4）只有农民专业合作社自身的经济利益流入才算收入。合作社的预收或代收款，虽然导致合作社资产的增加，但同时也导致负债的增加，不能认为是合作社的收入。农民专业合作社理事的个人收入也不能算作合作社的收入，应该和合作社作为独立法人会计主体所取得的收入区分开来。

2. 收入的分类。

合作社的收入分为经营收入和其他收入。

作为一个互助合作的盈利性经济组织，日常经营活动中农民专业合作社有三个主要任务：一是为成员提供各项服务，将成员联合起来，共同致富；二是开展生产经营活动，实现盈余，增强自身实力，从而保障合作社的长远发展；三是通过示范作用，影响非合作社成员。因此，相对应的，农民专业合作社的收入来源也来自三方面：一是为成员提供各种服务取得的收入；二是合作社销售自己生产的产品；三是为非成员提供劳务服务取得的收入。这些收入都属于合作社的经营收入。

合作社除经营收入外，还有非日常经营活动产生的收入，也就是其他收入，包括罚款收入、违约金收入、存款利息收入等。

3. 收入的内部控制

合作社要有销售业务内部控制制度，明确销售业务相关人员的不同权限、业务办理程序、责任制度和相关控制措施。下面是一个简单的生猪销售服务收入内部控制制度的例子。

4. 收入的确认

这里的确认是指发生收入时何时入账，以及怎样在盈余及盈余分配表上反映。

合作社财务会计制度规定，农民专业合作社应该在产品物资已经发出，劳务服务已经提供，同时价款已收或取得相关凭据时，确认经营收入的实现。在实际收到罚款、违约金、利息等款项时，确认其他收入的实现。

5. 收入的核算要求

（1）按收入来源和性质的不同划分各收入项目之间的界限，以正确分别核算产品销售、提供劳务和投资的收益，发现合作社收入强项，鉴别薄弱环节，从而采取有效增收措施。

（2）分清合作社收入与成员收入之间的界限。成员家庭承包收入不属于合作社收入；合作社直接组织生产销售和提供服务取得的收入，属于合作社的收入；合作社受托代购代销等所取得收入的归属要根据代购代销合同的规定来判断。

（3）贯彻配比原则。确认收入时，要同时结转同一会计期间内为取得该收入而发生的相关支出，这和企业会计准则是一致的。

（4）收入信息的公开披露规则。根据合作社法规定，年度收入的相关信息应在合作社成员大会召开 15 日前向成员进行披露。

（二）支出

本章中的"支出"指进入盈余及盈余分配表中的成本和费用支出，包括经营支出、管理费用和其他支出。

合作社的经营支出与经营收入相对应，指合作社为获得产品销售收入、提供服务收入、租赁收入等而发生的实际支出。由于合作社的经营收入所涉及的业务类似于企业的主营业务和其他业务，所以"经营支出"这一科目大概相当于企业会计科目中的"主营业务成本""营业税金及附加"和"其他业务成本"三个科目的综合。

合作社的管理费用类似于企业会计科目中"管理费用"和"销售费用"之和，是指合作社经营管理活动中发生的各项支出，包括非生产人员的工资、办公费、差旅费、通讯费、办公用固定资产折旧费、业务招待费等。

经营支出和管理费用之外的支出就是合作社的其他支出。如存货意外毁损支出，生物资产死亡损失支出，存货盘亏支出，罚款支出，利息支出，捐赠支出，应收款坏账损失等。

和企业会计准则相比，合作社支出的分类没有那么细，这符合合作社自身的特点。

二、农民合作社收支的会计核算

（一）收入的核算

1. 经营收入的核算

合作社的经营收入内容在"经营收入"账户下反映。"经营收入"账户贷方登记合作社经营收入的金额，平时余额在贷方，反映合作社本年度实现的累计经营收入总额。年末将贷方发生额结转入借方，结转后账户无余额。合作社应按经营项目设置明细科目，进行明细核算。例如某土地股份合作社的经营收入主要包括农产品销售收入、农资销售收入和土地租赁收入，其"经营收入"科目下就设了两个明细科目"经营收入——产品物资销售收入"和"经营收入——土地租金收入"。

（1）产品物资销售收入的核算。合作社销售农产品和农资物品，一般当产品物资已经发出，同时价款收讫或取得收取价款的凭据时，确认收入的实现。出售产品物资时，借记"库存现金""银行存款"和"应收款"等科目，贷记"经营收入"科目。

（2）委托代销商品收入的核算。委托代销商品在收到代销单位的代销清单时即可确认收入的实现，同时需要向代销单位支付手续费。合作社发出委托代销商品时，按产品成本借记"委托代销商品"科目，贷记"产品物资"科目；收到代销清单时，借记"应收款"科目，按售价贷记"经营收入——委托代销商品收入"科目；最后收到代销款时，借记"银行存款"或"现金"科目，贷记"应收款"科目。

（3）受托代购商品收入的核算。很多合作社会接受成员委托为其代购种子、化肥等农资物品，一般会收取一定的手续费。当合作社将受托代购物品交付社员时，即可确认收入的实现。

例1 某合作社接受成员委托代购化肥 30 吨，预收代购款 75 000 元，约定手续费为每吨 50 元。合作社以每吨 3 000 元的价格购入 30 吨化肥并发放给成员，代购货款差价和手续费已收取。

预收代购款时：

借：库存现金　　75 000

　　贷：成员往来　　75 000

购入化肥时：

借：受托代购商品——化肥　　90 000

　　贷：银行存款　　90 000

收取货款差价和手续费时：

借：成员往来　　75 000

　　银行存款　　16 500

　　贷：受托代购商品——化肥　　90 000

　　　　经营收入——受托代购商品收入　　1 500

（4）受托代销商品收入的核算。合作社受托代销商品于商品售出时确认收入的实现，其收入为合同或协议价格与售出价格之间的差价。

例2 某合作社为成员代销有机大米 5 000 千克，协议价为每千克 10 元。合作社以每千克 15 元售出，货款尚未收到。

从成员手中买入大米时：

借：受托代销商品　　50 000

　　贷：成员往来　　50 000

卖出大米时：

借：应收款　　75 000

　　贷：受托代销商品　　50 000

　　　　经营收入——受托代销商品收入　　25 000

（5）服务收入的核算。合作社提供服务收入的核算与合作社销售产品物资收入的核算类似，当服务已经提供且价款收讫或取得相关凭据时，确认收入的实现。在账务处理上，合作社为成员提供服务时，借记"成员往来"科目，贷记"经营收入——服务收入"科目。

（6）农业资产销售收入的核算。农业资产概念有广义和狭义之分。根据国际会计准则，农业资产分为生物资产、农产品和收获后加工而得的产品三大类[①]。这是一个广义的概念。而根据我国的实际情况，在合作社会计制度中农业资产作为一类长期资产，是指生物资产，农产品和收获后加工而得产品则作为存货在"产品物资"科目下核算。因此我国合作社的农业资产是一个狭义概念，是合作社的一项特殊资产项目，其会计处理也有一定的特殊性。

根据合作社会计制度，合作社的农业资产，即生物资产中的牲畜（禽）和林木，在"牲畜（禽）资产"和"林木资产"科目下核算，前者主要包括幼畜、育肥畜和产役畜（包括禽、特种水产等），后者包括经济林木和非经济林木。农业资产的销售收入核算类似于产品物资销售收入的核算，账务处理所涉及科目基本一致，区别只是"经营收入"下的明细科目设置不同。

2. 其他收入的核算

合作社其他收入的核算在"其他收入"账户中进行。该账户类似于企业会计核算中的"营业外收入"，总的来说，合作社的其他收入范围比企业的营业外收入包括的更广，同时也有少数项目的处理不同。和企业的营业外收入一样，罚款收入、违约金收入、无法支付的应付款、处置固定资产或无形资产的净收益等也记入合作社的其他收入。和企业不一样的是，合作社的利息收入、产品物资盘盈收入和出租无形资产的租金收入记入"其他收入"账户，而企业的利息收入是直接冲减财务费用，产品物资盘盈收入则需要视情况而定：现金盘盈一般记入营业外收入，存货盘盈则通常冲减管理费用，固定资产盘盈记入以前年度损益调整，出租无形资产的租金收入记入"其他业务收入"；捐赠收

---

① 具体内容参见国际会计准则委员会 2011 年发布的《国际会计准则第 41 号——农业》。

入在企业会计核算中记入营业外收入，在合作社却并不记入其他收入，而是在"专项基金"科目下核算。

当合作社发生其他收入时，一般借记"库存现金""银行存款"等科目，贷记"其他收入"科目。

（二）合作社支出的会计核算

1. 经营支出的会计核算

根据收入成本配比原则，合作社一定会计期间所取得的收入应与为取得该收入所发生的费用和成本相匹配，从而正确计算本会计期间的净损益。具体而言，当合作社销售产品物资时，应在确认收入的同时结转所售产品物资的实际成本，即借记"经营支出"科目，贷记"产品物资"科目；当收到代销单位的代销清单时，确认委托代销商品销售收入，同时结转代销商品的实际成本，借记"经营支出"科目，贷记"委托代销商品"科目，对于代销手续费，按应支付的金额借记"经营支出"科目，贷记"应收款"科目；受托代购商品和受托代销商品的实际成本，不包含在"经营收入"和"经营支出"中，无需结转；合作社提供劳务服务，在确认服务收入的同时，根据提供劳务服务的实际成本，借记"经营支出"科目，贷记"生产成本"科目；对于比较特殊的农业资产的销售，确认销售收入时，按照销售农业资产的实际成本，借记"经营支出"科目，贷记"牲畜（禽）资产""林业资产"科目。

除了结转销售成本时需要借记"经营支出"外，还有另外两种情况涉及到"经营支出"科目，即农业资产的成本摊销和饲养或管护费用的处理。作为长期资产，产役畜和经济林木的成本处理类似于固定资产和无形资产的折旧或摊销，即将成本扣除预计残值后的金额在其正常生产周期内按照直线法摊销。企业会计核算中企业生产用固定资产的累计折旧需要先记入制造费用，然后会计期末转入生产成本，产品完工时转入库存商品，最后售出时才转入营业成本。合作社中产役畜成本摊销的会计处理则更为简化，直接借记"经营支出"科目，贷记"牲畜（禽）资产"或"林木资产"科目，类似于企业会计核算中的借记"主营业务成本"，贷记"库存商品"，前面的那些核算步骤全部省略。产役畜的饲养费用和经济林木的管护费用也借记"经营支出"科目，贷记"应付工资""产品物资"等科目。

2. 合作社管理费用的会计核算

合作社的"管理费用"科目为损益类账户，其借方归集合作社当期因组织和管理生产经营活动而发生的各项支出，贷方反映管理费用的结转，期末一般无余额。合作社应按管理费用的项目分别设置"工资""办公费""差旅费"

"折旧费""会议费""招待费"等明细科目，进行明细核算。合作社发生管理费用时，借记"管理费用"科目，贷记"应付工资""库存现金""银行存款""累计折旧"等科目。会计期末应将管理费用科目的余额转入"本年盈余"科目的借方，结转后本科目无余额。

3. 合作社其他支出的会计核算

合作社其他支出的核算在"其他支出"账户中进行。该账户借方核算合作社当期发生的各项其他支出，贷方反映其他支出的结转，期末无余额。合作社应按其他支出的具体项目设置明细科目，如"产品物资盘亏和毁损""牲畜（禽）资产死亡毁损""林木资产死亡毁损""非经济林木郁闭后管理费用""利息支出""罚款支出"等。其中一些具体项目的核算如下：

（1）盘亏和毁损产品物资，直接借记"应收款""其他支出"等科目，贷记"产品物资"科目，不需要经过"待处理财产损益"那样的中间科目核算，也不需要根据盘亏原因区分是进入管理费用还是进入营业外支出。

（2）农业资产如牲畜、林木死亡毁损时，按规定程序批准后：

借：应收款等科目（按照过失人及保险公司应赔偿的金额）

其他支出科目（按照扣除过失人和保险公司应赔偿金额后的净损失）

贷：牲畜（禽）资产/林木资产（按照资产的账面价值）

其他收入科目（净收入，按照过失人及保险公司应赔偿金额超过农业资产账面价值的金额）

（3）非经济林木郁闭后发生的管护费用，不再记入林木资产科目，借记"其他支出"科目，贷记"应付工资""产品物资"等科目。与此相对应，经济林木的管护费用是记入"经营支出"科目。

（4）公益性用途的固定资产折旧，借记"其他支出"科目，贷记"累计折旧"科目。而管理用固定资产折旧是记入"管理费用"科目，生产用固定资产折旧记入"生产成本"科目，农业资产成本的摊销则直接记入"经营支出"科目。

（5）工程完毕未形成固定资产时，借记"其他支出"等科目，贷记"在建工程"科目。

（6）由于出租无形资产所取得的租金收入记入"其他收入"科目，相对应的无形资产摊销成本记入"其他支出"科目。这与企业会计核算中的处理是不一致的。

（7）合作社发生的借款利息支出借记"其他支出"科目，贷记"库存现金""银行存款"等科目。

（8）确实无法收回的应收及暂付款项，按规定程序批准核销时，借记"其他支出"科目，贷记"应收款"科目。

三、农民合作社收支管理的问题分析和对策研究

（一）混淆成员与非成员交易

根据合作社法和合作社会计制度的规定，合作社与其成员的交易和与非成员的交易应分开核算，而相关税收优惠政策经常只适用于合作社与成员之间的交易，与非成员之间的交易不在税收政策优惠范围之内。

《农民专业合作社法》第五十二条规定，合作社的农业生产、加工、流通、服务等涉农经济活动享受国家税收优惠政策。根据《财政部、国家税务总局关于农民专业合作社有关税收政策的通知》（财税〔2008〕81号），和成员与非成员交易有关的税收优惠政策如下：①农民专业合作社销售本社成员生产的农业产品，视同农业生产者销售自产农产品免征增值税。②农民专业合作社向本社成员销售的农膜、种子、种苗、化肥、农药、农机，免征增值税。③农民专业合作社与本社成员签订的农产品和农业生产资料购销合同，免征印花税。

但是，在上述与成员交易可以享受免税待遇的同时，农民专业合作社与非成员之间的交易，如销售非成员生产的农产品，以及从非成员处购买农产品生产、加工后销售的农产品，都需要征收增值税；合作社向非本社成员销售的农膜、种子、种苗、化肥、农药和农机照征增值税；与非成员签订的农产品和农资购销合同照征印花税。

因此出于避税目的，很多合作社在日常收支核算时，故意对合作社与成员、非成员之间的交易不加区分，将合作社购买的农产品、销售的农资物品或签订的购销合同统一按照合作社与成员之间的交易核算。例如某中草药合作社销售的草药中不少都是从非成员处收购来的，其实际收购非成员的草药占合作社全部交易量的40%。但该合作社向上级主管部门报送的会计报表却显示所有草药都是合作社从其成员处收购所得，即与成员之间的交易量为100%，这显然违背了真实性原则。

《农民专业合作社法》指出，"农民专业合作社是在农村家庭承包经营基础上，同类农产品的生产经营者或者同类农业生产经营服务的提供者、利用者，自愿联合、民主管理的互助性经济组织"。因此合作社与成员之间的交易量反映了合作社服务功能的实现程度，这也是税收优惠实施的原因，即扶持合作社实现这一服务功能，从而通过联合改善弱势农民的市场地位，提高其市场竞争力。但合作社会计核算中故意混淆成员与非成员交易，将违背这一立法本意，同时也会影响合作社的正常盈余分配，因为与成员之间的交易量同时也是合作

社成员分配盈余时的重要依据。

对于这一问题，有些地区的税务部门根据纳税人兼营免税、减税项目的有关规定①，对于不区分成员与非成员交易的合作社，直接不予免税。对此，合作社还是应该建立健全财务核算制度，根据合法有效的凭证正确区分社内与社外交易，合作社自产产品、成员产品与非成员产品，免税交易与应税交易，从而充分利用税收优惠政策。

而从国家财政方面来说，落实对扶持合作社发展有利的税收优惠政策可以有效地避免这一盈余操纵。国税函（2010）75 号规定，粕类饲料产品（除豆粕外）免征增值税；财税（2011）137 号则规定批发和零售销售的蔬菜免征增值税。属于《蔬菜主要品种目录》内的蔬菜品种，经挑选、清洗、切分、晾晒、包装、脱水、冷藏、冷冻等工序加工的蔬菜，属于免税蔬菜范围。这些针对农业的税收优惠新政策扩大了财税（2008）81 号的优惠范围，相关的饲料合作社和蔬菜合作社可以不再需要为避税而故意混淆成员与非成员交易。

（二）资金互助合作社的收支核算和管理问题

农民资金互助合作社是一种新型的农村合作金融组织形式。2006 年 12 月银监会出台的《关于调整放宽农村地区银行业金融机构准入政策若干意见》为农民资金互助合作社颁发了"准生证"，合作社的成员是农民和农村小企业，其性质是为社员提供金融服务，实行社员民主管理的社区性信用合作组织。根据《农村资金互助社管理暂行规定》，资金互助社执行国家有关金融企业的财务制度和会计准则，进行会计核算。

相比类似于小企业会计准则的《农民专业合作社财务会计制度（试行）》，金融业财务制度和会计准则更加专业，更加复杂，对农民资金互助社的财务人员的会计核算能力和财务管理能力的要求更高。但农民资金互助合作社的人员素质通常并不比普通农民专业合作社的高，因此其会计核算和财务管理的薄弱也更加明显。多数合作社的财务人员保留在记流水账的水平上，对于互助社的资金流入和贷出没有严密的控制，更谈不上对贷款的风险预防和控制。因此很多合作社并不能完成正确的会计核算，也不能进行严密的财务管理，更不用说做出正确的财务管理决策和开发出有吸引力的金融产品。

对于这些问题，一是需要建立更加适合资金互助合作社的财会制度和会计准则，并进行充分的培训；二是要加强对资金互助合作社的引导、管理和监

---

① 《中华人民共和国增值税暂行条例》（国务院令第 538 号）第十六条："纳税人兼营免税、减税项目的，应当分别核算免税、减税项目的销售额；未分别核算销售额的，不得免税、减税。"

督，否则资金互助社的经营失败会严重损害农民的利益；三是在实践中探索更多的模式，开发更适合的金融产品，从而增加合作社的吸引力，降低合作社的财务风险。

（三）合作社收支的分类管理

1. 合作社的盈利性

《农民专业合作社法》指出，农民专业合作社是一种互助性经济组织。农民之所以愿意参加合作社，归根到底是因为他们加入这一组织后能够获得利益。总的来说，农民专业合作社有可能为农民提供两类利益：一是向成员提供服务。比如合作社的重要收入来源之一是服务收入，主要包括委托代购收入、委托代销收入和运输、技术、信息等方面的服务收入。我们从合作社的报表中能看到服务收入是合作社盈余的来源之一，但这些收入为成员带来的好处却并不能清楚地在合作社报表上显示。以委托代购服务为例，如果农民以个人的方式去向供应商购买农业生产资料，那么供应商能提供的只能是零售价，而以合作社的方式联合购买则成员能享受到的是批发价加上向合作社支付的手续费。如果批发价加上手续费仍低于零售价，那成员就从加入合作社这一行为中得到了好处。成员可以从合作社中获得的另一类利益是分享合作社的盈余。合作社的盈余可以从服务收入中产生，也可以从合作社自身开展农业生产经营活动中获取。与提供服务收入比较，合作社自身经营收益的获得显然具有更大的风险，当然也有获得更大收益的可能。

那么农民合作社是否需要盈利呢？经济组织的性质决定其发展模式。如果纯粹是向成员提供服务，从性质上来说，这样的合作社有可能偏向于非营利性组织，其功能可以设定为弥补市场和政府的双重失灵，满足农民对公共产品的多元化需求。在这种情况下服务费的手续费收取只需要覆盖其提供服务的成本即可，不一定必须是盈利性的。也就是说，合作社只以成员为服务对象，不以盈利为目的。然而这一非盈利性设定有一个关键问题没有解决——谁愿意提供这一服务？如何解决搭便车的问题？尽管从定义上来说，合作社是农民的联合，但事实上合作社的实际运作不可能还是联合行动，必须依靠合作社的管理者。当然我们可以设计成轮流管理，但这在实践中显然很难行得通，毕竟不可能人人都是能人、带头人。此外，如何防止实际管理人侵害普通成员的利益也是需要考虑的。要让合作社长久运行下去，必须要有解决这一问题的机制。正是因为这些问题，大多数情况下，农民合作社还是成为一个盈利性组织，同时兼顾其服务功能。成员从合作社获取的利益，一是获取服务，二是获得盈余分配，合作社的盈余分配也同时考虑了服务（以交易量衡量）和资本（以出资额为依据）。

2. 合作社的收支现状

到目前为止，全国农民专业合作社的历年盈利数据并没有系统的公开信息，更不会有收入和支出水平这些更加详细的信息。我们可以将合作社分成三类：盈利、亏损和空壳合作社。相应的，盈利合作社必然是收入大于支出，亏损的则反过来，空壳合作社由于没有经营活动，其真实的收入应为零，支出则是保持"壳"所需要支出的费用。那么这三类合作社各自的比例是多少呢？各地情况不一而足，我们可以从下面的案例中得到一些启示。

案例 海南省农民合作社的运行状况和分类管理[①]

据 2013 年 8 月海南日报记者报道，海南省 8 500 多家农民专业合作社中，只有 1/3 的合作社正常运行。剩余 2/3 的合作社中，半运行和不运行的合作社各占一半。2014 年 8 月，省农业厅基本完成全省农民专业合作社的信息采集工作，将 4 521 家撤销不运营的、电话不接的、空号或停机的、无联系方式的或违规操作的合作社列入"不诚信合作社"名单。下一步，省农业厅将对信息采集录入工作实现动态化、持续性管理。利用合作社信息管理系统掌握的信息，对全省合作社情况进行分类、公布和管理，按照国家级、省级示范社、正常运作的合作社、不正常运作的合作社、有违规问题的合作社等进行归类管理。

示范社和正常运作的合作社中，成功模式可以归纳为以下四类：

一是地区产业经济模式。以儋州为例，在一批成功经营的农民专业合作社的推动下，该市形成了四大特色产业：南部的橡胶产业、中部的瓜果菜产业、北部的畜牧养殖产业和沿海一带的海洋养殖产业。这些专业合作社带动了当地农户收入的增加，以 2012 年为例，该市加入合作社的农民人均纯收入比全省平均水平高出 1 300 元。

二是大企业、专业大户、科研院所＋合作社方式。以儋州石屋有利橡胶购销专业合作社为例，该合作社于 2007 年 8 月成立，最初通过与胶乳收购商和橡胶加工公司的合作解决了成员胶乳或胶片的销售，四年后又和海南美联祥顺橡胶有限公司共同出资设立海南中橡橡胶产业有限公司，对初级橡胶原料进行加工，从而提高产品附加值。六年时间里通过与众多企业的横向合作，该合作

---

① 根据下列报道整理：海南日报，我省将对农民合作社进行分类管理，4 500 多家合作社入不诚信名单，2014 年 8 月 12 日，记者况昌勋。海南日报，海南 8 500 多家农民专业合作社大半未正常运行，2013 年 8 月 7 日，记者易宗平。

社的成员数量几乎达到成立时的 10 倍，注册资金从最初的 9.5 万元发展到 2013 年的 500 万元，年营业额更是突破 5 000 万元。

三是合作社保利回收产品和规范化服务方式。以儋州中投特种养殖种苗基地为例，该基地通过合作社带动周边农民养殖龟苗，合作社实行"六统一分一保"模式："六统"即统一种苗、饲料、防疫、回收、价格、培训，"一分"即分散到农户养殖，"一保"即保底保利回收。合作社提供了规范化的采购标准、生产质量标准和技术标准，同时也统一产品的包装和销售，并通过保底保利回收大大降低了成员的经营风险且保证了成员的保底收入，从而吸引了更多农户的加入。

四是政府扶持示范社方式。海南省于 2014 年拨出 5 200 万元补助资金，重点扶持 100 家农民专业合作社示范社。扶持内容包括帮助建立规范的合作社管理制度，在示范合作社内按时召开成员代表大会，建立理事会、监事会、财务管理、盈余分配、社员管理等制度，帮助合作社积极申请商标，建立品牌等，示范合作社的创办和健康发展为省内合作社发展充分发挥了示范效应。此外，海南省实行示范社动态评选制度，即每年都要在经营规模、服务能力、品牌经营和带动农户等方面进行严格的监测，符合要求的保留示范社称号或新加入示范社行列，监测不合格的则会被"摘帽"。

不正常运作和有违规问题的合作社主要表现为以下几种模式。

第一种是套利式，即只是为了套取补贴而成立合作社。例如儋州市民质疑一家有机蔬菜农民专业合作社套取了政府平价菜店补贴资金。该合作社管理平价菜店，平价菜店销售的蔬菜由其种植的 600 亩蔬菜大棚供应，因此这些大棚可以享受政府的补贴资金，每亩 1.5 万元。然而有儋州市民提出该合作社基地有撂荒现象，其管理的平价菜店要么菜价高，要么蔬菜断供而经营其他货物，且只经营 3 个月就转让了，属于套取补贴。对此儋州市相关管理部门表示由于没有统一验收，是否套取补贴难以判断。

第二种是逃税避税式。由于合作社享受国家规定的对农业生产经营经济活动的税收优惠政策，有些企业牵头成立合作社，但事实上只是为了让合作社之外的企业的其他非优惠农产品"搭车"销售，从而享受相应税收优惠政策。这样的企业并不会关心合作社的实际运作，只是钻政策空子而已，合作社的发展自然成为一句空话。

第三种是空壳式，即合作社虽然已经注册，但没有真实经济活动，同时也不注销。例如临高县一家蔬菜合作社由于经营亏损加上自然灾害原因，已经连续两年没有发动社员种植蔬菜，实际上成为一个"空壳"，但其负责人仍然不去注销。其背后原因是合作社不像企业那样要定期向税务局申报，每年要进行年检，因此基本没有壳成本，也就没有去主动注销的动力。除了经营不善导致空壳外，也还有一些空壳合作社是因为套取补贴的目的已经达成，没必要再维持合作社的运行。

第四种是失语式，即合作社由企业或某个家族控制，普通成员无法进入决策层，重要事项上毫无发言权，正当利益得不到保障，因此不愿加入合作社，或者是加入后又选择退出合作社。

上述案例也是全国各地农民合作社发展状况的一个缩影。三类合作社的收支管理也应该遵循不同的原则。

对于已经盈利的农民专业合作社来说，管理重点是在保持现有收入水平的情况下，积极开源节流，从多渠道、多层次扩大收入来源，并加强成本费用的管理，注重规模扩大后相应的财务风险的控制。继续增加合作社的盈余积累，壮大合作社的实力。

而对于经营不善的合作社来说，寻找其盈利突破口是首要任务。一是借鉴成功的合作社的有效经营模式，例如前述的"六统"模式，扩大合作社服务范围。合作社通过统一采购、统一生产技术和生产标准、统一运输、统一品牌、统一销售、统一价格等，实现规模效益，降低成员及合作社生产经营的成本和风险，并收取适当的服务费用，从而使合作社在补偿服务成本后还有盈余。有了盈余后才能进行盈余分配，并扩大合作社的实力，合作社才能有吸引力，才能长久经营下去。二是从有偿服务之外的其他渠道努力增加合作社的收入。合作社可以对收购的初级农产品进行深加工，获得更高的经济附加值，从而实现更大的盈余。除了对成员提供服务之外，合作社还可以对非合作社成员提供优质的专业服务，服务价格可以是市场价格或略低于市价。此外，当合作社实力壮大，有更多的资源积累时也可以在适当的时候对外投资，获取投资收益。当然在增收的同时合作社务必注重成本费用的管理和风险的防范。

而对于有违规问题的合作社，这时的收支管理就是针对相关监管部门而言，其管理原则和前两类恰好相反，即通过制度的完善和监督的严密减少甚至取消这类合作社的违规收入，尽量增大其违规成本，从而缩小这类合作社的生存空间。

第八章 农民合作社的盈余管理及核算研究

盈余是一定会计期间收入与费用配比的结果，任何企业的财务目标都应当包含实现盈余的最大化，农民合作社也不例外。盈余管理及核算是农民合作社财务管理的重要内容，本章从盈余的概念界定、会计核算、盈余管理的现状和问题、先进经验以及对策思路等方面展开讨论。

一、农民合作社盈余概述

在研究农民合作社盈余分配之前，首先对农民专业合作社盈余进行含义界定，并在此基础上分析盈余管理或分配的基本特点。

（一）农民专业合作社盈余的含义界定

无论是自然科学，还是社会科学，明确所研究的基本概念可以避免不必要的争议。对于盈余，至少可以从两个维度来考查，即经济学和会计学两个维度。

从经济学维度来看，盈余是指企业在一定时期内所创造的剩余价值，经济学常识告诉我们，产品价值通常由三部分构成，即 C（不变成本）＋V（可变成本）＋M（剩余价值），盈余是指 M 部分，也可以界定为企业总收入扣除折旧费和对外固定合约支出后的剩余额。在数量上，相当于企业新创造的全部价值。鉴于此，农民专业合作社的盈余是指农民合作社在一定期间内所创造的剩余价值。

从会计学的维度来看，盈余是一个时期指标，而非时点指标，是指在一定时期内，企业已经实现的收入与其相关的成本费用之间的差额。这里收入是广义的概念，指企业在生产经营活动中所取得所有营业收入和营业外收入；成本是指为取得收入或完成经营活动所产生的费用。考虑到所得税的影响，可以把会计盈余分为税前盈余和税后盈余。鉴于税收的强制性，将所得税作为一项成本费用比较合适。所以，本章把农民合作社的盈余界定为税后盈余。

我国《农民专业合作社财务会计制度（试行）》对农民专业合作社的盈余进行了明确规定。根据这一会计制度，农民专业合作社本年盈余的计算公式为：

本年盈余＝经营收益＋其他收入－其他支出，其中，经营收益＝经营收入＋投资收益－经营支出－管理费用。

其中，经营收入是指合作社为成员提供农业生产资料的购买，农产品的销售、加工、运输、贮藏以及农业生产经营有关的技术、信息等服务取得的收入，以及销售合作社自己生产的产品、对非成员提供劳务等所取得的收入。投资收益是指投资所取得的收益扣除发生的投资损失后的数额。投资收益包括对外投资分配的利润、现金股利和债券利息，以及投资到期收回或者中途转让取得高于账面余额的差额等。投资损失包括投资到期收回或者中途转让取得款项低于账面余额的差额。经营支出是指合作社为成员提供农业生产资料，农产品的销售、加工、运输、贮藏以及农业生产经营有关的技术、信息等服务所发生的实际支出，以及因销售合作社自己生产的产品、对非成员提供劳务等活动发生的实际成本。管理费用是指合作社管理活动发生的各项支出，包括管理人员的工资、办公费、差旅费、管理用固定资产折旧、业务招待费、无形资产摊销等。

一般来说，分配的基本构成要素有三个方面：分配对象、分配关系、分配关系主体。分配关系主体，包括履行一定分配职能的分配主体和承受相应分配结果的分配接受主体。分配主体是指享有分配职权，按照一定的规则，遵循特定的程序，将特定社会财产和利益在不同主体间进行分配的组织和个人。分配接受主体，即通过分配活动能够获得分配对象——社会财富和利益——的组织和个人。

（二）分配主体和分配接受主体

1. 分配主体

在农民专业合作社中，分配主体享有分配职权，它掌握着把合作社的盈余分配给谁、分配多少、采取什么样的具体分配方式等方面的重大决策权。在中国，组织编制盈余分配方案是理事长或理事会的法定职权。成员（代表）大会负责审批理事长或理事会编制的盈余分配方案。成员（代表）大会只是盈余分配方案的表决机构，而负责盈余分配具体事务的是理事长或理事会。分配主体应当是承担盈余分配具体事务的理事长或理事会。在很多国家的农民合作社中，理事会都是合作社的必设机构。但是，在我国，基于对合作社发展不均衡的认识，立法者并没有规定合作社一定要设置理事会。因此，理事会并不是合作社的必设机构。是否设置理事会，由合作社自主选择，法律不做强制性要求。在这种法律规定的背景下，理事长就成为合作社经营管理决策的核心。这种将分配职权集中于理事长一人的做法是合适的。一方面，一人专权难以实现合作社盈余分配的民主决策。盈余分配是一个涉及多方利益的重大事项，应当是一个多方参与、共同协商、在反复博弈的基础上达成一致意见的过程，理事长一人决策不符合合作社民主管理的原则；另一方面，权力集中于理事长一人，存在权力被滥用的风险。特别是在盈余分配过程中，作为理性的经济人，如果相关监督机制不健全，在巨大的利益诱惑面前，谁也无法保证理事长能够做到严于律己、公平公正。因此，没有集体领导的合作社很容易背离合作社的最初目标。一旦理事长出现信誉危机，合作社的发展就会出现问题，合作社成员的利益就会遭受损害。因此，随着我国合作社的日益发展和成熟，在未来修改《农民专业合作社法》时应将理事会设为法定机构，防止理事长的独断专行。

2. 分配接受主体

盈余分配请求权是农民专业合作社成员的一项基本权利。据此，农民专业合作社成员有权请求参与合作社盈余分配。农民专业合作社盈余分配的接受主体自然属于合作社成员。农民专业合作社成员利用合作社、与合作社发生交易才产生了合作社的盈余，合作社成员是合作社盈余的创造者、贡献者。不可否认，合作社也会与非成员发生交易。而且，我国法律对于合作社与非成员之间的交易并没有做出限制。合作社与非成员之间的交易也会产生剩余，但是合作社与非成员之间的交易是外部交易，与一般企业的交易活动没有区别，这种外部交易以盈利为目的。严格来说，合作社与非成员之间的交易产生的剩余应该叫做利润。所以，法律虽然允许非成员与合作社的交易，但是绝对禁止非成员参与合作社的盈余分配。

我国农民专业合作社成员分为生产性成员和投资性成员，前者主要是普通的农民成员，后者主要是龙头企业或生产大户。农民专业合作社的盈余分配制度倾向于让合作社中的普通农民成员在盈余分配中占据主导地位，获取合作社盈余的绝大部分。但是，农民成员普遍素质不高、能力不强、资金不多的状况使得普通农民成员难以成为合作社的中坚力量。在这种情况下，龙头企业或生产大户等就成为合作社发展的核心力量。他们懂得技术、了解市场、掌握资本，具有较强的生产经营管理能力。为了吸引他们的资金投入，也为了调动其参与合作社经营管理的积极性，合作社往往给这部分"核心成员"以较高的收入回报，以致很多合作社突破现行法律规定，按交易量（额）返还盈余的远远比例低于60%，盈余分配主要以股金分红为主。由此形成的状况是，绝大部分合作社盈余为那些生产大户或龙头企业等投资性成员所得，而法律刻意保护的那些普通农民只能享受合作社提供的优惠生产资料供应、技术服务及很少的惠顾返还。但是过高的股金分红比例，容易造成股金较少的普通农民成员的利益流失，最终导致合作社聚集众多农民并不断吸引更多农民加入的目标难以实现。

（三）农民专业合作社盈余分配的基本特点

分配是一个内涵丰富的经济学和法律概念。简而言之，分配是指依据特定的规则和程序，一定的财产或权益在不同社会主体之间发生的流转和变动。农民合作社的盈余分配，是指将合作社的盈余依据一定的分配标准和分配程序在合作社成员之间的分割。众所周知，市场经济最重要的市场主体是企业，其中公司是企业最典型的组织形式。农民合作社作为一种特殊的企业组织形式，在一定程度上参考了公司的制度框架，但具有自身的特殊性。因此，与公司相比，农民合作社的盈余分配制度有自己的独特之处。

1. 盈余分配的主要依据是交易额

农民合作社基本上是人合或劳合组织，社员出资的主要目的不是为了谋求资本收益，而是为劳动合作提供必要的物资条件，合作社旨在为成员提供服务，交易对象主要发生在合作社与成员之间，因此，合作社的盈余实行惠顾返还，即以成员与合作社的交易量为依据来分配。我国《农民专业合作社法》规定，农民专业合作社的盈余主要按照成员与农民专业合作社的交易量（额）比例返还。为了弥补合作社的资金来源不足，合作社法鼓励成员或合作社以外的人向合作社投资，并允许股金分红的盈余分配方式，但这只是补充方式，从属于按交易量分配的方式。与合作社不同，公司是一种典型的资合组织，股东投资的目的是追求资本增值，所以公司盈余的分配主要以股东出资额或股份作为分配标准，实行按资分配。

2. 股权收益有上限要求

根据《农民专业合作社法》的规定，合作社在弥补亏损、提取公积金后的当年盈余，为合作社的可分配盈余。可分配盈余按照交易额（量）返还总额不得低于可分配盈余的60%。由此得知，合作社法对股权收益作了上限的规定，即股权收益比例不得超过可分配盈余的40%，这是合作社盈余分配的一个重要特征。而根据公司法的规定，公司股东按照投资份额或比例享有资产收益、选择管理者和重大决策的权利。公司的盈余分配根据公司章程自治，并无比例上的限制。

3. 成员退出时可要求退还出资

农民专业合作社盈余分配方式的特殊性还表现在以账户形式分配盈余以及成员退出时仍可要求退还出资等。

（1）根据《农民专业合作社法》的规定，农民专业合作社应当为每个成员设立成员账户，主要记载该成员的出资额、量化为该成员的公积金份额以及该成员与本社的交易量（额），合作社以成员账户的形式进行盈余分配。而公司的盈余分配主要是根据股东所持公司股份的多少，以股息和红利的方式向股东分配公司盈余。

（2）成员在合作社存续期间退出时仍可享受盈余分配。根据《农民专业合作社法》规定，成员资格终止的，合作社应当按照章程规定的方式和期限，退还记载在该成员账户内的出资额和公积金份额，对成员资格终止前的可分配盈余可依具体规定向其返还。而公司法规定，投资者将资本投入公司后，不得撤回出资，只能采用转让股权等方式退出公司。由此看出，与公司法人财产理念不同，合作社的成员退出时仍然可以有条件地收回其在合作社的投资，并且对其在合作社期间的盈余享有分配请求权。

4. 可供分配资金的多样化

农民专业合作社可供分配的资金比较丰富，包括公积金、国家财政直接补助、他人捐赠以及合作社合法取得的其他资产所形成的财产。而公司盈余分配资金比较单一，通常采用股息和红利的方式，即公司的盈余在弥补亏损、提取公积金、公益金等各项费用之后的剩余部分。

（四）农民专业合作社盈余分配中的价值冲突

一般来说，公平与效率分别处于两极，效率与公平是异向变化的，即效率的增加会导致公平的减少。相反，公平的增加则会导致效率的减少，但这也并不是绝对的。在一定条件下和一定范围内，效率与公平的变化也可以是同向的。一方面，公平的实现促进效率的提升。分配公平主要包含两层意思：贡献与回报相适应以及机会均等。在合作社的发展实践中，如果各参与者能获得与其贡献相适应的回报，分享盈余时机会均等，合作社成员继续参与、支持合作社发展的积极性就会被充分调动起来，从而促进合作社效率的增加。另一方面，效率的提高也会促进公平的实现。合作社效率的提高意味着合作社收益的增加，如此，合作社才能更好地满足成员的利益需要，进而实现更高层次的公平目标。但是，在收益一定的条件下，过分追求公平可能会挫伤对合作社贡献较大的成员的积极性；同样，单纯追求效率而忽视公平，又会加剧合作社中各利益主体之间的利益摩擦与矛盾，挫伤广大农民成员的积极性。所以，在合作社的盈余分配中必须寻求公平与效率的适度平衡，既不能让"公平优先"异化为"平均主义"，又不能让兼顾效率背离合作社的本质属性。农民专业合作社作为一种介于公益法人和营利法人之间的中间法人，其经营宗旨具有公平与效率的双重目标。但合作社主要是弱者的联合组织。针对弱势群体的分配制度不能以效率为导向，而应追求公平，而这种公平应当是体现对弱者倾斜性保护的实质公平。

在合作社的盈余分配中要体现公平优先原则，至少应做到以下几点：①成员权利平等。合作社的建立和发展以成员之间的平等合作为基础，在合作社中，无论实力强弱，成员在合作社中的地位以及对利益追求的权利是平等的。②合作社盈余分配的标准要获得成员普遍认可和接受。合理的分配标准是保证盈余分配结果公平的前提。合作社盈余分配标准应在合作社章程中明确规定，或者经成员（代表）大会决议。③在盈余分配中要体现每个合作社成员的贡献，同时应允许分配结果存在合理的差距，而"差异的存在最终应有益于地位最低者"。实质公平理念的一项重要内容就是正当的差别待遇。在合作社盈余分配中，应当践行"正当的差别待遇"，对于合作社弱势群体利益实行倾斜性保护。为了营利，合作社必须兼顾效率目标。市场经济下的激烈竞争早已促使合作社放弃"不以营利为目的"的原则，转而从事追求利润的盈利性活动。如今，合作社要实现盈利，必然要追求经济效率。不注重经济效率的合作社注定要在市场竞争的洪流中被淘汰出局。

农民专业合作社要在盈余分配中注重效率，主要应处理好以下几个方面的问题：①充分调动出资者的投资积极性，使其所投资本的贡献得到合理评价，并充分体现在盈余分配中；②调动经营者的积极性，使其管理才能及所面临风险的价值得到合理评估，并体现在利益分配中；③调动农民成员的积极性，满足农民成员的多种利益需求，使农民成员获得经济实惠，其劳动贡献和资金贡献能够合理体现；④合理确定积累与分配的比例关系，一方面，应使成员的劳动和资本得到及时的回报，以提高成员的积极性；另一方面，应着眼于合作社的长远利益，为合作社的持续发展进行必要而适度的积累。

二、农民合作社盈余和盈余分配的会计核算

农民专业合作社的盈余分配，是指把当年已经确定的盈余总额连同以前年度的未分配盈余按照一定的标准进行合理分配。盈余分配是合作社财务管理和会计核算的重要环节，关系到合作社及其成员的切身利益，具有很强的政策性。因此，合作社必须严格遵守法律、法规和章程等有关规定，按要求搞好盈余分配工作。

（一）农民专业合作社盈余分配的对象

历史证明，早期人们追求社会公正与公平价值的热情极大地推动了合作事

业的发展。然而，农业合作社的出现主要是寻求经济上的目标。简而言之，人们决定是否加入合作社主要取决于合作社能为其带来多大的收益。也就是说，无论学者对合作社寄予多么崇高的"社会理想"，人们加入合作社最现实也是最大的动因是获取经济利益。可分配盈余就是人们在加入合作社后所获经济利益的最显著表现。作为农民专业合作社盈余分配的对象，可分配盈余是农民专业合作社在弥补亏损，提取公共积累后剩余的那部分盈余。

分配问题必然涉及到积累与分配两个方面，二者是此消彼长的关系。首先，一定数量的资金积累是合作社长远发展的物质保障。在分配盈余之前，合作社通常会根据自身需要提取一定比例的公共积累。合作社提取的公共积累应该适度，提取过多会削减合作社成员的可分配盈余，影响成员继续参与合作社的积极性，提取过少则不利于合作社的长远发展。其次，合作社应当让每一个成员获得与其对合作社的贡献相当的可分配盈余。当然，成员获得的可分配盈余不宜过多，分配过多或分光吃净的做法势必会减少合作社的积累资金，导致合作社发展后劲不足，不利于合作社的可持续发展。因此，在合作社的盈余分配过程中，要兼顾合作社成员的个体利益与合作社的整体利益，绝对不能顾此失彼。其实，归根到底，这是个成员的眼前利益与长远利益的问题。农民专业合作社在对"可分配盈余"分配前，弥补亏损、提取公积金就是着眼于合作社的长远发展，亦是照顾合作社成员长远利益的未雨绸缪之策。

1. 弥补亏损

合作社的盈余在进行分配前，首先要弥补亏损。与公司强调资本维持不同，合作社并没有像公司那样严格的资本制度。甚至有学者认为，农民专业合作社根本没有资本制度。农民专业合作社有无资本制度暂且不论，但是，合作社的存在与发展必然离不开资本的支撑。而且，随着合作社事业的开展，合作社业务范围不断扩展，资本将在合作社的发展中起着至关重要的作用。在分配之前利用合作社当年盈余弥补亏损，能够填补合作社自有资本的缺口，保证合作社的长远发展。同时，分配之前弥补亏损能够保证合作社清偿债务能力，对于债权人来说，这也是一种很好的债权人利益保护措施。因此，弥补亏损成了合作社盈余分配前必不可少的第一个步骤。

2. 提取公积金

（1）公积金的提取方式。作为合作社的公共积累，公积金是合作社可持续发展的资金保障，是合作社进一步发展的物质基础。很多国家都在相关法律中对合作社公积金的提取作出了强制性规定。不同于其他国家和地区公积金强制性提取的规定，我国《农民专业合作社法》充分尊重合作社成员的意思自治，将是否提取公积金及公积金的提取比例等事项授权于农民专业合作社，由合作社根据自身需求自主决定。

　　但这种规定也会带来一些问题。对于合作社任意公积金的规定，有学者认为公积金提取金额不确定是目前合作社盈余分配制度存在的不足。公积金提取比例不易确定，立法者只好绕开这一难题。其实，合作社法完全可以借鉴公司法的做法，规定一个法定公积金和任意公积金，法定公积金应当有明确的比例，任意公积金则由合作社自己决定。

　　事实上，公司法对于公积金的提取作出强制性规定，更多是出于对债权人利益保护的一种制度设计，其作用在于不但巩固了公司的资本基础，而且也提高公司对债权人的清偿能力，是构筑保护债权人利益的又一道防护堤。

　　可以说，公积金在一定程度上构成了对债权的担保。但是，法定公积金制度保护债权的功能越来越受到质疑。因为，按照法定公积金的制度要求，只有盈利的公司才须从税后利润中提取公积金，亏损的公司则不需要提取。问题就在于，盈利的公司清偿债务的能力较大，反而需要提取公积金以增加债权担保；而亏损的公司清偿债务的能力较小，反而不需要提取公积金。这不是与法定公积金的制度初衷背道而驰吗？因此，对于债权人的保护，法定公积金制度的作用可谓捉襟见肘。

　　从法定公积金担保债权实现的角度看，因为该功能自身存在的严重缺陷，已经不能作为在合作社中规定法定公积金制度的充分理由；从公积金可以保证合作社可持续发展的角度看，合作社的发展是内部经营问题，作为一直强调自治性的市场主体，合作社有权自主决定是否需要提取公积金"以备后患"。而且，由合作社成员自己决定是否提取公积金以及提取公积金的具体比例等事项，亦是合作社成员民主管理原则的题中之意，这对于培养农民专业合作社内部的民主精神大有裨益。因此，我国《农民专业合作社法》尊重合作社成员意思，对公积金实行任意提取方式的做法应当继续维持。

　　（2）公积金的所有权归属。《农民专业合作社法》第四条规定，农民专业合作社对由成员出资、公积金、国家财政直接补助、他人捐赠以及合法取得的其他资产所形成的财产，享有占有、使用和处分的权利，并以上述财产对债务承担责任。农民专业合作社对上述财产可以占有、使用、处分，那么，缺失了"收益"权的农民专业合作社似乎对上述财产（包括公积金）没有完整的所有权。法律承认了农民专业合作社的法人地位，却对合作社的法人所有权遮遮掩掩，不能不让人心生疑惑。根据法人制度的法理，法人是具有独立人格的团体，拥有独立财产是法人成立的必要条件。法人独立财产意指，法人拥有独立于法人成员的财产所有权。法人在拥有属于自己的财产后才能够为自己的行为后果承担完全的财产责任。可以说，法律既然已经对合作社法人地位给予认可，那么合作社拥有财产所有权自然是法人制度的逻辑延伸。因此，农民专业合作社对于包括成员出资、公积金等在内的财产都应该享有完全的所有权。但紧接而来的问题是，合作社成员可以自愿入社，也可以自由退社。法律规定，当成员资格终止时，合作社应当退还记载于成员账户的公积金份额。既然公积金的所有权属于合作社，为何在成员资格终止时要退还记载在成员账户中的公积金份额呢？有学者指出，即使合作社所有的财产数额已经全部纳入了成员个人账户，但是这些财产依然属于合作社法人所有，所以，合作社才能够成为一个独立的市场主体，承担其市场风险，保障交易安全。成员账户所记载的数额，只是对合作社所有的财产一个数额上的虚拟的划分，或者说一个统计意义上的数额而已，并不改变财产所有权归属。但是，一旦成员退社，那么账户上的"虚拟"数额就具体化，进而成员可以从合作社中取回该数量的财产。

由此可知，成员账户只是便利落实入社自愿、退社自由原则及鼓励农民参与农民专业合作社的工具，这一工具的存在并不否定农民专业合作社对成员出资及公积金拥有所有权。

（3）公积金的分割问题。公共积累的分割问题一直是国际合作社联盟刻意回避的"可能发生潜在冲突的领域"。直到1997年，修订后的"社员经济参与原则"将公共积累不可分割写入该基本原则之中。针对公积金分割问题，我国有学者指出公积金属于合作社所有，合作社成员不能分割该笔财产。在我国，农民出资往往较少，农民专业合作社资金十分有限且不稳定，逐渐积累一笔属于合作社自己的资金非常有必要。

同时，亦有观点认为：如果合作社的公共积累不可分割，那么随着合作社的发展，合作社的积累资金会越来越多。然而，合作社的积累比重越大，社员就越是不能对其有效控制，脱离社员监督的合作社资产就会越多。长期以来，我国大多数农民专业合作社对内部的公共积累实行不可分割的原则，目的是为了增强合作社集体的实力。但是，公共积累始终不分割，随着公共积累的增加，合作社成员对这部分财产的控制力会逐渐减弱，而且实践中还出现了公共积累被私吞的问题。事实上，公共积累不可分割原则极有可能滋生大量的借公共积累不可分割，损害合作社及其成员利益的行为。基于公共积累不可分割可能带来的风险，我国《农民专业合作社法》规定，公积金应当按章程规定量化并记载于成员账户。如果合作社成员资格终止，合作社应当退还成员的公积金份额。

经历过20世纪50年代合作社和人民公社的历史，我国农民特别害怕合作社提取的公共积累再次变成"无主财产"。公积金量化到成员账户的规定，可以实现产权的明晰化，是对农民私有产权的尊重，同时，这种规定也将消除农民对合作社的疑虑。其实，"越是强调公积金记在个人账户上等同投资，农民就越愿意提取公积金，发展积累"。

3. 可分配盈余

可分配盈余又被称作合作社对成员的"二次返利"，这是相对于成员购买合作社农业生产资料时所享受的优惠或把农产品出售给合作社时所获得的比非成员更多的收益（即"一次让利"）而言的。利益是合作社成员合作的基础和纽带，也是合作社存在和发展的根本原因和动力。成员参与合作社的基本要求就是：加入合作社能够获得比不加入合作社更大或至少是相同的利益。一般而言，农民专业合作社成员加入合作社之后能够获得的具体利益形式有：优惠的价格，包括合作社向社员高价收购农产品和低价供应农资物品；特殊服务，是指合作社向社员提供产前、产中和产后等环节的各类服务，如农资供应、农产品销售和农业技术指导等；市场环境改善，是指合作社的存在削弱了农资供应市场和产品销售市场上交易商的垄断势力，提高了农户的福利。可以说，价格优惠、特殊服务等都是合作社成员加入合作社的"隐性福利"，是其成为合作社成员获得的"非经济利益"。而对于合作社成员来说，可分配盈余是看得见、摸得着，以经济收入的形式表现出的最直接的利益形式。

（二）盈余分配的顺序

农民专业合作社在做好各项准备工作的基础上，按照《农民专业合作社法》和《合作社财务会计制度（试行）》规定，编制当年的盈余分配方案，经农民专业合作社成员大会批准后，方可执行。盈余分配的顺序如下：

（1）弥补亏损。合作社用本年度的盈余直接弥补以前年度的亏损。

（2）提取盈余公积。合作社的盈余公积主要用于弥补亏损、扩大再生产或者转为成员出资。

（3）盈余返还。合作社弥补亏损和提取公积金后的可分配盈余，按成员与本社交易量（额）比例返还，返还总额不得低于可分配盈余的60％。

（4）剩余盈余分配。合作社按前项规定返还后的剩余部分，以成员账户中记载的出资额和公积金份额，以及本社接受国家财政直接补助和他人捐赠形成的财产平均量化到成员的份额，按比例分配给本社成员。

（三）盈余和盈余分配的会计核算

1. 会计科目设置

为了连续系统地反映和监督农民专业合作社的盈余的形成和分配，需要设置会计科目分类核算。反映盈余的形成的会计科目包括："经营收入""其他收入""投资收益""经营支出""管理费用""其他支出"等；反映盈余的分配的会计科目包括："本年盈余""盈余公积""盈余分配"等科目。会计科目的具体核算要求如下：

（1）经营收入。本科目核算合作社销售产品、提供劳务，以及为成员代购代销、向成员提供技术、信息服务等活动取得的收入。合作社实现经营收入时，应按实际收到或应收的价款，借记"库存现金""银行存款""应收款""成员往来"等科目，贷记本科目。本科目应按经营项目设置明细科目，进行明细核算。年终，应将本科目的余额转入"本年盈余"科目的贷方，结转后本科目应无余额。

（2）其他收入。本科目核算合作社除经营收入以外的其他收入。合作社发生其他收入时，借记"库存现金""银行存款"等科目，贷记本科目。本科目应按其他收入的来源设置明细科目，进行明细核算。年终，应将本科目的余额转入"本年盈余"科目的贷方，结转后本科目应无余额。

（3）投资收益。本科目核算合作社对外投资取得的收益或发生的损失。合作社取得投资收益时，借记"库存现金""银行存款"等科目，贷记本科目；到期收回或转让对外投资时，按实际取得的价款，借记"库存现金""银行存款"等科目，按原账面余额，贷记"对外投资"科目，按实际取得价款和原账面余额的差额，借记或贷记本科目。本科目应按投资项目设置明细科目，进行明细核算。年终，应将本科目的余额转入"本年盈余"科目的贷方；如为净损失，转入"本年盈余"科目的借方，结转后本科目应无余额。

（4）经营支出。本科目核算合作社因销售产品、提供劳务，以及为成员代购代销，向成员提供技术、信息服务等活动发生的支出。合作社发生经营支出时，借记本科目，贷记"产品物资""生产成本""应付工资""成员往来""应付款"等科目。本科目应按经营项目设置明细科目，进行明细核算。年终，应将本科目的余额转入"本年盈余"科目的借方，结转后本科目应无余额。

（5）管理费用。本科目核算合作社为组织和管理生产经营活动而发生的各项支出，包括合作社管理人员的工资、办公费、差旅费、管理用固定资产的折旧、业务招待费、无形资产摊销等。合作社发生管理费用时，借记本科目，贷记"应付工资""库存现金""银行存款""累计折旧""无形资产"等科目。本科目应按管理费用的项目设置明细科目，进行明细核算。年终，应将本科目的余额转入"本年盈余"科目的借方，结转后本科目应无余额。

（6）其他支出。本科目核算合作社发生的除"经营支出""管理费用"以外的其他各项支出，如农业资产死亡毁损支出、损失、固定资产及产品物资的盘亏、损失、罚款支出、利息支出、捐赠支出、无法收回的应收款项损失等。

合作社发生其他支出时，借记本科目，贷记"库存现金""银行存款""产品物资""累计折旧""应付款""固定资产清理"等科目。本科目应按其他支出的项目设置明细科目，进行明细核算。年终，应将本科目的余额转入"本年盈余"科目的借方，结转后本科目应无余额。

（7）盈余公积。本科目核算合作社从盈余中提取的盈余公积。合作社提取盈余公积时，借记"盈余分配"科目，贷记本科目。合作社用盈余公积转增股金或弥补亏损等时，借记本科目，贷记"股金""盈余分配"等科目。本科目应按用途设置明细科目，进行明细核算。本科目期末贷方余额，反映合作社实有的盈余公积数额。

（8）本年盈余。本科目核算合作社本年度实现的盈余。会计期末结转盈余时，应将"经营收入""其他收入"科目的余额转入本科目的贷方，借记"经营收入""其他收入"科目，贷记本科目；同时将"经营支出""管理费用""其他支出"科目的余额转入本科目的借方，借记本科目，贷记"经营支出""管理费用""其他支出"科目。"投资收益"科目的净收益转入本科目的贷方，借记"投资收益"科目，贷记本科目；如为投资净损失，转入本科目的借方，借记本科目，贷记"投资收益"科目。年度终了，应将本年收入和支出相抵后结出的本年实现的净盈余，转入"盈余分配"科目，借记本科目，贷记"盈余分配——未分配盈余"科目；如为净亏损，作相反会计分录，结转后本科目应无余额。

（9）盈余分配。本科目核算合作社当年盈余的分配（或亏损的弥补）和历年分配后的结存余额。本科目设置"各项分配"和"未分配盈余"两个二级科目。合作社用盈余公积弥补亏损时，借记"盈余公积"科目，贷记本科目（未分配盈余）。按规定提取盈余公积时，借记本科目（各项分配），贷记"盈余公积"等科目。按交易量（额）向成员返还盈余时，借记本科目（各项分配），贷记"应付盈余返还"科目。以合作社成员账户中记载的出资额和公积金份额，以及本社接受国家财政直接补助和他人捐赠形成的财产平均量化到成员的份额，按比例分配剩余盈余时，借记本科目（各项分配），贷记"应付剩余盈余"科目。

年终，合作社应将全年实现的盈余总额，自"本年盈余"科目转入本科目，借记"本年盈余"科目，贷记本科目（未分配盈余），如为净亏损，作相反会计分录。同时，将本科目下的"各项分配"明细科目的余额转入本科目"未分配盈余"明细科目，借记本科目（未分配盈余），贷记本科目（各项分配）。年度终了，本科目的"各项分配"明细科目应无余额，"未分配盈余"明细科目的贷方余额表示未分配的盈余，借方余额表示未弥补的亏损。本科目应按盈余的用途设置明细科目，进行明细核算。本科目余额为合作社历年积存的未分配盈余（或未弥补亏损）。

2. 实务举例

下面以星光农民专业合作社有关的经济业务为例，讨论盈余的形成及分配账务处理。

（1）销售小麦 50 吨，每吨售价 700 元，款项已经收存银行。该批小麦的实际成本为 20 000 元。

①实现收入时，会计分录如下：

借：银行存款　　　35 000

　　贷：经营收入——农产品销售收入——小麦　　35 000

②同时结转小麦的成本时，会计分录如下：

借：经营支出——农产品销售支出——小麦　　20 000

　　贷：产品物资——农产品——小麦　　20 000

（2）将自己育成的 50 头猪出售给市肉联厂，每头售价 500 元，货款尚未收到。这批猪的成本为每头 300 元，共计 15 000 元。

①实现销售，会计分录如下：

借：应收款——市肉联厂　　25 000

　　贷：经营收入——农业资产销售收入——猪　　25 000

②同时结转猪的成本，会计分录如下：

借：经营支出——农业资产销售支出——猪　　15 000

　　贷：牲畜（禽）资产——幼畜及育肥畜——猪　　15 000

（3）村民李明因损坏公共设施，被村里罚款 300 元。

①决定罚款时，会计分录如下：

借：成员往来——李明　　300

　　贷：其他收入——罚款收入　　300

②收到李明交来的现金。会计分录如下：

借：库存现金　　300

　　贷：成员往来——李明　　300

（4）接到银行通知，本季度的存款利息 500 元已经到账。会计分录如下：

借：银行存款　　500

　　贷：其他收入——存款利息收入　　500

（5）以现金支付林地管理劳务费 500 元。

借：经营支出——林地管理支出　　500

　　贷：库存现金　　500

（6）月末计提本月管理人员的工资 30 000 元。

借：管理费用——管理人员工资　　30 000

　　贷：应付工资　　30 000

对其他公司进行投资，取得股利 800 元。

借：银行存款　　800

　　贷：投资收益　　800

（7）计提本村公益用固定资产的折旧费用 200 元。

借：其他支出　　200

　　贷：累计折旧　　200

（8）年度终了，应将本年收入和支出相抵后结出的本年实现的盈余，转入"盈余分配"账户贷方，如为净亏损，则转入"盈余分配"账户的借方，结转后本账户应无余额。

本年度共取得经营收入 6 000 元，其他收入 10 000 元，投资收益 8 000 元，发生经营支出 20 000 元，管理费用 40 000 元，其他支出 6 000 元。

①结转各项收入：

借：经营收入　　60 000

　　其他收入　　10 000

　　投资收益　　8 000

　　贷：本年盈余　　78 000

②结转各项支出：

借：本年盈余　　66 000

　　贷：经营支出　　20 000

　　　　管理费用　　40 000

　　　　其他支出　　6 000

转账后，"本年盈余"账户借方发生额为 66 000 元，贷方发生额为 78 000 元。根据借贷方发生额之差，计算出本年度的盈余为 12 000 元，转入"盈余分配"账户：

借：本年盈余　　12 000

　　贷：盈余分配　　12 000

（9）本年度实现盈余 12 000 元，根据经批准的盈余分配方案，按本年盈余的 5% 提取公积金。提取盈余公积后，当年可分配盈余的 70% 按成员与本社交易额比例返还给成员，其余部分平均分配给全体成员。

①结转本年盈余时：

借：本年盈余　　12 000

  贷：盈余分配——未分配盈余 12 000

  ②提取公积金时，按规定的比例计算出提取金额（12 000×5%＝600 元）：

  借：盈余分配——各项分配——提取公积金 600

    贷：盈余公积 600

  ③按成员与本社交易额比例返还盈余时，根据成员账户记录的成员与本社交易额比例，分别计算出返还给每个成员的金额和总额（12 000－600）×70%＝7 980 元：

  借：盈余分配——各项分配——盈余返还 7 980

    贷：应付盈余返还——成员姓名 7 980

  ④分配剩余盈余时，根据成员账户记录的成员出资额和公积金份额，以及国家财政直接补助和他人捐赠形成的财产平均量化到成员的份额，按比例分别计算出分配给每个成员的金额和总额（12 000－600－7 980＝3 420 元）：

  借：盈余分配——各项分配——分配剩余盈余 3 420

    贷：应付剩余盈余——成员姓名 3 420

  ⑤结转各项分配时：

  借：盈余分配——未分配盈余 12 000

    贷：盈余分配——各项分配 12 000

三、农民合作社盈余管理及核算现状及问题

  我国《农民专业合作社法》第二条规定：农民专业合作社是在农村家庭承包经营基础上，同类农产品的生产经营者或者同类农业生产经营服务的提供者、利用者，自愿联合、民主管理的互助性经济组织。农民专业合作社是一种特殊的法人实体，它具有社会公平和经济效率的双重性（黄胜忠等，2008），这种双重性决定了合作社既区别于主要关注社会公平的非营利组织，又不同于普通的公司制企业。其中最根本的区别在于合作社的盈余分配制度。众所周知，资本和"资合"性质在公司制企业中的独特地位，决定了公司制企业中按股份分配盈余成为主导；而合作社显然具有较高的"人合"性质，目的在于服务成员，其成员在合作社中发挥重要作用，这导致在合作社中按交易量（额）分配占据主导地位，这也是合作社法关于盈余分配的规定。非营利组织通常不涉及盈余分配的问题。

（一）盈余分配制度概述

  从理论和现实来看，盈余分配制度是农民专业合作社制度的核心构建，体

现和折射出合作社产权、合作社治理机制以及合作社企业家的治理水平，同时也是合作社经济绩效的反映。在一定意义上，有效的盈余分配制度是合作社发展的灵魂，是合作社吸引农民加入的核心制度安排，能够提高农民的加入积极性，是合作社稳定发展和壮大的关键因素。有鉴于此，需要从历史发展的眼光，参考国际惯例对我国合作社的盈余分配制度进行重新审视。

盈余分配理论或从历史发展的演进来看，盈余分配理论主要有两大观点，即按劳分配和按生产要素分配。参考合作社盈余分配的国际惯例，我们发现，我国合作社的盈余分配制度存在公共积累、交易量（额）返还上存在缺陷，管理者才能需要在盈余分配中予以充分考虑。自从2007年《农民专业合作社法》实施以来，合作社的发展迅速，但也出现了一些问题，这客观上要求对相关法律进行修订，以更好地发挥法律的规范性和引领性功能。

（二）合作社盈余分配原则的演变

盈余分配是合作社运行机制中的核心制度，事关每一个社员的经济利益以及是否体现出了合作社的核心价值。孔祥智、周振（2014）认为，国际合作社盈余分配制度的发展演变大致上分为四个发展阶段。

第一阶段：何瓦斯盈余分配原则。

1844年成立于英国的罗虚代尔公平先锋社是世界上第一个具有完整意义合作社。何瓦斯（Charles Howarth）是该社28位创立成员之一，他提出的按交易量（额）返还的原则成为早期合作社的重要盈余分配原则。在何瓦斯的主张下，罗虚代尔公平先锋社制定了如下盈余分配原则："即合作社社员分配盈余按照社员的购物多寡比例进行分配，而不考虑社员出资认股的多寡"。何瓦斯认为这样能够鼓励社员更多地惠顾合作社，这也成为一种激励机制。后来这一原则被称为"何瓦斯分配制"。

第二阶段：1937年的罗虚代尔分配原则。

成立于1895年的国际合作社联盟（ICA）的一个重要目标就是阐明和推行合作社原则，并"罗虚代尔原则"确立为各国推行合作社制度的基本原则，即合作社的盈余分配按惠顾额分配盈余。但是，在1930年以前，在联盟内部成员之间对合作社原则并未达成共识。1937年ICA在巴黎召开大会，重申了罗虚代尔原则。涉及合作社盈余分配原则的有两项：一是盈余按社员的交易额比例分配给社员。盈余分配的原则是在社员中按他们对合作社经营的贡献的比例分配，无论这种贡献是购买额，还是产品交售量或者劳动（唐宗焜，2012）。这一原则将交易额的概念扩大为对合作社的贡献，既有产品销售、产品购买又有劳动付出。二是资本有限利息。合作社坚持有限利率支付股息或不付股息的原则，从制度上体现了"人的联合，而不是资本的联合"。自罗虚代尔公平先锋社以来合作社基本未变的原则就包括按交易额分配盈余和资本报酬有限。

第三阶段：1966年修订的合作社分配原则。

1966年国际合作社联盟对合作社的盈余分配原则进行了如下修订：一是提取部分剩余作为合作社营业发展的公积金；二是提取部分剩余作为为社员提供服务的公积金；三是在社员中按他们同合作社的交易额比例分配部分剩余；四是股份资本如果有利息的话，只接受严格限制的利率。公积金与交易额提取剩余的比例由社员民主决定。修订的合作社分配原则增加了在剩余中提取公积金的规定，强调合作社的盈利和积累归社员所有，降低了按交易额分配的份额，突出了对合作社发展的要求和为社员提供服务的职责。按交易额分配盈余和资本报酬有限原则再次被重申。

第四阶段：1995年重新阐明的合作社分配原则。

1995年即国际合作社联盟成立一百周年，ICA在英国曼彻斯特举行的联盟成立百年代表大会上通过了《关于合作社界定的声明》，在合作社的"社员经济参与"原则中重新阐明了合作社的盈余分配原则———社员分配盈余用于如下某项或所有各项目的：可以建立公积金来发展他们的合作社，公积金至少有一部分是不可分割的；按社员同合作社交易额的比例向社员返利；支持社员认可的其他活动。该原则首次明确了对成员"扩大投资"部分报酬的处理问题，提出对于成员"扩大投资"的部分可以按股分红。此次修改既能保障资本在合作社经济参与中价值的回报，也有利于合作社获得额外资金投入。此外，还强调必须有一部分公共积累不可分割。一方面，公共积累可以供合作社扩张购置共有专用资产以及平衡不同年景的报酬；另一方面，公共积累是构建和增扩合作社的信用基础。

考察合作社盈余分配原则的发展历程，主要呈现出如下规律：一是强调盈余按交易量（额）返还，同时交易量（额）的内涵从最初的销售量、购买量扩展到还包括劳动在内的多种贡献。合作社盈余分配的依据不是服从于投资者的，而是服从于惠顾者的。按股本分配意味着剩余权是事先按股份确定的，而按交易量（额）分配意味着剩余索取权是事后按惠顾额确定的。两者的差异表明按股分配实际上代表资本提供者的利益，而按交易量（额）分配则真正代表内部交易对象的利益，使交易的合作剩余充分内部化，从而真正保护交易对象的利益。二是始终强调限制资本有限利息，逐渐形成"扩大投资"享有分红的共识。合作社自始至终都强调基本股金有限利息，基本股金仅仅能获得相当于银行利率的利息；直到1995年合作社原则的再次修订，扩大投资享有红利才被正式确立，这为合作社的发展获得额外资本奠定了制度基础。三是合作社剩余分配的内容逐渐丰富，从增加公积金再到支持社员认可的活动，充分体现了合作社剩余分配内容的多样化。

（三）《农民专业合作社法》中盈余分配原则

《农民专业合作社法》对合作社的盈余分配做了如下规定：

一是提取公积金。第三十五条指出：农民专业合作社可以按照章程规定或者成员大会决议从当年盈余中提取公积金。公积金用于弥补亏损、扩大生产经营或者转为成员出资。每年提取的公积金按照章程规定量化为每个成员的份额。公积金的重要意义在于为合作社的进一步发展积累雄厚的物质基础，也为合作社提高信誉、获得融资奠定基础。

二是按交易量（额）返还为主。指出，"按成员与本社的交易量（额）比例返还，返还总额不得低于可分配盈余的百分之六十"。这一原则体现了合作社以按劳分配为主的特征，交易额越多，对合作社贡献越大，则其盈余分配就越多，这种制度设计能激发合作社成员的劳动积极性，提高合作社的效率，也体现出了合作社"人的联合"的特点。

三是以出资额按比例返还为辅，即资本有限原则。合作社法规定"按前项规定返还后的剩余部分，以成员账户中记载的出资额和公积金份额，以及本社接受国家财政直接补助和他人捐赠形成的财产平均量化到成员的份额，按比例分配给本社成员"。首先按出资额返还是对资本在合作社中所做贡献的回报。不过，相对劳动而言，资本在合作社中的回报较低，这折射出了合作社并非如同公司是"资本联合"的组织。资金报酬有限原则可以有效防止合作社异化为股份公司，保证合作社以劳动联合为主的性质。有的社不愿意投资厂房、机器等固定资产，尤其是较少动用合作社公积金进行投资。不少合作社负责人反映，主要是担心社员退社而要求返还公共积累，从而给合作社造成损失。由此可见，合作社盈余分配中亟待对公共积累是否可分割进行明确的说明。

其次，按交易量（额）返还的基础是股金的一致性，然而这一点与我国当前合作社普遍存在的异质性特征不一致。按交易量（额）分配起源于罗虚代尔公平先锋社，他们制定这样的分配方式是建立在社员出资完全同质性的前提下。而国内合作社成员之间的出资额度差异性较大：一是初始资金投入的差异较大。初始资金一般为理事长或者少数核心成员所投入，普通成员不投入或者投入较少。二是投入的固定资产差异较大。合作社的固定资产，包括办公用房、办公设备等一般为理事长或者少数核心成员提供，较少有普通成员参与固定资产投入。据调查，绝大多数合作社社员入社不需要缴纳股金，合作社出资完全由核心成员提供。倘若按照合作社法所规定剩余索取权的制度安排，即合作社剩余（提取公积金、风险金后的剩余）的 60% 按照交易量（额）进行返还，那么势必会挫伤那些初始资金投入大、固定资产投资额高且交易量（额）较少的社员的积极性。比如在销售大户带动的农民专业合作社里，作为理事长的大户可能没有用于交易的产品，他的作用仅仅是对外销售广大成员的产品。如此一来，势必人为地将大户的剩余索取份额降低，必然会导致大户的参与积极性降低，使得合作社的可持续发展面临挑战。在现实中，我们就看到了不少的合作社出现了制度变异现象，比如孔祥智等（2012）通过对国内百家农民专业合作社的调查分析发现，约 64.71% 的合作社采取了单纯的按股分红的方式，合作社的盈余分配表现出了较强的亲资本倾向。此外，二次返利的合作社比例也不高，且集中于核心成员。由此可见，在这样的分配制度下，合作社具有较强的异化为股份制企业的内在动力。

再者，《农民专业合作社法》中的"交易量（额）"并不适应国内兴起的土地合作社与农机合作社。近几年来农村劳动力转移加快，加上政策的鼓励与推动，农村土地流转加速，不少地方兴起了土地合作社，即农民以土地作价的方式入股合作社。也有的地方，农机合作社也采用土地作价入股的方式吸收社员。在流入农民土地后，这两种合作社通常采用规模化的方式进行种养殖生产，年终结算时农民以土地作价的股金享有收益分红。在这样的合作社里，社员不参与产品的生产，仅仅是把土地流转给合作社，因而也就没有常规意义上的社员与合作社之间的交易量（额）。倘若按照《农民专业合作社法》的分配要求，合作社面临的首要难题就是找不到符合要求的交易量。也有的上述类型合作社把土地入股量当作交易量，但大部分很难进行这样的制度变通。

最后，合作社管理者的贡献没有纳入到盈余分配中。正如上文所述，体现出各种要素的贡献是当前收入分配理论发展的趋势与特点。同时，纵观国际合作社分配原则，合作社的剩余分配也体现出了对各种要素的贡献。在国际合作社分配原则里，盈余分配是按社员对合作社的贡献比例进行分配的，这种贡献包括购买额、交售量以及劳动。合作社管理者的贡献往往是关系到合作社成败的关键因素。例如，冀县卿（2009）、黄祖辉等（2011）研究指出合作社负责人的企业家才能和成员的人力资本状况是提高合作社效率的关键因素。而管理者或企业家才能的发挥最终会使得企业在发现和利用市场机会、开发新产品和市场、形成组织能力等一系列方面形成竞争优势。管理者才能在现代经济学中已然是等同于土地、劳动与资本的生产要素。目前在国内合作社里，成员之间的劳动投入差异很大。合作社的经营管理工作一般由理事长或者最多由几个核心成员打理，一般成员很少投入或者不投入。

然而，国内大多数合作社的管理人员仅仅获得微薄的固定工资，有的合作社管理人员甚至不领取任何工资或补贴。依照当前《农民专业合作社法》的分配原则，合作社管理人员的企业家才能要素还不能享有到剩余索取权，企业家才能在合作社里被严重地忽视了。这样的分配制度在现实中直接导致的后果便是合作社负责人利用职务之便，挥霍共有财产，这一点可以从合作社内高额的管理成本中可见一斑。孔祥智等（2012）指出国内合作社的经营管理成本与管理费用之和占据了总成本的 52.27%，其中管理费用 19.47%；此外，所谓的"其他"费用高达 20.33%。另一方面，在现实中有时还会出现管理者严重干扰合作社剩余分配的极端情况，如"大农吃小农"，合作社管理者侵占农户利益的精英俘获现象（仝志辉等，2009；"建设社会主义新农村目标、重点与政策研究"课题组，2009）。

四、先进经验及启示

农民合作社的盈余分配标准是合作社成员最终实现自身经济利益的初级保障，是合作社成员权益实现的第一道安全阀。分配标准是合作社成员参与盈余分配的依据，确立合理的分配标准是确保农民专业合作社盈余分配结果公平的前提。虽然农民专业合作社格外强调自治性，注重合作社成员的自我管理。但是在合作社盈余分配的标准上，实行按交易量（额）返还盈余和按股分红两种不同的盈余分配标准。

（一）按交易量（额）返还盈余

按交易量（额）返还盈余，也被称作"按惠顾额返还"，是合作社产生之初确立的分配原则。一直到今天，按交易量（额）返还盈余仍然是各国合作社始终没有抛弃的经典合作社分配原则。可以说，按交易量（额）返还盈余是合作社制度的精髓所在。我国《农民专业合作社法》继承了国际合作社这一经典原则，法律规定，农民专业合作社的盈余主要依据成员与合作社的交易量（额）按比例返还。

1. 按交易量（额）返还盈余的原因

（1）合理的盈余分配方式应由产生盈余的来源决定。合作社收入的主要来源是成员与合作社的交易。合作社成员利用合作社越多，与合作社发生的交易越多，合作社产生的盈余就越多。成员与合作社交易量（额）的多少决定了合作社盈余的数额。在农产品销售合作社，合作社通过为其成员销售农产品赚取经营费用。如果合作社成员都不将农产品卖给合作社（此即与合作社发生交易），合作社就无法运转起来，自然不会有任何剩余。在农业生产资料合作社，合作社购入生产资料后以低于市场的价格卖给合作社成员，合作社从中赚取很少的"利润"。如果合作社成员不购买合作社提供的生产资料（此即与合作社发生交易），合作社就没有盈余可言。所以，对于合作社而言，有交易才有盈余。合作社与成员之间的交易是合作社盈余产生的基础。合作社成员与合作社没有交易，合作社注定成为无源之水。只有成员与合作社的频繁交易才能使得合作社拥有源源不断的盈余。然而，在合作社中，盈余并非合作社自身追求的目标，这些由合作社成员创造的盈余最终会"取之于成员、还之于成员"。

（2）按交易量（额）返还盈余是对合作社成员利用合作社的一种激励措施。农民专业合作社作为一种劳动联合组织，劳动（而非资本）在合作社中占据主导地位。根据按劳分配的原则，多劳多得、少劳少得是一种有效的激励措施。因此，如何衡量合作社成员的内部劳动差别就成为一个关键的问题。在合作社中，这种劳动差别的具体表现就是交易量（额）的大小。所以，也可以说，按交易量（额）返还盈余就是按劳分配的一个具体表现形式。在合作社中，成员与合作社交易量（额）越大，就说明成员在合作社付出的劳动越多、贡献越大，理所当然，该成员获得的劳动成果（可分配盈余）就越多，如此就会对合作社成员形成一种利用合作社、与合作社发生交易的正向激励，实现合作社事业的持续繁荣。

（3）按交易量（额）返还盈余是对作为弱势群体的农民成员的倾斜性保护集中体现。无疑，按交易量（额）返还盈余的分配标准是最有利于农民专业合作社的主体——农民成员的一种分配方式。虽然现代合作社愈来愈承认资本的贡献，但按股分红并没有成为合作社主要的分配标准。在我国，对于经济实力弱小的农民成员来讲，入社股金（出资数额）本来就十分有限，甚至有的农民成员根本没有缴纳入社股金，如果按股分红，这些农民成员必然分红很少或者没有分红，本就处于弱势经济地位的农民在参加合作社后其状况很难得到有效的改善。按交易量（额）返还盈余的分配标准还充分考虑到了农民成员经济实力较低的境况，为农民成员参与合作社设定了相对较低的参与门槛，只要农民成员利用合作社，将自己的农产品卖给合作社由合作社对外销售，或者在合作社购买农业生产资料，就可以凭借对合作社的利用程度（交易量）参与合作社的盈余分配。而且在这个过程中，农民成员既可以获得"一次让利"，又可以获得"二次返利"。

2. 按交易量（额）返还盈余现状的评析

从《农民专业合作社法》关于按交易量（额）返还盈余的规定可以看出，立法者试图保护普通农民成员利益的"良苦用心"。我国农民专业合作社在发展之初就呈现出明显的异质性特征，合作社中强势成员与弱势成员话语权的不平等，使得弱势成员的利益时刻面临被漠视、被侵犯的风险。而且，在我国大量的农民专业合作社中，那些非生产性的龙头企业等强势成员又往往是合作社的经营管理者。他们是合作社中的核心成员，合作社的大量资本被他们控制，在盈余分配时，这些核心成员是倾向于按出资比例分配盈余的。如果不对合作社按交易量（额）返还盈余的比例作出规定，很多被强势成员控制的合作社会无限制地压缩按交易量（额）返还盈余的比例，提高按出资额分配盈余的比例，合作社的性质就会发生改变，它将不再是农民自我服务、自我保护的组织，而是强势成员剥夺农民的工具。因此，法律出于保护作为弱势成员的普通农民利益的考虑，将合作社按交易量（额）分配的方式作为合作社盈余分配的基本方式加以规定是必要的。然而，按交易量（额）返还盈余的实施现状已然背离了立法者的这种"良苦用心"。笔者认为，与其批判按交易量（额）返还盈余制度在农村中的严重失范，不如对我国"按交易量（额）返还盈余不得少于百分之六十"之规定进行深刻检讨。

首先，法律强制性规定按交易量（额）返还盈余的比例有干预市场主体的意思自治之嫌疑。《农民专业合作社法》作为市场经济里的一部私法，在私法的王国里，其倡导的私法自治是最鲜明的特征。私法自治的基本要求就是国家应该充分尊重市场主体的意思自治。市场主体能够依靠自身力量解决的问题，国家应该尽量放开干预之手，不宜管得过严、过死。目前，尽管《农民专业合作社法》出台之后，我国的合作社数量快速增长，入社人数不断增加，但就整体发展质量而言，我国大部分农民专业合作社缺乏强大的竞争力，与帮助广大农民脱贫致富的目标尚存在较大差距。因此，国家（政府）的支持与扶持显得尤为重要。但是，政府的角色应定位于"指导""扶持""服务"，通过给予财政支持、税收优惠等措施为其营造良好的外部环境。对于涉及合作社内部经营的问题，国家应该适当"放权"。毕竟，合作社是"民办、民管、民受益"的自治性组织。

按交易量（额）返还盈余的具体比例完全可以授权于合作社，由合作社根据每年度的经营情况适当调整按交易量（额）返还盈余的比例。《农民专业合作社法》只需规定合作社必须坚持"按交易量（额）返还盈余"是合作社盈余分配的主要标准。这样，根据自身的盈余状况、积累资金的水平、合作社成员的意愿等因素，合作社就可以适时调整按交易量（额）返还盈余的比例。试想，如果合作社的经营陷入资金匮乏的困境，合作社成员为了合作社的发展，一致同意合作社将盈余返还的比例调整到 60% 以下，法律有什么理由对此反对呢？

其次，现行法律规定过分追求公平，无视合作社经济效率。农民专业合作社的主体是农民成员。按交易量（额）返还盈余不得少于 60％的规定使得农民成员成为最大的受益主体。法律对弱势群体的特殊保护无可厚非，这是实质公平价值理念的要求。但是，对公平的追求不应以过多的效率损失为代价。过分追求公平，无视经济效率，只能导致合作社发展的停滞。现行法律对按交易量（额）返还盈余的比例做出一刀切的规定，让合作社无法根据自身发展需要调整盈余返还比例。事实上，这种规定剥夺了合作社部分"经营自主权"（分配自主权），对合作社部分经营自主权的剥夺势必会挫伤合作社发展的积极性，影响合作社经济效率的增进。目前，我国农民专业合作社盈余分配的不规范现象亦可以说是合作社自发地对僵硬的法律规定进行的灵活且有效率地变通。从现实情况看，很多合作社按交易量（额）返还盈余低于 60％的做法并没有影响农民成员加入合作社的积极性，反而使得合作社的发展在注重公平的同时增进了经济效率。

最后，对于普通农民成员利益的担忧，完全没有必要。因为，合作社奉行"退社自由"的原则，这种退出权是成员监督合作社的有效途径。如果合作社成员参加合作社之后，始终没有公平地得到其应得的盈余分配份额，其自然可以选择"用脚投票"，退出农民专业合作社。

（二）按股分红

1. 按股分红作为合作社盈余分配形式的必要性

我国《农民专业合作社法》规定，合作社盈余按照交易量（额）返还给成员后，剩余部分可以按照成员出资额和量化到成员账户的公积金份额分配。可以看出，我国立法是承认合作社按股分红这种盈余分配方式的，只要按股分红的盈余总额不超过 40％的法律上限。应当说，法律对合作社按股分红的认可是与我国合作社发展的现实状况密切相关的。

"强者牵头，弱者参与"是转型时期我国农民专业合作社的基本特征。农民专业合作社的成立，不仅需要资金、设备、经营场所等"硬件"支撑，而且需要内部经营的管理、外部市场的协调。单靠小农的力量，恐怕难以保证合作社的正常运转。作为经济实力雄厚的生产大户等，在合作社组建之初，为合作社投入大量初始资金，提供合作社发展所需的经营设施和场所；在合作社成立之后他们又充当了合作社的经营管理人员。客观讲，他们对合作社的发展功不可没。从我国农民专业合作社的发展路径可以看出这样一个现实的"悖论"：发展农民专业合作社的初衷是维护农民的利益，但是在实践中，农民专业合作社的形成和发展却不得不依赖于相对强势的生产大户等非小农群体。因此，这些非小农群体的利益不容忽视。如果合作社在盈余分配方面只考虑交易量

（额）一个因素，势必会影响到这些非小农群体的积极性。倘若如此，他们亦可能会选择离开合作社。这对于目前普遍缺乏资金的农民专业合作社来说，无疑会产生很大的负面影响。因此，为鼓励合作社中不同成员的积极性，有必要在盈余分配机制上实行"一社两制"，允许按交易量（额）分配和按股分红两种不同分配形式并存。

2. 资本报酬有限的原因分析

近年来，各国合作社为融资需要，都在一定程度上采取了类似股份制的做法，以用来为合作社筹集资本，这种合作社也称"股份合作社"。例如，在美国最发达的农场主合作社（包括农用物资供应、农产品销售以及有关的其他服务合作社）中，采用股份制的占总数的78%，非股份合作社只剩22%。但是，这种采取股份制的做法并没有改变合作社本身的性质。究其原因，就在于抑制合作社异化为股份公司的手段除按交易额返还外，还有另一种制度，这就是资本报酬限制制度。如，美国《卡帕·沃尔斯坦德法》规定，合作社股金的最高利率为8%，各州亦可以对股金的最高利率作出规定。

法国的合作社法规定，合作社成员的年终分红额最多不得超过资本的6%。各国相关法律之所以都对合作社的股金分红比例进行严格限制，目的就是要充分维护合作社合作性质，防止合作社异化为一般的股份公司。资本强大的渗透力已经让各国合作社无法忽视其在合作社中的存在。我们必须承认，资本可以在合作社中发挥重要作用，资本与劳动可以在合作社中共存。但是，资本天然的逐利性使其很容易成为压榨甚至吞食劳动者利益的魔爪。因此，一方面，我们应当允许资本在合作社中存在；另一方面，必须警惕资本进入合作社所带来的风险。在合作社中，资本只是实现合作目的的手段。作为劳动者的成员是利用资本进行劳动而不是为资本所有者工作。也就是说，在合作社中，劳动支配资本，而非资本支配劳动。正如国际合作社联盟在《关于合作社特征的声明》的详细说明中所强调的，"股金不是合作社的主人，而是合作社的仆人"。

各国合作社法允许合作社采用股金分红的原则，同时对股金分红附加"资本报酬有限"这一条件。这是因为，合作社实行股金分红是为了缓解合作社资金匮乏的困境，鼓励其成员及社会人员向合作社投资。但从根本上说，合作社发展的根本宗旨还是为成员服务，合作社吸纳股金的最终目的是为了壮大合作社的实力，以更好地为成员服务。所以，股金分红在合作社盈余分配中必须受到限制。

3. 资本报酬有限与满足合作社资金需求冲突的解决路径

资本报酬有限原则旨在抵制资本对劳动者的控制，防止人合性质的合作社异化为资合性质的公司。但合作社毕竟是经济组织，从事营利性活动是其生存与发展的基本保障。因此，资本对于合作社的发展之重要性自不待言。然而，合作社对资本报酬的限制，使得很多投资者对合作社"望而却步"。目前，我国合作社对资金的强烈需求与《农民专业合作社法》对资本报酬的严格限制已经产生了尖锐的矛盾。为此，我国农民专业合作社可以借鉴国外发达国家农业合作社发行股份的经验，以解决合作社资本报酬有限与合作社资金需求的冲突。

在股份合作社中，合作社的股份分为 A 股和 B 股。A 股代表身份股，获得成员身份、利用合作社的服务必须认购。身份股的认购应该以成员与合作社的交易量（额）为基础。这样，按交易量（额）返还盈余的分配方式亦能在股份合作社中得到相应体现。身份股数额不高，而且比较平均，其分红利率一般以银行同期存款利率为准。A 股持有者具有投票权，有权参与农民专业合作社的民主管理；B 股代表投资股，设立投资股的目的是为了筹集资金，所以投资股的数额一般差距会比较大，少数投资者股金会很高。它相当于股份公司的优先股，分红利率通常要高于银行同期存款利率，具体利率可以由成员大会决定。但是，投资股持有者只有分红权，没有投票权或者投票权受到限制。因此，合作社发行股票并不会对其劳合性质即互助性产生太大影响，它只是一种向社会集资的方式而已。

这不仅能够缓解合作社对资金的需求，而且可以通过社会监督（即非成员对合作社的监督）完善农民专业合作社的运行与管理。对于合作社发行的 B 股，当然应允许社会人员的购买，但是成员应该享有优先购买权。农民专业合作社可以鼓励合作社成员购买 B 股，也可以通过将成员分得的部分盈余转换为 B 股的方式鼓励成员向合作社投资。如今，西方发达国家的合作社大多实行这种鼓励成员将盈余分配所得留在合作社转为股金，从而扩大合作社股金数量的做法。这种做法又被称作"惠顾返还保留"，亦即合作社本应分配给成员的盈余，本着成员自愿的原则，将其保留在合作社内部，作为那些惠顾者成员在合作社的新投资。

通过将合作社成员盈余分配所得留在合作社内部转换为 B 股的做法，可以保证合作社拥有充足的资金，一定程度上缓解合作社融资难的困境。这种方法操作简单、方便易行，只需在惠顾返还时将成员自愿留在合作社的部分盈余记录在成员账户，作为成员对合作社的再投资。为了保证合作社资金的稳定性，除非成员离开合作社或者退休，合作社成员在参与合作社期间不能取走这部分资金。根据我国《农民专业合作社法》规定，至少可分配盈余的 60% 应该按交易量（额）比例返还。这是一笔不小的资金，如能将其继续留在合作社内部，无疑将会在很大程度上缓解农民专业合作社的资金匮乏问题。

针对我国合作社盈余分配存在的现实问题，根据现代收入分配理论的观点，以及结合国际通用的合作社分配原则，我们认为，必须修改当前《农民专业合作社法》中有关盈余分配的原则，通过法律的引领性与规性作用，进一步完善我国合作社的盈余分配制度，进而促进合作社发展的规范化。

首先，盈余分配首先应提取公益金，并强调合作社公积金中至少有一部分是不可分割的。笔者建议，在修订的《农民专业合作社法》中增加在盈余中提取公益金的要求，并明确指出合作社公益金的主要作用，即用作社员教育、培训等福利事项。至于提取的具体比例由合作社内部讨论决定。在公积金是否可分割的问题上，笔者建议应遵循 1995 年的国际合作社原则。该原则指出"合作社必须有一部分公共积累不可分割"，这一原则在 1997 年的国际合作社联盟代表大会上正式通过。笔者认为，"不可分割性"较好地调节了理论界对公积金是否可分割的争议，既做到了合作社公共积累的稳定性，又防止了公共积累过大而导致的合作社脱离社员的情况。不过，《农民专业合作社法》还需进一步指出，公积金中部分不可分割的份额也应由合作社自行决策与调整。当然，该"不可分割"指的是这部分资产属于合作社所有，不属于任何社员，社员在退社时不能带走，但必须平均量化到每个社员的账户上，作为盈余分配的依据之一。

其次，要求成员入社必须入股，每个合作社都要规定基本股金，作为成员的资格股金，强调资格股金是按交易量分配的依据。合作社是企业性质的机构，要参与市场竞争并获得盈利，没有一定的资金支撑，这样的机构是不存在的，因此，对成员缴纳资本股金的要求并不过分，并不违反合作社"人合"的基本特征。具体而言，包括两方面的要求：一是入股是成员入社的基本条件。通过社员入股的方式构建出合作社共有产权的组织结构，这样不仅可以实现合作社交易量与股金分配的平衡性，增强核心出资且交易量较少成员的积极性，而且还能解决国内普遍存在的"资本控制"导致合作社功能弱化的问题（郭富青，2007；崔宝玉等，2008）。二是《农民专业合作社法》在修订中需规定资格股金额度。资格股金额度不能太高，防止合作社排斥穷人；同时，资格股金额度也不能太低，否则，核心成员出资依旧占比较大，依然无法搭建按交易量返还股金同质性的基础。此外，社员入股还能扩大合作社资金来源，有利于强化社员的组织归属感，对合作社建立起合理的分配制度，增强发展能力，都具有积极的意义。

再者，扩大合作社"交易量（额）"的范畴。在生产者合作社和消费者合作社中，交易量（额）显而易见。正如上文所言，在土地合作社和农机合作社里，交易量（额）却并不明显，有时还无法找到符合传统意义上的交易量（额）。然而，按交易量返回又是合作社不同于一般资本性企业的重要标志之一，在盈余分配中必须占据主导地位。这样的制度设计主要是为了体现对劳动的承认，体现出合作社是"人的联合"，而不是"资本的联合"的本质。为了体现这样的性质，笔者提出要扩大合作社"交易量（额）"的范畴，将"交易量（额）"扩大至除资本以外的一切能对合作社起贡献作用的要素，如土地要素、技术要素、信息要素等，充分体现出各种要素的贡献。在盈余分配中，具体比例应由合作社结合实际情况自行商定。现实中已有合作社在这方面进行了尝试。由于生产完全由合作社承担，社员与合作社之间没有产品的交易。为解决这个问题，合作社将社员入社土地面积作为"交易量"，按照社员入社土地面积份额进行盈余分配的二次返还。

最后，合作社盈余分配原则应体现对管理者贡献的认可。按照上文的分析，管理者的贡献是合作社正常运行的重要因素，在盈余分配时必须予以认可。国外的合作社，日本、韩国的农协（会）一般都聘请职业经理人作为管理者，当然是要按照市场化原则支付报酬的。在制度设计上，可以支付固定工资，也可以按照合作社盈利比例支付工资，大型合作社甚至可以设计"工资＋股权"的报酬制度。赋予管理者部分的剩余索取权具有如下好处：一是这样的分配机制将管理者的才能与合作社的经营绩效联系在一起，有助于激励管理者，激发他们的积极性，促进合作社的发展；二是增加了管理者的剩余索取权，有利于降低管理者的职务挥霍，即降低他们以职务消费的形式侵占合作社更多的资源；三是管理者的剩余控制权与剩余索取权尽可能地相对应是合作社控制权配置的有效治理结构（张维迎，1996）。

五、对策思路

基于上文论述，笔者认为，要构建盈余分配的现代程序，应当从以下几个方面进行努力：从法学角度来分析，程序是从事法律行为做出某种决定的过程、方式和关系。过程是时间概念，方式和关系是空间概念。程序就是这样的时空三要素构成的一个统一体。盈余分配程序同样也是这样一个由三要素组成的统一体，盈余分配程序的合理构建，对于农民专业合作社的健康发展具有重要的意义。

（一）农民专业合作社盈余分配程序构建的价值及其目标

分权制衡思想是现代国家民主运行的必要条件。对于企业来说，只有实现分权制衡才能达到治理结构的平衡。这一原理对于农民专业合作社的治理同样适用。农民专业合作社的盈余分配是一个从决策到执行，再到监督的完整过程，建立一个现代的盈余分配程序有助于实现合作社的三大机构即决策机构、执行机构和监督机构权力的相互制衡。

1. 盈余分配程序构建的基本价值

权利是由程序设定的，并因程序的存在而存在，程序甚至比权利本身更为重要。正当的法律程序是权利平等实现的前提。只有正当的法律程序才能排除人为因素，实现成员权利的平衡。由于合作社成员间具有较大的异质性，普通成员与"大户"之间的利益诉求存在很大的差别，因此在盈余分配决策等诸多问题上就存在很大的差别。为了避免"大户"滥用权利，侵犯普通成员的利益，必须构建正当的盈余分配程序，使普通成员参与到盈余分配的决策过程之中去。惟其如此，才能保证成员之间的利益平等。

正当的盈余分配程序有助于提高合作社决策的民主化，降低合作社市场竞争的成本。"民办、民管、民受益"是我国农民专业合作社成立与运行的重要原则，农民专业合作社要真正做到"民受益"，就必须做到"民管"，即民主管理问题，以确保成员的主体地位。目前，我国的农民专业合作社的实践中存在着影响合作社民主管理的诸多因素，例如合作社主体的异质性，内部人控制等。尽管合作社章程中明确规定了成员大会是合作社的最高权力机关以及一人一票等民主控制的条款，但大多数情况下，成员受到"大户"的影响很大，往往出现"选举不过是确认，讨论不过是告知，监督不过是附议"的现象。同时，面对强势的经营管理者，监事会等机构根本发挥不了作用。同时，由于成员大会发挥不了作用，成员普遍缺乏参与管理的积极性，即使部分成员具有参与管理和决策的意愿，其投票权亦往往也很难产生其实际的效果。同时，由于监事会成员通常也是"大户"，其"利益均沾"思想以及监督意识的淡薄，使得农民专业合作社治理结构失衡。因此，有必要用正当的盈余分配程序对农民专业合作社内部治理结构进行必要的引导和规制，建立健全适宜成员民主控制的机构和机制，建立成员民主参与的激励机制。这对于促进我国农民专业合作社长期积极健康的发展具有深远的意义。

2. 盈余分配程序构建的目标

构建合理的盈余分配程序的目标是多方面的，但是，其主要目标包括两个方面：

第一，实现多方利益的平衡。合作社对于成员而言是一个利益的共同体，为了获得更多的利益或服务，成员共同设立合作社；政府为发展农村经济而对合作社进行指导和支持；经营管理者则为了自身利益参与合作社经营管理。各种利益主体必然因利益而产生冲突。无论是合作社成员之间的利益平衡，还是成员民主控制与专业经营者行使权力之间的利益平衡，抑或是合作社意思自治与法律强制的平衡，都需要借助一种形式，那就是盈余分配的正当程序。只有盈余分配的正当程序才能对上述各方利益进行有效的平衡。

第二，贯彻盈余分配的实体制度，实现农民专业合作社的宗旨，用程序正义保障实体正义。首先，程序制度的完善是贯彻盈余分配实体规则的内在要求。"实体法从常识来讲就是以'应当如此'的法律关系为内容，提示什么是实体正义的规范；与此相对，程序法则被理解为规定如何实现实体法内容的手段性规范。"只有设置了妥当的程序法规范，实体的法律制度才能真正实现其追求的合理秩序。这一点在盈余分配问题上亦是如此。良好的盈余分配程序的构建将有助于确保法律确立的盈余分配规则的充分实现。其次，程序制度的合理构建有助于实现我国立法确立的农民专业合作社的基本宗旨。

《农民专业合作社法》第一条规定，为了支持、引导农民专业合作社的发展，规范农民专业合作社的组织和行为，保护农民专业合作社及其成员的合法权益，促进农业和农村经济的发展，制定本法。合作社的盈余分配制度是区别合作社与公司等其他营利性企业的关键因素。只有正当的盈余分配程序才能保证农民专业合作社的盈余能够按照法律及章程预设的要求进行公正合理的分配，确保合作社立法宗旨能够充分实现。

(二) 农民专业合作社盈余分配程序构建的基本思路

基于上文论述，笔者认为，要构建盈余分配的现代程序，应当从以下三个方面进行努力：

1. 完善盈余分配的决策程序

对盈余分配决策程序的完善，除了逐步改善农民专业合作社的投资结构，消除大户对于盈余分配程序的过度影响外，还应注意健全成员的权利救济机制来确保其决策中的权利得到充分的实现。具体言之，应从以下两个方面对于盈余分配的决策程序进行健全与完善。

(1) 建立知情权诉讼机制。对于知情权诉讼机制的建立，可以参考我国《公司法》的规定。《公司法》第34条规定，股东有权查阅、复制公司章程、股东会会议记录、董事会会议决议、监事会会议决议和财务会计报告。股东可以要求查阅公司会计账簿。股东要求查阅公司会计账簿的，应当向公司提出书面请求，说明目的。公司有合理根据认为股东查阅会计账簿有不正当目的，可能损害公司合法利益的，可以拒绝提供查阅，并应当自股东提出书面请求之日起十五日内书面答复股东并说明理由。公司拒绝提供查阅的，股东可以请求人民法院要求公司提供查阅。笔者建议，应当在《农民专业合作社法》中增加类似条款，在合作社成员知情权遭到侵犯时，赋予成员在一定期限内请求人民法院要求合作社提供查阅的权利。

（2）建立决议瑕疵诉讼制度。依据我国《农民专业合作社法》第二十二条的规定，农民专业合作社的成员大会是农民专业合作社的最高权力机构，行使批准合作社盈余分配方案的职权。根据该法的规定，成员大会的决议对所有成员均具有约束力，成员大会的决议所有成员均需遵守。所以，成员大会的程序、决议会对成员的利益产生重要的影响。从现代程序的构成要素来看，救济是程序的要素之一，没有救济的程序不是合理的程序。当合作社盈余分配的程序存在着瑕疵时，应借鉴我国公司法的相关制度，赋予合作社成员必要的诉权。《公司法》第 22 条明确规定，公司股东会或者股东大会、董事会的决议内容违反法律、行政法规的无效。股东会或者股东大会、董事会的会议召集程序、表决方式违反法律、行政法规或者公司章程，或者决议内容违反公司章程的，股东可以自决议做出之日起六十日内，请求人民法院撤销。笔者建议，应在农民专业合作社法中增加这一制度。

在合作社的决议的程序、内容与法律、章程不符时，赋予成员请求人民法院予以撤销或者变更的权利。建立这一制度，需要注意以下两点：

第一，决议瑕疵诉讼应有一定的时效限制。行使成员诉权的根本目的在于对成员大会决议的撤销和变更，而决议的撤销和变更会对合作社的利益和其他成员的利益产生较大影响。如果放任成员诉权的永续存在，可能会使合作社的相关决议始终处于可能被撤销或变更的状态。其结果可能会导致合作社的相关事务或者法律关系难以很快地安定下来，在一定程度上会影响合作社的经营秩序及效率。因而，在法律赋予成员通过诉讼撤销、变更决议权利的同时，也应施加一定的期限限制。逾期不行使其诉权，成员将丧失其通过该途径寻求法律救济的资格。

第二，决议瑕疵诉权的行使与成员的持股时间、比例无关。成员的撤销、变更之诉并不受制于成员持股比例及持股延续时间，即无论成员持股比例的高低，也不论成员持股时间的长短，即使与决议瑕疵无关的成员，无表决权的成员都可以提起诉讼。其理由在于，无论是成员大会决议程序上的瑕疵，还是成员大会决议内容上的瑕疵都会影响整个合作社和其他成员的利益，故而没有必要对合作社成员持股的时间、比例做出限制。

2. 完善盈余分配的执行程序

盈余分配执行程序的完善需要标本兼治，既要对执行程序本身进行完善，也需对破坏盈余分配程序的原因进行分析，从根本上找出对策。

（1）规范盈余分配过程中的行为。盈余分配的执行，是合作社理事等将合作社的盈余按照合作社法和合作社章程的规定分配给成员的行为，这一过程中需要理事严格遵守法律和章程的规定来进行盈余分配，杜绝理事在盈余分配的过程中自行改变盈余分配比例的行为。因此，就需要对合作社盈余分配的程序进行规范化。这就要做到两点：第一，加大盈余分配过程中监事和成员的参与监督权，对于理事在盈余分配过程中的不合法行为及时予以制止。第二，规范盈余分配程序。这里主要是指盈余分配的过程需要通过书面的方式记录下来，对于分配比例、时间、数量等需要有理事和接受分配成员的签字，以备在后续监督中有据可查。

（2）放宽理事身份资格，对理事采取提成薪酬制度。笔者建议：第一，借鉴西方发达国家的规定，允许合作社从成员外部聘请管理人员。合作社的理事，可以是合作社的成员，也可是非成员。但是理事会中至少有一人是成员或者是法人成员的受托人。这样既可以保证成员对理事会的控制，也可以提高合作社的经营管理水平。第二，借鉴台湾地区的做法，从合作社中提取固定比例的盈余，用于激励合作社的高级管理人员。现行理事只有固定的工资，或者说有的合作社理事根本没有工资，没有相应激励机制，这就导致理事更倾向于扭曲盈余分配制度来投机取巧。我国台湾地区的合作社管理制度规定，合作社盈余，除弥补累积损失及付息外，在信用合作社或其他经营贷款业务之合作社，应提百分之二十以上，在其他合作社，应提百分之十以上为公积金，百分之五以上为公益金，百分之十为理事、事务员及技术员酬劳金。这一做法值得借鉴。提取合作社盈余的一定比例用于理事分配，可以激励理事发挥作用，健全盈余分配制度。

3. 完善盈余分配的监督程序

盈余分配的监督需要来自合作社内外各种力量的监督，对于合作社监事制度的完善，笔者建议如下：

（1）加强政府部门对合作社盈余分配的监督。农民专业合作社盈余分配的合理与规范实施，离不开政府部门的监督与管理。政府监督重点应该在两个方面，一是审计部门的监督，二是工商部门的监督。对于审计部门的监督，一些地方的立法探索可，资借鉴。例如，北京市政府在 2009 年制定了《北京市实施〈中华人民共和国农民专业合作社法〉办法》，办法对包括规范合作社内部管理在内的许多制度做了进一步的规范，其中就包括合作社的财务审计制度，在办法第 20 条规定，执行监事或者监事会负责对农民专业合作社财务的监督和内部审计工作，审计结果应当向成员大会报告。成员大会可以委托有关审计机构对本社的财务进行年度审计、专项审计和换届、离任审计。

农民专业合作社应当接受并配合政府有关部门对国家财政直接补助资金开展的审计监督工作。对于工商部门的监督，重点应在于对合作社盈余分配、财务制度进行及时的审查，例如，可以要求农民专业合作社在年度审查时提供审计部门予以通过的审计证明材料。合作社盈余分配、财务制度未审计的，或者审计没有通过的，工商部门在年度审查时不予审查，并予以相应的处罚，以此来加强政府部门对合作社盈余分配的监督。政府部门的监督与其他部门相比，具有直接、迅速和力度大等特点，能够及时发现合作社盈余分配制度运行过程中存在的问题，因而，在合作社盈余分配的过程中，应当加强政府部门对分配过程的监督，确保合作社的盈余分配从实体到程序上均更加完善。

（2）建立健全合作社盈余分配的内部监督机制。首先，需要建立健全监事监督机制。健全的监督机制，离不开科学、规范的监事制度。实践中，许多合作社没有建立完整的监事制度，许多成员不知道本社的监事成员有哪些。为此，需要主管部门进一步地加大监督力度，完善合作社的监事制度。同时，笔者建议，合作社法应当鼓励合作社从成员之外引进监事，使监事独立于合作社。这一做法有两点好处：第一可以使监事与合作社没有利益关系，使监事处于中立的角色去行使其监督权力；第二成员之外引进的监事，具有较高的专业素质，可以更好地行使监督职能，使农民专业合作社盈余分配程序更加规范化。

其次，建立监事权责体系。第一，应进一步扩大监事的权利，明确监事在哪些事项上享有监查权。例如，可以借鉴台湾地区的做法，要求理事会应于年度终了时，制作业务报告书、资产负债表、损益计算表、财产目录及盈余分配案，至少于社员大会开会十日前，送经监事会审核后，提报社员大会。同时，应当通过立法扩大监事的监督权限。明确监事（会）的职权，监事（会）可以行使下列职权：监督检查合作社的财务状况，监查理事及经理执业情况，审查理事会报告，合作社与理事为民事行为或诉讼时代表合作社，临时召集社员大会等。第二，严格监事责任。对于没有尽到职责的监事应依法追究其法律责任；如果没有依法履行自己的职责，给合作社造成了损失，应当承担赔偿责任；构成犯罪的，还应追究其刑事责任。监事责任的强化，有助于更好地保护成员的权利、防止理事及经营者的独断专行。

（3）强化成员监督机制。农民专业合作社的盈余分配问题关系到合作社成员的切身利益，并且普通成员的监督不会出现监事由于"利益均沾"等造成的监督不力的情况，所以，在加强政府监督、完善监事监督体制之后，应当进一步加强普通成员对合作社的监督。笔者认为，可以从以下几个方面加强普通成员对农民专业合作社盈余分配的监督。

第一，加强对农民专业合作社成员的相关法律培训。强化《农民专业合作社法》的宣传、学习和培训，进一步提高对贯彻实施《农民专业合作社法》重要性的认识，使普通成员知法、懂法，对盈余分配中存在的问题能够及时地发现并采取相应的监督措施。

第二，完善知情权保护机制。知情权不仅仅是成员的权利之一，更是合作社成员对于合作社盈余分配监督的重要手段之一。建立知情权保护机制，赋予成员知情权诉讼权利，有助于更好地实现成员对于合作社事务合理监督与有效控制的目的。

第三，借鉴公司法的派生诉讼制度，完善成员的监督手段和措施。在公司制度中，派生诉讼是指当公司由于某种原因没有就其所遭受的某种行为的侵害提起诉讼时，公司股东可以代表公司以使公司获得赔偿等救济为目的而针对该种行为所提起的诉讼。笔者认为，公司与农民专业合作社都是市场经济的主体，所以，在治理机构方面，只要能提高农民专业合作社管理水平，能够从实体或程序上规范合作社盈余分配行为的，可以适当予以借鉴，为合作社治理所采用。所以，笔者建议，在合作社监事等怠于行使自己的监事权，影响到合作社盈余分配制度的正常运行时，可以赋予普通成员代表合作社进行诉讼的权利。主要做法是，明确监事等高级管理人员的职责，在农民专业合作社盈余分配决策和决策的执行遭到干扰，且监事等监督人员不能履行或者不履行其监督职责的时候，允许合作社的普通成员代表合作社向人民法院提起诉讼，以此来保证盈余分配决策和执行过程的顺利进行，从而使农民专业合作社的盈余分配无论从实体上还是从程序上都能依法操作、规范运行。农民专业合作社盈余分配程序的完善，需要有效协调与合作社相关各方的利益关系，合理配置合作社内部各个机构的权利义务。只有循此而努力，才能使我国的盈余分配程序真正成为调整农民专业合作社财产关系的有效机制，切实保障我国农民专业合作社能够持续、健康的发展。

第九章 农民合作社资金 互助问题研究

由于农民专业合作社融资难，2006 年以来，资金互助业务以多种形式在我国各地蓬勃发展，其资金规模从几万到上亿元不等，现行条件下，农民专业合作社资金互助已成为现在我国农村影响力较大的经济组织。但是我国资金互助仍然处于发展的初级阶段，法律缺失、监管制度不严、专业人才匮乏等都没能得到妥善的处理，直接导致资金互助的长期健康发展阻碍重重。

一、资金互助的概念

现阶段在我国普遍存在着两种形式的资金互助：资金互助社以及农民专业合作社内部开展的资金互助业务。

（一）农村资金互助社

农村资金互助社是指经银行业监督管理机构批准，由乡镇、行政村农民和农村小企业自愿入股组成，为社员提供存款、借款、结算等业务的社区互助性银行业金融业务的经济组织。

农村资金互助社对社员实行民主管理，以为社员服务为宗旨，并谋求社员的共同利益。农村资金互助社是独立的法人，对社员股金、积累及合法取得的其他资产所形成的法人财产，享有占有、使用、收益和处分的权利，并以上述财产对债务承担责任。农村资金互助社的合法权益和依法开展的经营活动受法律保护，任何单位和个人不得侵犯。农村资金互助社社员以其社员股金和在本社的社员积累为限对该社承担责任。

我国首家农村资金互助社——吉林省梨树县闫家村百信农村资金互助社于 2007 年 3 月 9 日成立。

（二）农民专业合作社内部的资金互助业务

农民专业合作社内部的资金互助业务是基于农民专业合作社原有的业务开展的内部资金互助，一些农民专业合作社会单独设立资金互助部，以便更好地核算、管理互助资金。其最初的目的在于社员之间在经济上的互相帮扶，一些农民专业合作社也会将这些资金用于农民专业合作社自身的发展之上。

值得注意的是，农民专业合作社内部的资金互助业务起初是农民的自发行为，政策的出台及外部监管较实际情况相对落后。

二、农民专业合作社资金互助发展现状

（一）农民专业合作社资金互助兴起的背景与意义

1. 资金互助兴起的背景

（1）政策支持。在我国，资金互助的兴起源自"三农"的发展，可以说资金互助是"三农"发展的必然产物。在政策对"三农"源源不断的支持中，资金互助找到了发展的养分及优势，在农民自主的发展过程中，最终得到了法律及行政上的认可。

2000 年前后，我国江苏、山东等地开始出现农民专业合作社初级模型，这些农民专业合作社初级模型中基本可以概括为龙头企业带动型、日本农协类型、农委会带动型等。值得注意的是，这一阶段的农民专业合作社基本出自农民自发的联合，其自愿性较强，而此时并没有所谓的资金互助概念。

2003 年 12 月，在全国农业工作会议中，中央集中表彰了 50 家农民专业合作社。这标志着我国首次在行政上承认了农民专业合作社的合法地位，农民专业合作社也终于在取得政治认可之后，开始蓬勃发展，并为资金互助组织的产生及繁荣提供了可能性。而此时在一些地方的农民专业合作社，实际上已经出现了在内部开展的资金互助业务，但是其处于萌发阶段，规模都比较小。

2006 年中央 1 号文件第一次提出，引导农户发展资金互助组织；10 月 31 日，中央发布《中华人民共和国农民专业合作社法》，为农民专业合作社在法律上出具了身份证明并第一次在法律层面规定了农民专业合作社的业务范围等，该法律于 2007 年 1 月 1 日正式实施。12 月，银监会出台了《关于调整放宽农村地区银行业金融机构准入政策若干意见》。《意见》准许产业资本和民间资金到农村地区开立银行，批准在农村可以设立村镇银行、信用合作组织、专营贷款业务的银行全资子公司等。

2007 年，我国银监会出台了《中国银行业监督管理委员会关于调整放宽农村地区银行业金融机构准入政策更好支持社会主义新农村建设的若干意见》《农村资金互助社管理暂行规定》和《农村资金互助社示范章程》，这些政策出台后，农村金融组织悄然发展起来。2 月 4 日，我国银监会印发了《农村资金互助社示范章程》；3 月 9 日，吉林省梨树县闫家村百信农村资金互助社正式成立，成为全国首家农村资金互助社。

2009 年银监会与农业部联合印发了《关于做好农民专业合作社金融服务工作的意见》，要求各地农村合作金融机构积极构建与农民专业合作社的互动合作机制，进一步加强和改进对农民专业合作社的金融服务。

截至 2012 年年底全国在银监会登记注册了 49 家资金互助社，所有登记在册的农民专业合作社几乎全部开展了资金互助业务。农民资金互助业务在一定范围内和一定程度上为鼓励农民投资创业，强化农民诚信意识，推进农村金融改革，发展现代农业发挥了积极作用。12 月，在北京，政府公开表彰了 6 000 家国家级示范社，为农民专业合作社的发展提供了规范蓝本，同时为资金互助业务的开展提供了参考依据。

2013 年，我国农民专业合作社发展进入调整期。该年中央 1 号文件强调要改善农村金融服务，支持符合条件的农业产业化龙头企业和各类农业相关企业通过多层次资本市场筹集发展资金。文件明确提出"要创新农业生产经营体制，稳步提高农民组织化程度"，尤其是在"大力支持发展多种形式的新型农民合作组织方面"做出了很明确的表述，这就为资金互助的合法地位及政策的松动提供了可能。

2013 年 7 月 24 日，经国务院批准的全国农民专业合作社发展部际联席会议成立。联席会议由农业部牵头，发展改革委、财政部、水利部、国家税务总局、国家工商总局、国家林业局、银监会、全国供销总社组成，全面负责农民专业合作社重大政策调研、研究提出政策建议、协调落实扶持政策、制定国家农民专业合作社示范社评定监测办法等，与农民专业合作社有关的资金互助业务改革呼之欲出。

2013 年年底召开的十八届三中全会明确提出，到 2020 年，在重要领域和关键环节的改革上要取得决定性成果。全会指出，必须毫不动摇鼓励、支持、引导非公有制经济发展，激发非公有制经济活力和创造力。要完善产权保护制度，积极发展混合所有制经济，推动国有企业完善现代企业制度，支持非公有制经济健康发展。这就为资金互助下一步的发展及改革提供了政策依据。

目前，我国正规的农村金融机构包括农业银行、农业发展银行、信用农民专业合作社、邮政储蓄银行、农村合作银行、农村商业银行、村镇银行、专营贷款公司等。我国农村还存在着大量的非正规金融机构，其中包括当铺、私人钱庄、高利贷、私人信贷、合会以及已经被关闭的农村合作基金会。[①] 农村金融机构规范化运营早已成为迫在眉睫的问题。

（2）资金支持。虽然我国资金互助业务的出现是自发的农民行为，但是近

---

① 何广文，等. 中国农村金融发展与制度变迁. 北京：中国财政经济出版社，2005.

年来的快速发展却得益于有利的外部环境，尤其得益于财政的支持。

首先，国家对"三农"领域投入持续加大。统计数据显示，2003—2012年间（2012年数据为年初预算数），中央财政对我国"三农"的投入累计超过6万亿元。在投入总量上：中央财政对"三农"的投入从2 144亿元增加到12 286.6亿元，增加了10 142.6亿元，2012年投入是2003年投入的5.7倍；在投入速度上，中央财政对"三农"投入年均增长21个百分点，比同期财政支出年均增长率高出4.5个百分点；在投入比重上，中央财政对"三农"的投入占财政支出的比重从2003年的13.7%提高到2012年的19.2%，提高了将近6个百分点。[①] 这些数字充分展示了我国对于"三农"的重视，可以说，"三农"领域未来发展具有极其宽广的市场空间。

其次，各级财政对农民专业合作社的扶持资金逐年增加。《农民专业合作社法》实施后，我国金融、税务相关部门对农民专业合作社的扶持政策也相继出台。在财政扶持方面，2003—2009年，中央财政累计安排专项资金13.75亿元；2004年起，农业部开展建设农民专业合作组织示范项目，截至2013年，该项目已累计为800个农民专业合作社提供专项扶持资金1.45亿元。在国家支持涉农建设项目方面，农业部联合7个部委共同发布相关政策，将农民专业合作社列入扶持范畴，并且要求在同等条件下为合作社予以优先支持的政策，这些政策的出台为农民专业合作社发展创造了重要条件。

也正是由于我国农业经济环境的持续升温，导致了农民专业合作社、家庭农场等新兴组织不断涌现。据统计，截至2013年6月底，我国依法登记在册的农民专业合作社总数达到82.8万家，约是2007年年底总数的32倍；实有成员达6 540多万户，其中农户占总人数的25.2%。农民专业合作社覆盖的产业也逐步增多，涉及种养、服务业和深加工，其中养殖业约占27.7%，种植业约占45.9%，服务业约占18.6%，[②] 其业务涵盖粮棉油、果蔬茶、肉蛋奶等主要产品生产行业，并逐步扩展到农机、旅游休闲农业、植保、民间工艺等多领域，资金互助的能力也在不断地增强。越来越多的农民专业合作社从简单的技术、信息服务向农资供应、统防统治服务延伸，由产前、产中服务向产后的包装、储藏、加工、流通服务拓展，有的还开始兴办内部信用合作业务。资金互助已经成为当前我国农业、农村改革发展的一大亮点。

农民专业合作社的高速发展为资金互助业务的发展提供了有力的外部环境

---

① 数据来源 http://www.huangfenchong.com/nongye/nongye199.html.

② 唐施华.农业部：农民专业合作社已达82.8万家 约是2007年底的32倍.第一财讯，2013-08-28.

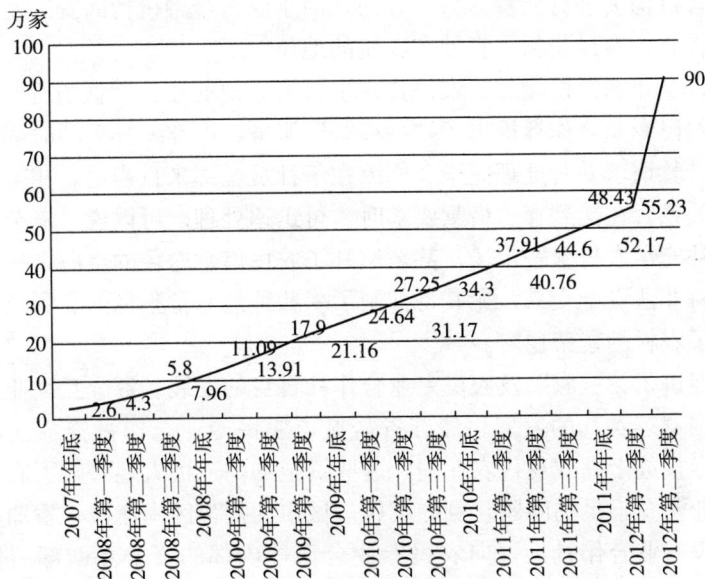

图 9-1　我国农民专业合作社数量

及支撑。但是需要注意的是，农民专业合作社内部的资金互助最开始只吸收农民专业合作社社员资金，但是一些地方的农民专业合作社为了发展，将资金互助发展为主营业务，甚至为了资金的运转，大量吸收外地人员资金，为资金互助的安全埋下了隐患。

2. 资金互助存在的意义

（1）有效补充了农村金融市场。农村资金互助的出现在一定程度上方便了农民的金融活动，有效补充了农村金融市场的空白地带。

根据清华大学经济管理学院 2006 年 12 月发布的《中国农村金融发展调查报告》，并根据实际情况，从农民角度反向推测，我国农村金融市场供给依旧较为匮乏。① 在我国，农村居民以及贫困阶层是有储蓄能力的。对各类发展中国家的农村地区的金融市场研究也表明，只要为农民提供存款的机会，即使是在贫困地区的小农户也可以储蓄相当大数量的存款，故农村实际上没有必要由外部向农村注入资金。② 但是在我国，由于农村金融市场较为闭塞，即使在作为行政中心的北京，农村的金融机构也只有北京农商银行以及邮政储蓄银行两家，而且其大多设置在镇上，这直接导致了农民宁愿长期持有大量现金，也不

---

① 张德元，张亚军. 关于农民资金互助合作组织的思考与分析. 经济学家，2008（1）.
② 姚辉军. 农村金融理论的演变及其在我国的实践. 金融教学与研究，2005（5）.

愿意到金融机构去进行储蓄。另一方面，由于农村金融机构的匮乏及银行贷款的灵活性较差，农村贷款一直处在尴尬的地位。

直到资金互助慢慢崛起，农民找到了较为近便的存、借款场所。甚至在一些地方的农民专业合作社推出了"一杯茶"服务，即在一杯茶的时间中，将农民的存、借款请求妥善处理完毕。原因在于社员全部来自当地，相互之间存在着强信任关系，在接到存、借款要求时，可迅速处理。可以说，资金互助的出现有效地补充了农村金融市场，甚至填补了农民借款途径的空白，一定程度上抑制了农村非法资金交易，尤其是抑制了一些地区非常猖獗的高利贷市场，从侧面促进了农村的繁荣稳定。

（2）促进了"三农"及农民专业合作社自身的发展。资金互助业务的开展促进了我国"三农"的发展。江苏省盐城市农民专业合作社资金互助有超过60%的资金投放于高效现代农业中，这些资金的注入极大地缓解了农民发展高效现代农业资金不足的问题。例如隶属盐城市的盐都区尚庄镇一番茄种植大户在加入农民专业合作社后，向农民专业合作社内部的资金互助部门借入资金17万元，并以每亩500元的金额租入8.67公顷土地，用以发展现代番茄设施栽培种植，当年便实现每亩1万多元的纯利。2011年该户又带动周边农户扩展大棚番茄种植上千亩，向农民专业合作社资金互助部门新借入100多万元，用以扩大生产规模。资金互助在促进农户增产、增收的同时，有效地促进了高效农业推广进程。① 而这也只是资金互助在"三农"中地位不断凸显的一个缩影。

不仅如此，资金互助业务的开展，也为农民专业合作社自身的发展提供了有效的资金支持。在现实中，农民专业合作社产权不明晰，对于社员的约束能力差，加之我国银行对外贷款十分谨慎，农民专业合作社向银行贷款成功概率极低。甚至出现一些农民专业合作社在急需资金时，通过农民专业合作社理事长的个人贷款能力缓解资金压力的现象，这不仅对理事长的资金安全造成了一定的困扰，也绝非农民专业合作社发展的长久之计。也正是在这样的情况下，资金互助业务悄然而生，它为农民专业合作社自身的良性发展提供了物质基础。

（3）维系了区域内的人员关系。资金互助组织不仅是经济组织也起到了维系农村社会关系的作用。我国的资金互助业务基本上都是在一个区域内开展的，参与的人员大多是土生土长的本地人，相互之间存在着强信任关系。资金互助的出现拉近了农村人员之间渐行渐远的距离，其发挥了地缘人缘的优势，

① 张成. 农村资金互助合作组织发展的实践与思考——以盐城市为例. 北京金融评论，2013（1）.

成为维系农村稳定的纽带。

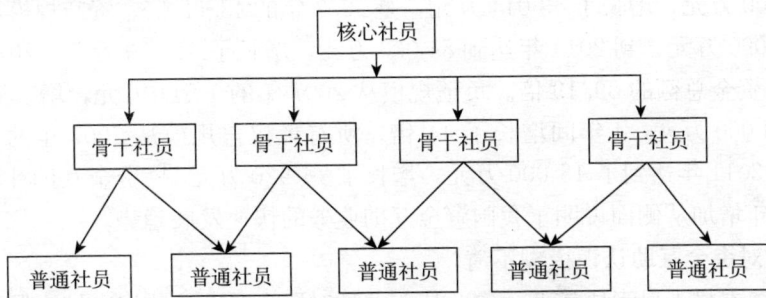

图 9-2　合作社社员关系图

如图 9-2 所示，农民专业合作社内部社员之间全部有联系，资金互助中这种现象更加明显，核心社员与骨干社员、骨干社员与普通社员之间中存在着强信任的关系，即使是核心社员与普通社员之间也存在着弱信任关系。这样的现象在一定程度上维系了农村邻里关系。

（4）强化了农民的诚信意识。在我国农村，农民的整体素质不高，大多数只有初高中文化水平，金融知识更是十分匮乏，诚信意识淡薄。在资金互助出现之后，农民开始意识到诚信的重要性。

由于一些资金互助组织为了安全起见，只接收当地农户加入，有一些则是在社员加入时需要原有社员进行介绍或担保。这样的入社要求，保证了资金互助社员之间全部相互熟识，甚至有很多是亲戚，这就杜绝了社员"跑路"现象的发生。邻里之间知根知底，大家都恪守着诚信二字，这种做法也在一定程度上培养了农民的诚信意识。

（二）农民专业合作社资金互助的现状及特点

笔者主要通过实地调查及问卷调查相结合的方式，针对北京、河南、河北、黑龙江、湖南五地的 400 余家农民专业合作社进行调查，发放调查问卷500 份，最终收回有效调查问卷 494 份。最终分析结果如下：

1. 注册资本连年增加

截至 2013 年年末，我国已成立的 49 家农村资金互助社的注册资本呈现出逐渐增加的趋势。我国第一家农村资金互助社成立时注册资本仅为 10.18 万元，而于 2008 年 10 月成立的河北省晋州市周家庄农村资金互助社注册资本则达到了 1 000 万元。资金互助社的存款余额也从 2007 年的 1 475 万元，逐年增长，到 2011 年达到了 66 000 万元，增长了 64 525 万元，是 2007 年的 43.75

倍；资金互助社的贷款余额从 2007 年的 986 万元，不断增加，到 2011 年达到了 44 000 万元，增长了 43 014 万元，是 2007 年的 43.62 倍。资产规模从 2007 年的 2 090 万元，到 2011 年达到 84 000 万元，增长了 81 910 万元，2011 年是 2007 年资金总额的 39.19 倍。负债规模从 2007 年的 1 511 万元，增长到 2011 年的 68 000 万元，4 年间增长了 44 倍。所有者权益规模从 2007 年的 580 万元，到 2011 年达到了 15 000 万元，增长了 14 920 万元。[①] 资金互助社注册资本的连年增加从侧面说明了我国资金互助业务的快速发展趋势。

2. 对资金互助认识模糊不清

我国农村人口素质较低，农业从业人员对资金互助的认识也较为混乱。

表 9-1　对资金互助的认识度调查

题　　目	知道	不知道
是否知道如何注册资金互助社	357	137
资金互助社与内部资金互助的区别	448	46
资金互助社的主管部门	335	159
资金互助业务的监管部门	351	143

资料来源：根据调查数据整理。

从表 9-1 中我们可以清晰地看出，在接受调查的 494 人中，所有人都表示自己的农民专业合作社开展了资金互助业务，但是有 137 人不知道如何注册资金互助社，占总调查人数的 27.7%；46 人不知道资金互助社与农民专业合作社内部的资金互助有何区别，占总人数的 9.3%；有 159 人不知道资金互助社的主管部门是哪里，占总人数的 32.3%；有 143 人不知道农民专业合作社内部资金互助业务的监管部门是哪里，占总人数的 28.9%。

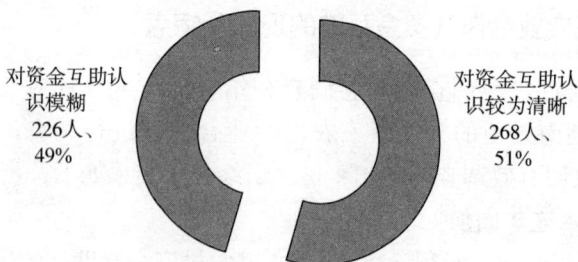

图 9-3　农民专业合作社人员对资金互助的认识

---

① 曲小刚，罗剑朝. 农村资金互助社现状、问题、因素和对策. 武汉金融，2013（5）.

正如图 9-3 所表示，在对资金互助的认识上存在着一定偏差的为 226 人，占总参与调查人数的 49%，也就是在资金互助从业人员中，有将近一半的人员对资金互助认识不清。

3. 资金互助存在严重的地域差异

在我国现行条件下，由于幅员辽阔，加之各地经济发展水平及人文环境不尽相同，资金互助业务存在严重的地域性差异性。在北京等地的农村经济发展水平较高，基础服务较为完善，当地政府及农民对于资金互助等有关资金的业务也有着较为理性的判断。但是在经济发展水平较低的偏远地区，尤其是山区，农民对于资金互助的接受度低，理解也存在较大偏差，有些人甚至认为资金互助与银行存款性质完全一样。不仅如此，资金互助的规模、遇到资金问题的解决方法也因地域不同而有所不同。

为进一步研究资金互助是否存在地域性差异性，将调查结果输入 SPSS 中，观察被调查人员工作所在地与农民专业合作社遇到资金问题的解决方法、当地政府对于资金互助的态度、农民专业合作社社员向农民专业合作社借款金额的相关性。

表 9-2　农民专业合作社所在地对其他项的影响关系

		资金互助所在地	资金问题的解决方法	政府态度	社员借款金额
资金互助所在地	Pearson 相关性	1	0.024	0.033	0.35
	显著性（双侧）		0.597	0.458	0
	N	494	494	494	494
资金问题的解决方法	Pearson 相关性	0.024	1	0.351	0.172
	显著性（双侧）	0.597		0	0
	N	494	494	494	494
政府态度	Pearson 相关性	0.033	0.351	1	0.025
	显著性（双侧）	0.458	0		0.578
	N	494	494	494	494
社员借款金额	Pearson 相关性	0.35	0.172	0.025	1
	显著性（双侧）	0	0	0.578	
	N	494	494	494	494

资料来源：根据调查数据整理。

通过表 9-2，可以很清晰地看出：接受调查的人员工作所在地与遇到资金问题怎么解决、当地政府对资金互助的态度、社员向农民专业合作社借款的金额的相关系数全部在 0.01 之上，说明它们全部相关，且农民专业合作社的所在地对其资金互助有着相当大的影响。例如，通过对调查结果的分析，在北京，农民专业合作社在资金短缺时大多选择通过个人贷款解决资金缺口；而在河南及河北，农民专业合作社全部采用向农民专业合作社社员筹资的方式，也就是说利用互助资金解决农民专业合作社资金问题。不仅如此，农民专业合作社收集上来的互助资金规模也存在极大的地域性差别，北京的互助资金总额全部在 10 万元以下，而外省互助资金总额基本在 10 万～50 万之间，甚至有一家的互助资金总额在 100 万元以上。

此外如表 9-3，在政府对资金互助的态度上，也存在着严重的地域性差异。北京接受调查的 100 人全部表示当地政府支持资金互助，而其他四省 394 人中，291 人表示当时政府对资金互助没有态度，2 人表示当地坚决反对资金互助，但是这 2 人也表示农民专业合作社已经开展了资金互助业务，72 人表示不知道当地政府的态度，仅 29 人表示当地政府明确表示支持资金互助，仅占 13％，与北京的 100％支持率相差甚远。

表 9-3　农民专业合作社所在地政府对于资金互助的态度调查

态度	频率	百分比（%）
没有态度	291	58.9
坚决反对	2	0.4
支持	129	26.1
不知道	72	14.6

资料来源：根据调查数据整理。

4. 资金需求强盛

资金互助组织对于资金的需求主要体现在两个方面：农业本身对资金的需求、农民对资金的需求。

任何一个经济组织都会遇到资金问题，通过数据分析，我们可以看到参与调查的农民专业合作社曾经全部遇到资金问题。根据调查可知，在农村，不论是农民还是农民专业合作社本身，对互助资金需求都非常强盛。这种现象不仅催生了资金互助业务，也将成为资金互助业务继续繁荣发展的外部推力之一。

首先是农民专业合作社对资金的需求强盛。如表 9-4 所示，我们可以清晰地看到农民专业合作社社员向农民专业合作社借款金额与农民专业合作社资金互助业务筹集资金的多少相关系数为 0.455，相关性明显，这表明了农民专业合作社开展资金互助业务大多因为社员及农民专业合作社本身对于资金的需求。

表 9-4　资金互助筹集及社员借款数额相关性

		社员借款金额	资金互助规模
社员借款金额	Pearson 相关性	1	0.455
	显著性（双侧）		0
	N	494	494
资金互助规模	Pearson 相关性	0.455	1
	显著性（双侧）	0	
	N	494	494

资料来源：根据调查数据整理。

　　其次是农民的资金缺口较大。如表 9-5 所示，在农民专业合作社中，通过向朋友借款解决资金问题的有 48 人，占总人数的 9.7%；通过个人抵押贷款解决资金问题的为 109 人，占总人数的 22.1%；通过农民专业合作社内部社员筹资解决资金问题的为 337 人，占总人数的 68.2%。通过分析，我们可以得出结论，不论是农民专业合作社还是社员的资金缺口都较大，但是在遇到资金问题的时候，他们却无法成功从银行等正规渠道进行贷款解决资金问题。融资困难不仅阻碍了农民专业合作社及社员的发展，也在一定程度上为资金互助业务的开展提供了市场需求，在需求强盛的情况下，资金互助就不可能消失。

表 9-5　资金问题解决方法调查

方　法	频率	百分比（%）
向亲朋好友借款	48	9.7
个人抵押贷款	109	22.1
农民专业合作社内部社员筹资	337	68.2

资料来源：根据调查数据整理。

5. 资金互助发展畸形

　　资金互助业务在发展过程中不断变形，行业发展畸形初见端倪。

　　首先，地方违规开设资金互助社，或者挂着农民专业合作社的名号，却施行资金互助社的运营方式。通过表 9-6，可以清楚地看到，在接受调查的 494 人中，有 166 人表示资金互助业务只是农民专业合作社发展的次要业务，占总人数的 33.6%；有多达 328 人表示资金互助业务是农民专业合作社发展的主要任务，占总人数的 66.4%。但是值得注意的是，这些接受调查的人没有一个来自专门的资金互助社。本应该运营农业事项的农民专业合作社成了资金互助的主阵地，农业领域的从业人员能否驾驭金融领域事物，实在值得商榷。

表 9-6　资金互助业务发展现状

现　状	频率	百分比（％）
资金互助业务为次要业务	166	33.6
资金互助业务为主要业务	328	66.4

资料来源：根据调查数据整理。

其次，资金互助业务背离初衷，沦为谋私利手段。表 9-7 中，有 292 人认为资金互助的好处在于方便给农民放贷，占调查总人数的 59.1％。只有 167 人认为资金互助的好处在于可以迅速融资，解决农民专业合作社资金问题。但是放贷本应该是金融机构的事，资金互助应遵守为社员谋福利的原则，发展好农民专业合作社的农业项目。原本应该发展农业事业的组织心思全部用在金融上，不仅有扰乱金融市场之嫌，也不利于农业事业的发展。

表 9-7　资金互助优点调查

优　点	频率	百分比（％）
迅速融资，解决农民专业合作社资金问题	167	33.8
没有好处	34	6.9
给农民贷款方便	292	59.1
资金多，农民专业合作社的声誉好	1	0.2

资料来源：根据调查数据整理。

6. 资金规模较小

农业对资金投入的需求庞大，尤其是家庭农场等大规模种植基地，肥料费、水费、农药费用都是必须的开支，所以大规模生产的农业项目投入动辄百万，甚至千万。但就目前的状况来看，资金互助的资金规模相较需求明显不足，在不借助企业投资的情况下，资金互助很难支撑起大规模农业生产。

根据国家统计局 2012 年发布的统计数据显示，我国农村居民家庭平均每人纯收入为 7 916.6 元，较 2011 年的 6 977.3 元增长 939.3 元，连续三年以近千元的增幅增长。到 2015 年年底，农村居民家庭平均每人纯收入有望突破万元大关，这也就说明了我国农村居民有着强大的储蓄能力。但是根据调查结果分析，资金互助的资金规模相对较小，与农民收入增长速度不符，农民专业合作社利用资金互助发展大规模农业事业还存在一定的困难。

表 9-8 中可以看出，在接受调查的农民专业合作社中，资金互助总金额基本在 10 万元以下或者 10 万～50 万元这两个选项上，尤其以 10 万元以下的最多，为 209 人，占总人数的 42.3%。而表 9-9 中表示，农民专业合作社社员人数基本在 100 人以下，其数量为 371 人，占总调查人数的 75.1%。按照 100 人集资 10 万元计算，平均每个人出资 1 000 元，资金互助的资金规模还较小，还有很大的发展空间。

表 9-8　资金互助资金规模

规模大小	频率	百分比（%）
10 万元以内	209	42.3
10 万～50 万元	198	40.1
50 万～100 万元	18	3.6
100 万～500 万元	62	12.6
500 万～1 000 万元	7	1.4

资料来源：根据调查数据整理。

表 9-9　农民专业合作社社员规模

规模大小	频率	百分比（%）
100 人以下	371	75.1
100 人以上	123	24.9

资料来源：根据调查数据整理。

据了解，我国冬季温室蔬菜大棚价格从几万到十几万不等，如果计算上水费、电费、人工费、运输费用等，农业投入数额相当庞大。如此类比，10 万元以内的资金互助规模在农业事业中的确是杯水车薪，远远不能解决农业发展中遇到的资金不足问题。

三、农民专业合作社资金互助中存在的问题

（一）外部问题

1. 法律条文不健全

现行条件下，约束农民专业合作社的法律条文只有 2006 年颁布的《中华人民共和国农民专业合作社法》；而针对资金互助社的条文只有 2007 年颁布的《农村资金互助社管理暂行规定》。但是由于这两部法规年代较为久远，其规定也较为宽泛，对近几年才兴起的资金互助业务完全没有提及，法律的实用性较低。近几年政府对于农民专业合作社资金互助业务也一直含糊其辞，不取缔也

不十分鼓励。没有新法出台的情况下，政府对于资金互助采用典型案例引导式，即表彰一定数量的农民专业合作社作为典型，成为其他农民专业合作社学习的标杆。但是需要注意的是，由于资金互助业务涉及金融问题，一般情况下，农民专业合作社不愿意向外人透露过多，所以即使有标杆存在，农民专业合作社在开展资金互助业务时也只能靠自己摸索。对于政府、发起部门与监管部门之间的职责分工，以及合作社资金日常的监督管理、风险的化解、破产退出清算都没有可行的措施。[①] 在这样的情况下，市场急需一部新的法律来约束农民专业合作社的发展，限制资金互助的规模、范围等，用以保障农民专业合作社及社员的合法权益。

由于我国的农民专业合作社法律本身较为宽松，对资金互助业务的法律约束更加稀缺，资金互助业务在发展过程中出现了很多问题。近年来，我国资金互助业务发展过于迅猛，山东等地就出现了农民专业合作社资金互助业务金额过多，资金周转不灵时，理事长"跑路"的现象。

2. 法律地位和组织性质不明确、不统一

目前，国务院及各相关部门出台了一些法律规章来促进和规范农村资金互助组织的发展，但关于农村资金互助的法律地位和组织性质的规定不明确、不统一。例如：银监会发布的《农村资金互助合作组织管理暂行规定》指出，农村资金互助社是独立的企业法人，由银监会颁发金融许可证，并按工商行政管理部门规定办理注册登记。《农民专业合作社》规定农民专业合作社在工商管理部门注册登记，取得法人资格，而在对农民专业合作社内部成立的资金互助社却未做出详细的规定，也就是说其大多未取得合法地位，只能依附于农民专业合作社开展资金互助。国务院扶贫办、财政部发布的《关于进一步做好贫困村互助资金试点工作的指导意见》指出，互助社是指贫困村村民自愿参加成立的非营利性互助资金组织。[②] 由此可见，不同的法律规章对于农村资金互助合作组织的法律地位和组织性质有着完全不同的定位，从而造成了人们对农村资金互助合作组织的模糊认识，也不利于农村资金互助农民专业合作社的健康发展。

3. 监管责任不明

多年来，我国法律对于农民专业合作社的管理较为宽松，对于其衍生出来的资金互助更是约束甚少。相对于监管主体全部是银监会的资金互助社，农民专业合作社内部的资金互助监与管中还存在着巨大的争议：农民专业合作社的

---

① 曹佩茹. 发挥资金互助社优化资源配置作用. 金融时报，2013-02-25.

② 鲁可荣. 农村资金互助合作组织发展与管理现状及促进政策分析. 社团管理研究，2013（1）.

登记部门为工商部，但是其内部的资金互助由于涉及资金，管理部门在理论上应为银监会，但是按照我国现行的法律法规，在谁登记谁管理的制度下，银监会无权管理农民专业合作社内部的事项，而工商部又没有完善的制度管理资金问题。农民专业合作社的登记部门混乱，直接导致了基于农民专业合作社开展的资金互助业务监管存在空白地带。资金互助业务能否开展，怎样开展都间接取决于当地主管部门，极易出现官僚阻碍资金互助健康发展的现象。

值得注意的是，在调查过程中，发现有一种资金互助是由各级政府的扶贫办利用扶贫资金建立起来的。[1] 由于该类型的资金互助登记部门较为特殊，其基本游离于监管范围之外。

另外，上文已经提到，资金互助社应该经过银监会的认可。截至 2013 年年底，具有认可资质的资金互助社在全国范围内只有 49 家，但是现在在江苏省盐城每一个乡镇都有所谓的资金互助社。根据调查发现，这些资金互助社的登记注册部门为当地工商局，当地将资金互助社注册成民办非企业团体。但是根据我国法律规定，民办非企业团体其实是民办事业单位。1996 年时，中央和国务院决定将其称为民办非企业团体，因为其特殊地位，其不得从事营利性活动。这也就意味着，这些资金互助社的资金业务都是私下进行，属于非法活动，监管更是处于空白。所以在一些地区，例如江苏省淮安地区，政府取缔了所有资金互助社，2013 年年中，关闭了资金互助社的审批程序。

4. 发起主体较为复杂，带有极大的商业目的

在大多数国家的关于农村金融的法律中，虽然对团体法人成为农民专业合作社社员并没有特别的限制，但对社员持股则有较严格的规定，一般都会规定社员必须等额持股。而在我国，由于在农村广泛存在分散经营的小农户，这些小农户缺资金、少技术，从业人员没有营销能力，资金互助入股人员又不愿意承担投资入股风险。造成我国的农民专业合作社法只对社员投票权和盈余分配结构作了特别限定，在我国的合作社法中不仅允许团体法人成为基层社员，允许社员不等额持股，甚至还允许农民专业合作社盈余按股分红。

在这种情况下，一些农村能人、大户和部分涉农企业，成了发起、创办农民专业合作社、维持农民专业合作社政策运转的主要力量。由于发起主体的结构及成分过于复杂，一些人筹办农民专业合作社偏离了为社员谋福利的初衷，商业意图明显。

---

[1] 曹佩茹．发挥资金互助社优化资源配置作用．金融时报，2013-02-25.

（二）内部问题

1. 业务开展存在误导

农民专业合作社资金互助业务主要针对农民，但是很多农民思想较为僵化，对于农民专业合作社开展的资金互助理解存在一定的偏差，很多农民认为将钱放在农民专业合作社与放在银行没有差别，反而可以拿到更高的收益。针对农民的这一想法，有些农民专业合作社在开展资金互助业务时，聘请专业的业务人员，这些业务人员很多来自银行或者保险行业，他们专门负责到村镇各地吸纳农民入社，活动手法与金融机构吸储方法大体相同。虽然他们中的很多人已经从银行等金融行业转岗，但是他们原有的工作经历还是会对农民造成误导。

2. 管理混乱，资金存在风险

农民专业合作社内部的资金互助最开始只是为了解决农民专业合作社遇到的资金问题，同时为社员的紧急资金需求提供帮助。但是在长期的发展过程中，一些地方的资金互助业务成为农民专业合作社发起人牟利的手段，渐渐失去了最初的作用，资金互助的风险日益凸显。

农民专业合作社遵循"入社自愿、退社自由"的原则，组织形式松散，农民专业合作社对其成员约束力有限，这不仅增加了农民专业合作社向银行贷款的难度，也为自身的资金管理带来了不可避免的问题。一是农民专业合作社的规章制度内容较模糊、可操作性较弱，出现问题大多全凭理事长当机决断，指导部门多为当地政府，资金互助缺乏必要的风险应对机制。二是部分农民专业合作社的组织机构不够完善，理事会、监事会成员大多来自"小集体"。但是由于"小集体"拥有共同的利益目标，机构的设置实际作用微乎其微，内部监管主要依靠道德及自律，受个人控制概率较大。三是作为以内部入股成员为借款对象的农民专业合作社资金互助组织，尽管内部信息对称能降低道德风险，但由于部分成员信用意识淡薄，或因自然灾害、市场变化等影响到还款能力，而致使成员不能及时还款而出现资金风险。[①] 四是制度约束力较差，由于农民专业合作社以农民为主，受教育程度较低，同甘可以共苦万难，社员入社、退社随意性较大。这样的管理极易出现问题，尤其是在涉及资金的问题上。

3. 资金被挪用现象普遍存在

根据 2012 年 11 月 23 日《中国经营报》的报道，江苏省灌南县四家农民

---

① Staatz, John m. The cooperative as a coalition: a game theoretic approach . A. American Journal of Agriculture Economics，1084-1089.

资金农民专业合作社突然关闭，四家农民专业合作社全部存在对外吸收、投资资金的非法情况，涉案金额高达 1.1 亿元。[①] 我国资金互助的规模不断扩大的同时，监管等却相对落后。2011 年江苏省泰州市吸收资金互助金额有 8 家超过 1 000 万元，甚至有 2 家超过 5 000 万元。如此庞大的资金数额，稍有不慎，将极有可能影响到当地金融市场的稳定。

事实上，利用资金互助业务吸收农民资金随后对外投资的农民专业合作社不在少数，尤其在能人、企业领办的农民专业合作社中，该现象尤为严重。因为能人及企业在当地本身有一定的声望，农民更加愿意加入这样的农民专业合作社，将资金放入资金互助的农民数量也会随着能人及企业的名声好坏而相应变化。只要到期可以拿到相应的收益，农民对于自己放入资金互助业务中的资金去向并不关心，这就为农民专业合作社的领办者提供了足够的时间及空间，去挪用资金互助业务中的资金。

4. 季节性明显，资金流动性大

农业从古至今对自然环境的依赖程度较大。农忙从春季开始，冬季农闲，相应的，农民手中的资金也呈现强烈的季节性。冬季时，社员们纷纷将资金存入资金互助，农忙时，社员们集中需要资金，这一特点也就直接导致了农民中开展的资金互助极易出现暴增暴降的现象，资金互助良性发展道路上这将是不可避免的问题之一。

5. 资金来源渠道狭窄

在我国，农民专业合作社存在产权不明，组织对社员约束能力差等问题，直接导致其不能像企业等经济组织一样通过向银行贷款、上市等方式进行融资。虽然银行已经简化了农民专业合作社的贷款手续，但事实上农民专业合作社向银行贷款成功的案例很少。

资金互助业务性质不同于商业银行，因此不能吸收社会存款。从理论上来讲，互助资金来源主要有四个方面：一是资金互助组织内部成员缴纳的互助金；二是来自政府财政的专项拨款；三是除政府外其他组织和个人的资助；四是从银行或其他金融机构取得的贷款。[②] 而就目前实际情况来看，农民资金互助组织的资金来源主要是资金互助组织内部成员缴纳的互助金以及政府的专项扶持资金（政府扶持以实物为主，资金扶持较少），其他组织和个人的资助几乎为零，从银行或其他金融机构取得贷款支持也较难。所以说，我国资金互助

① 刘弘毅. 资金互助大骗局. 中国经营报，2012-11-23.
② 陈海燕，李艳锋. 农村地区资金互助社发展中存在问题及对策. 甘肃金融，2013（3）.

组织的资金来源渠道十分狭窄，难以充分满足社员对资金的需求。① 农村资金互助社可利用的资金总量不足，规模扩大受资金条件限制，只能满足成员小规模、小数额的借款需求，一些借款需求量大的成员，则只能通过其他农村金融机构或者民间借贷来满足其融资需求。

6. 专业人才匮乏

现阶段，我国资金互助多依托农民专业合作社开展，农民专业合作社的工作人员大多来自农村，有些是乡镇领导、种养殖大户，条件好的地方能聘请到财务、金融领域的相关人才。根据国家统计局 2013 年数据显示，2012 年全国农业从业人口为 53 685.44 万人，比 2011 年增加 441.51 万人，当年的乡村人口为 96 808.58 万人，乡村总人口数量比农村从业人口多 43 123.14 万人，也就是说我国农户中有相当一部分从农业劳动中脱离出来，农业劳动者正在流失，而农业院校毕业的专业人才更是少之又少。

由于农民专业合作社为了更好地开展业务，基本将办公地点置于村镇等邻近农民的地区。这些地区的基础设施较差，办公条件、环境等与城市相差甚远，在我国，农业人才本来稀少，金融行业人员更加不愿意到农村去工作，多种现状叠加，直接导致了资金互助专业人才的匮乏。

四、国内外先进经验及启示

我国虽然是农业大国，但是在新中国成立初期，为了尽快摆脱贫困落后的帽子，我国经济上采取的政策是"以农养工"。农业长期受到剥削的结果就是不论是农民素质还是机械化水平，我国农业的整体素质都不高，距离发达国家的水平相差较远。尤其是在"文化大革命"期间，我国在农业合作化方面走过弯路，前车之鉴历历在目，很多农民对于合作农业模式还存在较大的质疑。

相对于我国农村金融初级阶段的状态，国外的农民合作组织发起较早，发展过程中通过不断的尝试及修正，已经形成了一套比较完整的体系，合作组织中的资金互助业务也发展运行得较为成熟。

国外发达国家和东亚的农村金融组织主要是以农民专业合作社为经济载体，内生于综合或者专业农民合作社中，在初级的经济合作基础上形成的高级的金融合作，因为有经济上的结合、联系才可能产生更多的金融需求。

纵观国外农村金融发展脉络，可以看出他们在不同经济社会环境下，促进

---

① 王宁. 化解农民专业合作社资金互助阻力的思考. 农村财务会计，2013 (429).

农村金融政策的目标、重点和具体措施各有特点。[①] 但不难发现，其农村金融政策也呈现出某些共性特征，而这些共同特征就为我国农村金融的发展提供了理论依据。

（一）国内的成功经验

1. 台湾农村储蓄的成功经验及启示

（1）台湾农村储蓄成功经验。台湾的农村储蓄互助合作要追溯到 1963 年，当时台湾地区的天主教会在台湾正式成立了储蓄互助社服务中心。1964 年在台湾新竹市第一家储蓄互助社——圣心储蓄互助社成立了，同年 9 月，储蓄互助社服务中心组织成立了互助协会，并经台湾"内政部"批准，正式成立了社团法人。在之后的短短十年间，台湾的储蓄互助农民专业合作社发展壮大到 306 家，人数也从最初的 63 人发展到 3 4065 人，社员股金结余逐渐达到 154 705 639元新台币。[②] 但是在快速增长的同时，台湾农村储蓄开始偏离初衷，步入歧途，行政管理者、市场及农民对储蓄互助社疑虑越来越多，"跑路"事件也频频发生。1980 年 1 月 30 日，台湾"财政部"明确要求不得再设新社；之后经过近 20 年的努力，台湾第一部"储蓄互助社法"于 1997 年 5 月 6 日诞生，台湾农村金融市场开始走上健康发展之路。

现阶段，其储蓄互助社的工作性质大体以服务性为主，工作主要任务包括缴纳水电煤气费用，缴纳税金及罚款等。台湾的农会能量巨大，乡村向城市转变的过程中处处有它的身影。2012 年台湾农会公开招聘 300 个职位，吸引 9 000 人报名，收益好的农会待遇优厚，工作人员甚至可以拿到 20 个月的工资。

（2）台湾农村储蓄的启示。台湾农村储蓄农民专业合作社的成功在于其以壮士断腕的决心及勇气花费了长达 20 年的时间调研，最终形成了一套较为贴近现实且合理完善的管理办法。

完善的规则、非营利的性质、管理者的扶持，三驾马车使得台湾储蓄农民专业合作社平稳发展至今，最终在惠民方面得到了民众的认可。

台湾农村储蓄的发展过程，是从自发的民间行为逐渐得到管理者的认可。从台湾的经验来看，在资金互助处于发展的初级阶段，即快速发展期，这一阶段行业较为混乱，管理、监督等相对落后，需要拿出长期治理的决心，为资金互助回归本意，健康发展打好基础。

---

① 钟钰 . 国外农村金融发展经验及启示 . 农民日报，2013-04-16.
② 刘振宏 . 台湾储蓄互助社制度的变迁及其启示 . 安徽师范大学学报，2010，38（3）.

2. 北京农民专业合作社资金互助的成功经验及启示

北京作为我国的政治中心，各行各业的专业化水平较高，北京农民专业合作社资金互助业务开展也较为规范，可以为全国提供制度经验及样本。

（1）北京农民专业合作社资金互助的成功经验。首先，北京的农民专业合作社监管制度较严格，资金互助业务开展较为安全。根据统计数据显示，2012年北京农民专业合作社中的执行监事或监事长中农民的人数为 3 158 人，占总人数的 97％。其次，2012 年 358 家农民专业合作社获得财政扶持资金总额达到 8 007.68 万元，获得社会捐赠资金总额达到 105.1 万元，为农民专业合作社业务提供了大量的外部资金，间接保障了农民资金在资金互助业务中的安全。第三，由于北京农民专业合作社自身发展较好，专业化水平高，资金互助需求趋于平稳。例如密云古北口村民俗旅游专业农民专业合作社成立后，全村收入大幅度提高，2012 年该村民俗旅游总收入共计 900 余万元，该村最差户年赚 2 万元，最好户年收入高达 160 万元。相比 2011 年，民俗旅游收入增长 450 万元，游客增长 40％。[①] 由于在北京的资金互助组织中社员自身有一定的经济实力，恶意借款及携款潜逃的发生率基本为零。

（2）北京农民专业合作社资金互助的启示。根据北京资金互助业务的成功经验，我们可以归结以下几点对全国其他地区资金互助的启示：首先，开展资金互助的农民专业合作社需要明确监管责任，做好资金互助内部的监管；第二，各地方政府在资金互助问题上应该制定长期的外部服务方针，杜绝朝令夕改现象的发生，为资金互助提供稳定的政策环境；第三，国家应该在经济基础较差的地区限制资金互助的开展；第四，各地方农民专业合作社应该根据地方特色开展农业活动，为农民专业合作社内部开展的资金互助增加安全系数。

（二）国外的先进经验

国外的农村合作金融体系按其组织结构不同，大体可以分为四类模式：单元金字塔模式、多元复合模式、半官半民模式以及"二三三"模式，代表国家分别为德国、美国、法国及日本。

1. 德国农村金融的成功经验及启示

（1）德国农村金融的成功经验。德国的农村合作金融组织是欧洲最大的合作金融系统，是单元金字塔模式的典型代表。该模式指农村金融只有一个系统，最上层是全国性统一联合组织，中层是地区性联合组织，底层是信用农民

---

① 孟芮溪. 民俗旅游拓宽农民增收路——北京密云古北口村民俗旅游专业农民专业合作社特色发展纪实. 中华合作时报，2013-01-15.

专业合作社，就像金字塔一样。

最上层的是全国统一联合组织——中央合作银行，其大部分资金除来自地区合作银行外，政府也参加了一定的股份，以此来表达对合作银行的支持。中央合作银行的主要业务是为合作银行系统提供全国性的支付和结算业务，以及短期融资，并为合作银行提供各类金融产品，例如证券、保险等金融服务。根据《德国合作银行法》的规定，政府最高可参股 25%，但是中心合作银行的主要负责人必须经过政府同意、任命；中层的地区合作银行则主要是为了第三层的基层信用社提供存放闲置资金的场所，并最终充当基层信用社融通资金的中介，运用现代化手段处理来自基层信用社的地区内结算业务，支持基层信用社开展证券业务和国际业务，包括投资咨询、证券保管及对外业务咨询等。① 在德国，有超过 60% 的农业信贷是由合作银行和农村信用社提供的。

与此同时，德国政府对于农村信贷的补贴是长期且稳定的。从 1954 年起，德国政府对农村信贷实行利息补贴，并大力鼓励金融机构参与农村信贷，其补贴范围涵盖所有种养业、农业生产资料、房屋建筑、农产品加工、水利设施、农业结构调整、土地改良与归整、环境保护、旅游、生态农业以及创立新企业等，但同时规定项目享受补贴的贷款项目期限原则上不少于 8 年。② 这就为农村信贷的安全提供了有力的保障。

（2）德国农村金融的启示。德国农村金融的成功在于专业，其利用专业机构发挥专业优势，为农村金融市场提供专业金融服务与指导。在德国模式中，我们可以看到，政府的职责是全局的把控及对人员的认定，银行则发挥优势，向农村提供专业含量高、风险较小的金融产品及服务，信用社则利用与农民距离近便的优势打通金融产品及服务与农民之间的"最后一公里"问题。

2. 美国农村金融的成功经验及启示

（1）美国农村金融的成功经验。根据最新的数据显示，美国的农村人口仅占总人口的 3%，但是美国却是世界上最大的粮食生产国和出口国，这与其先进的农业生产技术与农业组织关系密切。

美国是多元复合模式的典型代表。多元复合模式是指合作金融组织由多个不同的系统组成，各系统内部又由不同的组织结构组成。

美国农村合作金融系统主要由三类合作金融机构组成，分别是联邦土地银行、联邦中期信用银行及其生产信用农民专业合作社、合作银行。其中，联邦

---

① 姜常青．浅析德国农村合作金融对我国的启示．中国农经信息网，2011-10-24．
② 王定祥，李伶俐．发达国家农村金融市场发展的经验与启示．市长参考，2013-08-24．

土地银行设有统一的中央机构，分为 12 个独立农业信用区的联邦土地银行，各信用区的联邦土地银行再下设基层信用合作组织；联邦中期信用银行没有统一的中央机构，也分为与联邦土地银行平行的 12 个中期信用银行，向下包含 40 多家生产信用农民专业合作社；合作银行系统是在 1933 年《农业金融法》通过后成立的，由 1 个中央合作银行和 12 个区域性合作银行构成，每个区的合作银行须接受所在区农业信贷治理局的督导。合作银行初期由国家出资创办，现在已经完全归农民组成的农民专业合作社所有。

（2）美国农村金融的启示。美国农村金融的成功在于允许多种经营模式并存，正如美国联邦制的政治体制一样，美国的农村金融机构在分支机构受中央机构统一领导的前提条件下，充分尊重金融分支机构的自治权。

我国资金互助可以部分借鉴美国模式，尤其是幅员较辽阔的一些省份，例如大规模生产且机械化水平较高的黑龙江，可以通过大胆的创新，在全省范围内建立统一的领导组织，利用省内各市的银行等金融机构，向乡镇内的资金互助业务提供专业的金融服务。这样做的好处在于全省可以建立起统一的资金互助标准，增加资金互助的专业性，并可以根据各地经济及人文环境的差异进行资金互助业务的调整，使之更加贴近当地农民。

3. 法国农村金融的成功经验及启示

（1）法国农村金融的成功经验。法国的农村金融是半官半民模式的代表，该模式是指由政府向中心合作金融机构拨入资本金，由农民自愿向地区和基层合作金融机构投入资本。其农业互助信贷银行按三级法人制建立，由中心合作银行、地区合作银行和地方合作银行组成。

该模式中，中心合作银行是按公法建立的，也就是法国农业信贷互助银行总行，它是全国性的合作金融机构，受农业部和财政部双重领导与监督。除此之外还有省农业信贷互助银行，它由若干个农业信贷互助银行组成，是全省农业信贷互助银行的法人代表，也是地方农业信贷互助银行的领导机关；地方合作银行的社员包括农民、小工厂主以及雇员；地区合作银行则是按照行政区划设立的，目前全法国共有 94 家。

法国农村金融的成功在于其向乡镇农村提供了一些称之为"绿点"的服务，而所谓"绿点"就是批准就近的商业店铺设立银行服务点，在很多情况下，这些服务点替代了传统的银行网点，为当地农民带来了便利。

（2）法国农村金融的启示。法国的农村金融对我国的启示在于其严谨的法律条款，缜密的监管，尤其是贴近农村、农民的"绿点"服务点。其服务点与我国农村现在的农民专业合作社资金互助非常相像，两者都将营业网点设置在离其客户近便的农村地区，但是法国的农村服务金融机构信誉非常高，它不是单独的经济组织，背后与政府、银行等公信力较高的机构相互关联，有着非常完善的法律保障体系，加上法国农民的诚信意识较高，其农村金融机构极少出现问题。

对于我国来说，资金互助应该建立起完善的保障体制，这不仅需要资金互助组织自己的努力，也需要政府的支持和农民诚信意识的不断提高。

4. 日本农村金融的成功经验及启示

（1）日本农村金融的成功经验。日本农村金融经过 60 多年的发展，为日本社会创造了大量财富，也被世界公认为最成功的农村金融系统。

日本是"二三三"模式的典型代表，"二三三"模式是指既有政府及农民共同投入，由农业、渔业、林业 3 个系统，上、中、下 3 个层次构成。

日本农村合作金融的组织形式比较独特，它不是一个独立的系统，而是依附于农业协同组织，其既是农协的一个子系统，又是一个具有独立融资功能的金融部门。农协中的合作金融机构由 3 个层次、3 个业别组成：3 个层次分别是基层农协中的信用合作组织、中间层的信用合作联合会，以及最高层的农林中央金库和全国信用联合会；3 个业别是农业、林业、渔业，它们有分别为其服务的机构，如信农联、信林联、信渔联等。基层农协既对农户从事信用业务，又兼营保险农产品贩卖、生产资料购买等多项业务。[①] 基层农协的剩余资金，出于对经济安全的考虑，依照《农协财务处理基准令》，按存款的一定比例存入上一级的中层农协金融机构——信农联，一般为定期存款的 30%，活期存款的 15%。基层农协无权向本系统以外的部门发放贷款。[②] 正是这样层层联合，使得农村的金融系统形成了一套完整的体系。

（2）日本农村金融的启示。由于我国与日本同为亚洲国家，人多地少的现状也非常相似，所以日本的农村金融模式的成功经验对我国资金互助的借鉴意义较大。

日本的模式看似混乱，但是与我国的资金互助非常相似，我们可以将日本的农协看做是我国的农民专业合作社，而农村合作金融相对应就是我国的资金互助。日本农村合作金融模式能够健康、稳健运行，与其完备的风险保障体系是分不开的。我国可以向日本学习，引进补偿机制，层层保障，相互依赖，在遇到不可抗力时，启动补偿机制，保证弱势群体——农民的利益，最大可能地降低农民资金风险。

---

① 金宝翔，杨伟坤，蒲斯纬，张永升. 美国等合作金融的国际发展及在中国的实践. 世界农业，2012（3）.

② 李秀丽. 日本农村金融体系成效与问题. 中国日报，2008-12-15.

五、规范农民专业合作社资金互助的合理化建议

（一）完善相关法律法规

我国的资金互助业务急需一部规定详尽、贴近实际的法律出台，以引导资金互助的健康发展。基于我国资金互助遍地开花的现状，全部取缔的可能性不大，唯一的治理办法就是针对资金互助业务的规范运营。在颁布较为规范可行的法律、法规的基础上，政府还可以在公开表彰农民专业合作社的同时，公开表彰资金互助业务运行较好单位，为全国资金互助业务的开展提供实例样本。

（二）建立健全监管制度

资金互助业务的监管可分为外部监管及内部监管。外部监管将主要依靠现行法律法规的约束，与相关监管部门的协调运作。鉴于资金互助业务的特殊性，农业部、工商局等多部委，应对资金互助业务做出切合实际的详细规定，尽量避免部门监管之间相互推诿。

资金互助业务的内部监管需要农民专业合作社全体社员的共同努力。

首先，基于农民专业合作社开展的资金互助业务，需要全体社员了解资金互助业务的概念，运作模式，资金来源及去向等相关知识，切实加强社员尤其是资金互助成员的监管意识。从基层入手，依靠全体社员的力量，使互助资金的流向时刻处于透明公开的状态下。

其次，农民专业合作社内部的理事会、监事会要确实负起相关责任，理事会、监事会成员需由社员选举产生，杜绝"小集体"现象。可参照北京的做法，将区域内理事会、监事会成员中农民所占比提高到一定比重之上，切实做到农民的互助资金交由农民自己管理。除此之外，各个资金互助内部的理事会、监事会以及社员代表选举大会应该要求互助成员出席率达到85％，以防止在选举过程中出现任人唯亲现象。在对于资金互助的监管中应该切实做到公开、透明，将资金互助业务的往来账户等相关材料，置于会议室等社员方便取阅的地方。

（三）农民专业合作社自身发展

资金互助要发展，首先需要农民专业合作做到运营规范：

第一，鉴于资金互助业务的性质以及我国农民的金融知识水平整体不高的现状，我国应该杜绝没有实业的农民专业合作社开展资金互助业务。

第二，政府在鼓励农民专业合作社发展的同时，应该探索农业技术的商业

转化，为农民专业合作社农业项目的上马、发展等提供空间与可能，将农民专业合作社纳入农业技术商品转化的一个环节，促进农民专业合作社的发展，最终为资金互助业务的开展提供安全的保障。

第三，资金互助业务的开展需要谨慎，农民专业合作社需要对入社人员进行一定的审核。对于参加资金互助的人员，要求其常住地址为农民专业合作社所在地，其个人应在当地有良好的口碑，道德败坏者坚决拒绝其参加资金互助业务，以防止有人利用农民专业合作社漏洞通过资金互助敛财，甚至携款潜逃。

第四，基于农民专业合作社开展的资金互助业务，必须做到资金只能够提供给农民专业合作社本身或者用于社员的农业生产，不得对外投资、不得用于农业以外的各种支出。

（四）加强资金互助成员资金安全意识

加强对农民的宣传、教育、培训工作。资金互助中想要农民真正地合作起来，必须使农民充分认识到"合作是自己的事"，并且需要农民具备一定的合作能力。这就需要政府采取多种手段，开展对农民的宣传、教育和培训等工作，提高农民对合作组织的认识，激发他们合作的意愿，提高他们合作的能力。[①] 只有农民真正将资金互助之事放在心上，人人都参与其中，内部监管才能实施。

（五）提高资金互助外围服务专业水平

首先，需要提高我国农业从业人员的农业知识水平。在美国，经营农场的人员必须接受专门的农业高等教育，农民接受农业新科技较快，这就保障了美国农业科技含量不断增加。在我国的台湾地区，农业部门管理者每年都必须接受 5～8 小时的农业专业课程培训，这保障了管理者对于农业有清楚正确的认识，为农业政策的有效制定提供了知识储备。我国必须提高农业官员的农业知识水平，才能为资金互助的外部服务提供更加专业的支持。农民专业合作社从业人员需要对农业有一定的了解，资金互助业务的从业人员应该对金融知识有一定的了解，以为参与资金互助的成员提供更好地服务。

其次，需要提高资金互助外围服务专业水平。我国可借鉴德国农村金融的专业经验，让政府、金融机构、农民专业合作社各归其位，利用各自的专业优势：政府做好监管、金融机构做好金融产品、农民专业合作社将金融业务释放

---

① 张德元，张亚军. 关于农民资金互助合作组织的思考与分析. 经济学家，2008（1）.

出来专心履行为社员谋福的职责，三者相互扶持，最终使得资金互助回归其初衷，更好地支撑农业及农民专业合作社自身的发展。

（六）增强资金互助组织从业人员专业水平

在上文中，资金互助从业人员对于资金互助的认识存在误区。我国政府应该帮助资金互助组织提高其从业人员的专业水平，尤其应提高从业人员的金融知识水平，政府可定期开展培训、讲座等，宣传资金互助专业知识，使农民了解资金互助组织业务开展的范围，及其法律知识等。

针对资金互助业务开展中存在的业务诱导情况，我国监管部门应出台规定，严厉打击原有金融行业的从业人员对农民进行虚假宣传。

（七）做好资金互助业务的账务公开工作

资金互助在增强自身发展的同时，需要利用自身信誉增强社员的信任，而最有效的办法在于账务的公开。

资金互助组织应公开其账务，将往来账务置于农民专业合作社办公室内或社员们便于取阅的地方，只有公开透明的账务才能使社员相信资金互助组织。资金互助组织应在办公室内放置社员登记表、监事会名单、理事会名单、盈余分配制度等供社员了解资金互助组织。

（八）因地制宜地发展资金互助

我国幅员辽阔，各地经济发展水平相差甚远，农业发展状况也不尽相同，资金互助的发展理应按照当地的具体情况而定。

首先，我国东北三省地广人稀，可以借鉴美国经验，在全省内建立统一的资金互助领导机构，制定全省的统一发展标准，下设分支，在分支接受统一领导的前提下，充分尊重地方的自主发展权利，大胆创新，允许多种资金互助模式并存。

其次，我国华北、华中、华南大部分地区（除个别贫困地区）可以学习日本的经验，在原有的资金互助模式中引入风险保障体系，在不打击资金互助发展的同时，降低资金互助风险。在引入风险保障体系之初，对各地方资金互助进行有效评估，对于不适合引入风险保障体系的坚决要求整改，甚至关停其资金互助业务。

第三，对于西北、新疆、西藏等地区（除个别经济发展水平较高地区），经济发展水平较低，不适于开展资金互助业务，应该坚决制止资金互助的发展，不能为了政府业绩而不顾当地实际情况，盲目跟风开展资金互助业务。

附录

农民专业合作社财务会计制度

（试行）

一、总　则

（一）为了规范农民专业合作社（以下简称合作社）会计工作，保护农民专业合作社及其成员的合法权益，根据《中华人民共和国会计法》、《中华人民共和国农民专业合作社法》及有关规定，结合合作社的实际情况，制定本制度。

（二）本制度适用于依照《中华人民共和国农民专业合作社法》设立并取得法人资格的合作社。

（三）合作社应根据本制度规定和会计业务需要，设置会计账簿，配备必要的会计人员。不具备条件的，也可以本着民主、自愿的原则，委托农村经营管理机构或代理记账机构代理记账、核算。

（四）合作社应按本制度规定，设置和使用会计科目，登记会计账簿，编制会计报表。

会计核算以人民币"元"为金额单位，"元"以下填至"分"。

（五）合作社的会计核算采用权责发生制。会计记账方法采用借贷记账法。

（六）合作社会计核算应当划分会计期间，分期结算账目。一个会计年度自公历 1 月 1 日起至 12 月 31 日止。

（七）合作社会计信息应定期、及时向本合作社成员公开，接受成员的监督。对于成员提出的问题，会计及管理人员应及时解答，确实存在错误的要立即纠正。

（八）财政部门依照《中华人民共和国会计法》规定职责，对合作社的会计工作进行管理和监督。

农村经营管理部门依照《中华人民共和国农民专业合作社法》和有关法规政策等，对合作社会计工作进行指导和监督。

（九）本制度自 2008 年 1 月 1 日起施行。

二、会计核算的基本要求

（一）合作社的资产分为流动资产、农业资产、对外投资、固定资产和无形资产等。

（二）合作社的流动资产包括现金、银行存款、应收款项、存货等。

（三）合作社必须根据有关法律法规，结合实际情况，建立健全货币资金内部控制制度。

合作社应当建立货币资金业务的岗位责任制，明确相关岗位的职责权限。明确审批人和经办人对货币资金业务的权限、程序、责任和相关控制措施。

合作社收取现金时手续要完备，使用统一规定的收款凭证。合作社取得的所有现金均应及时入账，不准以白条抵库，不准挪用，不准公款私存。

合作社要及时、准确地核算现金收入、支出和结存，做到账款相符。要组织专人定期或不定期清点核对现金。

合作社要定期与银行、信用社或其他金融机构核对账目。支票和财务印鉴不得由同一人保管。

（四）合作社的应收款项包括本社成员和非本社成员的各项应收及暂付款项。合作社对拖欠的应收款项要采取切实可行的措施积极催收。

（五）合作社应当建立健全销售业务内部控制制度，明确审批人和经办人的权限、程序、责任和相关控制措施。

合作社应当按照规定的程序办理销售和发货业务。应当在销售与发货各环节设置相关的记录、填制相应的凭证，并加强有关单据和凭证的相互核对工作。

合作社应当按照有关规定及时办理销售收款业务，应将销售收入及时入账，不得账外设账。

合作社应当加强销售合同、发货凭证、销售发票等文件和凭证的管理。

（六）合作社应当建立健全采购业务内部控制制度，明确审批人和经办人的权限、程序、责任和相关控制措施。

合作社应当按照规定的程序办理采购与付款业务。应当在采购与付款各环节设置相关的记录、填制相应的凭证，并加强有关单据和凭证的相互核对工作。在办理付款业务时，应当对采购发票、结算凭证、验收证明等相关凭证进行严格审核。

合作社应当加强对采购合同、验收证明、入库凭证、采购发票等文件和凭证的管理。

（七）合作社的存货包括种子、化肥、燃料、农药、原材料、机械零配件、低值易耗品、在产品、农产品、工业产成品、受托代销商品、受托代购商品、委托代销商品和委托加工物资等。

存货按照下列原则计价：购入的物资按照买价加运输费、装卸费等费用、运输途中的合理损耗等计价；受托代购商品视同购入的物资计价；生产入库的农产品和工业产成品，按生产过程中发生的实际支出计价；委托加工物资验收入库时，按照委托加工物资的成本加上实际支付的全部费用计价；受托代销商品按合同或协议约定的价格计价，出售受托代销商品时，实际收到的价款大于合同或协议约定价格的差额计入经营收入，实际收到的价款小于合同或协议约定价格的差额计入经营支出；委托代销商品按委托代销商品的实际成本计价。领用或出售的出库存货成本的确定，可在"先进先出法"、"加权平均法"、"个别计价法"等方法中任选一种，但是一经选定，不得随意变动。

合作社对存货要定期盘点核对，做到账实相符，年末必须进行一次全面的盘点清查。盘亏、毁损和报废的存货，按规定程序批准后，按实际成本扣除应由责任人或者保险公司赔偿的金额和残料价值后的余额，计入其他支出。

（八）合作社应当建立健全存货内部控制制度，建立保管人员岗位责任制。存货入库时，保管员清点验收入库，填写入库单；出库时，由保管员填写出库单，主管负责人批准，领用人签名盖章，保管员根据批准后的出库单出库。

（九）合作社根据国家法律、法规规定，可以采用货币资金、实物资产或者购买股票、债券等有价证券方式向其他单位投资。

（十）合作社的对外投资按照下列原则计价：

以现金、银行存款等货币资金方式向其他单位投资的，按照实际支付的款项计价。

以实物资产（含牲畜和林木）方式向其他单位投资的，按照评估确认或者合同、协议确定的价值计价。

合作社以实物资产方式对外投资，其评估确认或合同、协议确定的价值必须真实、合理，不得高估或低估资产价值。实物资产重估确认价值与其账面净值之间的差额，计入资本公积。

合作社对外投资分得的现金股利或利润、利息等计入投资收益。出售、转让和收回对外投资时，按实际收到的价款与其账面余额的差额，计入投资收益。

（十一）合作社应当建立健全对外投资业务内部控制制度，明确审批人和经办人的权限、程序、责任和相关控制措施。

合作社的对外投资业务（包括对外投资决策、评估及其收回、转让与核销），应当由理事会提交成员大会决策，严禁任何个人擅自决定对外投资或者改变成员大会的决策意见。

合作社应当建立对外投资责任追究制度，对在对外投资中出现重大决策失误、未履行集体审批程序和不按规定执行对外投资业务的人员，应当追究相应的责任。

合作社应当对对外投资业务各环节设置相应的记录或凭证，加强对审批文件、投资合同或协议、投资方案书、对外投资有关权益证书、对外投资处置决议等文件资料的管理，明确各种文件资料的取得、归档、保管、调阅等各个环节的管理规定及相关人员的职责权限。

合作社应当加强对投资收益的控制，对外投资获取的利息、股利以及其他收益，均应纳入会计核算，严禁设置账外账。

（十二）合作社要建立有价证券管理制度，加强对各种有价证券的管理。要建立有价证券登记簿，详细记载各有价证券的名称、券别、购买日期、号码、数量和金额。有价证券要由专人管理。

（十三）合作社的农业资产包括牲畜（禽）资产和林木资产等。

农业资产按下列原则计价：购入的农业资产按照购买价及相关税费等计价；幼畜及育肥畜的饲养费用、经济林木投产前的培植费用、非经济林木郁闭前的培植费用按实际成本计入相关资产成本；产役畜、经济林木投产后，应将其成本扣除预计残值后的部分在其正常生产周期内按直线法分期摊销，预计净残值率按照产役畜、经济林木成本的5％确定，已提足折耗但未处理仍继续使用的产役畜、经济林木不再摊销；农业资产死亡毁损时，按规定程序批准后，按实际成本扣除应由责任人或者保险公司赔偿的金额后的差额，计入其他收支；合作社其他农业资产，可比照牲畜（禽）资产和林木资产的计价原则处理。

（十四）合作社的房屋、建筑物、机器、设备、工具、器具和农业基本建设设施等，凡使用年限在一年以上，单位价值在500元以上的列为固定资产。有些主要生产工具和设备，单位价值虽低于规定标准，但使用年限在一年以上的，也可列为固定资产。

合作社以经营租赁方式租入和以融资租赁方式租出的固定资产，不应列作合作社的固定资产。

（十五）合作社应当根据具体情况分别确定固定资产的入账价值：

1. 购入的固定资产，不需要安装的，按实际支付的买价加采购费、包装费、运杂费、保险费和交纳的有关税金等计价；需要安装或改装的，还应加上安装费或改装费。

2. 新建的房屋及建筑物、农业基本建设设施等固定资产，按竣工验收的决算价计价。

3. 接受捐赠的全新固定资产，应按发票所列金额加上实际发生的运输费、保险费、安装调试费和应支付的相关税金等计价；无所附凭据的，按同类设备的市价加上应支付的相关税费计价。接受捐赠的旧固定资产，按照经过批准的评估价值或双方确认的价值计价。

4. 在原有固定资产基础上进行改造、扩建的，按原有固定资产的价值，加上改造、扩建工程而增加的支出，减去改造、扩建工程中发生的变价收入计价。

5. 投资者投入的固定资产，按照投资各方确认的价值计价。

（十六）合作社的在建工程指尚未完工、或虽已完工但尚未办理竣工决算的工程项目。在建工程按实际消耗的支出或支付的工程价款计价。形成固定资产的在建工程完工交付使用后，计入固定资产。

在建工程部分发生报废或者毁损，按规定程序批准后，按照扣除残料价值和过失人及保险公司赔款后的净损失，计入工程成本。单项工程报废以及由于自然灾害等非常原因造成的报废或者毁损，其净损失计入其他支出。

（十七）合作社必须建立固定资产折旧制度，按年或按季、按月提取固定资产折旧。固定资产的折旧方法可在"平均年限法"、"工作量法"等方法中任选一种，但是一经选定，不得随意变动。

合作社应当对所有的固定资产计提折旧，但是，已提足折旧仍继续使用的固定资产除外。

合作社当月或当季度增加的固定资产，当月或当季度不提折旧，从下月或下季度起计提折旧；当月或当季度减少的固定资产，当月或当季度照提折旧，从下月或下季度起不提折旧。

固定资产提足折旧后，不管能否继续使用，均不再提取折旧；提前报废的固定资产，也不再补提折旧。

（十八）固定资产的修理费用直接计入有关支出项目。

固定资产变卖和清理报废的变价净收入与其账面净值的差额计入其他收支。固定资产变价净收入是指变卖和清理报废固定资产所取得的价款减清理费用后的净额。固定资产净值是指固定资产原值减累计折旧后的净额。

（十九）合作社应当建立健全固定资产内部控制制度，建立人员岗位责任制。应当定期对固定资产盘点清查，做到账实相符，年度终了前必须进行一次全面的盘点清查。盘亏及毁损的固定资产，应查明原因，按规定程序批准后，按其原价扣除累计折旧、变价收入、过失人及保险公司赔款之后，计入其他支出。

（二十）合作社的无形资产是指合作社长期使用但是没有实物形态的资产，包括专利权、商标权、非专利技术等。无形资产按取得时的实际成本计价，并从使用之日起，按照不超过 10 年的期限平均摊销，计入管理费用。转让无形资产取得的收入，计入其他收入；转让无形资产的成本，计入其他支出。

（二十一）每年年度终了，合作社应当对应收款项、存货、对外投资、农业资产、固定资产、在建工程、无形资产等资产进行全面检查，对于已发生损失但尚未批准核销的各项资产，应在资产负债表补充资料中予以披露。这些资产包括：1. 确实无法收回的应收款项；2. 盘亏、毁损和报废的存货；3. 无法收回的对外投资；4. 死亡毁损的农业资产；5. 盘亏、毁损和报废的固定资产；6. 毁损和报废的在建工程；7. 注销和无效的无形资产。

（二十二）合作社应当定期或不定期对与资产有关的内部控制制度进行监督检查，对发现的薄弱环节，应当及时采取措施，加以纠正和完善。

（二十三）合作社的负债分为流动负债和长期负债。

流动负债是指偿还期在一年以内（含一年）的债务，包括短期借款、应付款项、应付工资、应付盈余返还、应付剩余盈余等。

长期负债是指偿还期超过一年以上（不含一年）的债务，包括长期借款、专项应付款等。

合作社的负债按实际发生的数额计价，利息支出计入其他支出。对发生因债权人特殊原因确实无法支付的应付款项，计入其他收入。

（二十四）合作社应当建立健全借款业务内部控制制度，明确审批人和经办人的权限、程序、责任和相关控制措施。不得由同一人办理借款业务的全过程。

合作社应当对借款业务按章程规定进行决策和审批，并保留完整的书面记录。

合作社应当在借款各环节设置相关的记录、填制相应的凭证，并加强有关单据和凭证的相互核对工作。合作社应当加强对借款合同等文件和凭证的管理。

合作社应当定期或不定期对借款业务内部控制进行监督检查，对发现的薄弱环节，应当及时采取措施，加以纠正和完善。

（二十五）合作社的所有者权益包括股金、专项基金、资本公积、盈余公积、未分配盈余等。

（二十六）合作社对成员入社投入的资产要按有关规定确认和计量。合作社收到成员入社投入的资产，应按双方确认的价值计入相关资产，按享有合作社注册资本的份额计入股金，双方确认的价值与按享有合作社注册资本的份额计算的金额的差额，计入资本公积。

合作社接受国家财政直接补助形成的固定资产、农业资产和无形资产，以及接受他人捐赠、用途不受限制或已按约定使用的资产计入专项基金。

合作社从当年盈余中提取的公积金，计入盈余公积。

（二十七）合作社的生产成本是指合作社直接组织生产或对非成员提供劳务等活动所发生的各项生产费用和劳务成本。

（二十八）合作社的经营收入是指合作社为成员提供农业生产资料的购买，农产品的销售、加工、运输、贮藏以及与农业生产经营有关的技术、信息等服务取得的收入，以及销售合作社自己生产的产品、对非成员提供劳务等取得的收入。合作社一般应于产品物资已经发出，服务已经提供，同时收讫价款或取得收取价款的凭据时，确认经营收入的实现。

合作社的其他收入是指除经营收入以外的收入。

（二十九）合作社的经营支出是指合作社为成员提供农业生产资料的购买，农产品的销售、加工、运输、贮藏以及与农业生产经营有关的技术、信息等服务发生的实际支出，以及因销售合作社自己生产的产品、对非成员提供劳务等活动发生的实际成本。

管理费用是指合作社管理活动发生的各项支出，包括管理人员的工资、办公费、差旅费、管理用固定资产的折旧、业务招待费、无形资产摊销等。

其他支出是指合作社除经营支出、管理费用以外的支出。

（三十）合作社的本年盈余按照下列公式计算：

本年盈余＝经营收益＋其他收入－其他支出

其中：

经营收益＝经营收入＋投资收益－经营支出－管理费用

投资收益是指投资所取得的收益扣除发生的投资损失后的数额。

投资收益包括对外投资分得的利润、现金股利和债券利息，以及投资到期收回或者中途转让取得款项高于账面余额的差额等。投资损失包括投资到期收回或者中途转让取得款项低于账面余额的差额。

（三十一）合作社在进行年终盈余分配工作以前，要准确地核算全年的收入和支出；清理财产和债权、债务，真实完整地登记成员个人账户。

三、会计科目

（一）会计科目表

顺序号	科目编号	科目名称
		一、资产类
1	101	库存现金
2	102	银行存款

（续）

顺序号	科目编号	科目名称
3	113	应收款
4	114	成员往来
5	121	产品物资
6	124	委托加工物资
7	125	委托代销商品
8	127	受托代购商品
9	128	受托代销商品
10	131	对外投资
11	141	牲畜（禽）资产
12	142	林木资产
13	151	固定资产
14	152	累计折旧
15	153	在建工程
16	154	固定资产清理
17	161	无形资产
		二、负债类
18	201	短期借款
19	211	应付款
20	212	应付工资
21	221	应付盈余返还
22	222	应付剩余盈余
23	231	长期借款
24	235	专项应付款
		三、所有者权益类
25	301	股金
26	311	专项基金
27	321	资本公积
28	322	盈余公积
29	331	本年盈余
30	332	盈余分配

（续）

顺序号	科目编号	科目名称
		四、成本类
31	401	生产成本
		五、损益类
32	501	经营收入
33	502	其他收入
34	511	投资收益
35	521	经营支出
36	522	管理费用
37	529	其他支出

附注：合作社在经营中涉及使用外埠存款、银行汇票存款、银行本票存款、信用卡存款、信用证保证金存款等各种其他货币资金的，可增设"其他货币资金"科目（科目编号109）；合作社在经营中大量使用包装物，需要单独对其进行核算的，可增设"包装物"科目（科目编号122）；合作社生产经营过程中，有牲畜（禽）资产、林木资产以外的其他农业资产，需要单独对其进行核算的，可增设"其他农业资产"科目（科目编号149），参照"牲畜（禽）资产"、"林木资产"进行核算；合作社需要分年摊销相关长期费用的，可增设"长期待摊费用"科目（科目编号171）。

（二）会计科目使用说明

101 库存现金

一、本科目核算合作社的库存现金。

二、合作社应严格按照国家有关现金管理的规定收支现金，超过库存现金限额的部分应当及时交存银行，并严格按照本制度规定核算现金的各项收支业务。

三、收到现金时，借记本科目，贷记有关科目；支出现金时，借记有关科目，贷记本科目。

四、本科目期末借方余额，反映合作社实际持有的库存现金。

102 银行存款

一、本科目核算合作社存入银行、信用社或其他金融机构的款项。

二、合作社应当严格按照国家有关支付结算办法，办理银行存款收支业务的结算，并按照本制度规定核算银行存款的各项收支业务。

三、合作社将款项存入银行、信用社或其他金融机构时，借记本科目，贷记有关科目；提取和支出存款时，借记有关科目，贷记本科目。

四、本科目应按银行、信用社或其他金融机构的名称设置明细科目，进行明细核算。

五、本科目期末借方余额，反映合作社实际存在银行、信用社或其他金融机构的款项。

113 应收款

一、本科目核算合作社与非成员之间发生的各种应收以及暂付款项，包括因销售产品物资、提供劳务应收取的款项以及应收的各种赔款、罚款、利息等。

二、合作社发生各种应收及暂付款项时，借记本科目，贷记"经营收入"、"库存现金"、"银行存款"等科目；收回款项时，借记"库存现金"、"银行存款"等科目，贷记本科目。取得用暂付款购得的产品物资、劳务时，借记"产品物资"等科目，贷记本科目。

三、对确实无法收回的应收及暂付款项，按规定程序批准核销时，借记"其他支出"科目，贷记本科目。

四、本科目应按应收及暂付款项的单位和个人设置明细科目，进行明细核算。

五、本科目期末借方余额，反映合作社尚未收回的应收及暂付款项。

114 成员往来

一、本科目核算合作社与其成员的经济往来业务。

二、合作社与其成员发生应收款项和偿还应付款项时，借记本科目，贷记"库存现金"、"银行存款"等科目；收回应收款项和发生应付款项时，借记"库存现金"、"银行存款"等科目，贷记本科目。

三、合作社为其成员提供农业生产资料购买服务，按实际支付或应付的款项，借记本科目，贷记"库存现金"、"银行存款"、"应付款"等科目；按为其成员提供农业生产资料购买而应收取的服务费，借记本科目，贷记"经营收入"等科目；收到成员给付的农业生产资料购买款项和服务费时，借记"库存现金"、"银行存款"等科目，贷记本科目。

四、合作社为其成员提供农产品销售服务，收到成员交来的产品时，按合同或协议约定的价格，借记"受托代销商品"等科目，贷记本科目。

五、本科目应按合作社成员设置明细科目，进行明细核算。

六、本科目下属各明细科目的期末借方余额合计数反映成员欠合作社的款项总额；期末贷方余额合计数反映合作社欠成员的款项总额。各明细科目年末借方余额合计数应在资产负债表"应收款项"反映；年末贷方余额合计数应在资产负债表"应付款项"反映。

121 产品物资

一、本科目核算合作社库存的各种产品和物资。

二、合作社购入并已验收入库的产品物资，按实际支付或应支付的价款，借记本科目，贷记"库存现金"、"银行存款"、"成员往来"、"应付款"等科目。

三、合作社生产完工以及委托外单位加工完成并已验收入库的产品物资，按实际成本，借记本科目，贷记"生产成本"、"委托加工物资"等科目。

四、产品物资销售时，按实现的销售收入，借记"库存现金"、"银行存款"、"应收款"等科目，贷记"经营收入"科目；按销售产品物资的实际成本，借记"经营支出"科目，贷记本科目。

五、产品物资领用时，借记"生产成本"、"在建工程"、"管理费用"等科目，贷记本科目。

六、合作社的产品物资应当定期清查盘点。盘亏和毁损产品物资，经审核批准后，按照责任人和保险公司赔偿的金额，借记"成员往来"、"应收款"等科目，按责任人或保险公司赔偿金额后的净损失，借记"其他支出"科目，按盘亏和毁损产品物资的账面余额，贷记本科目。

七、本科目应按产品物资品名设置明细科目，进行明细核算。

八、本科目期末借方余额，反映合作社库存产品物资的实际成本。

124 委托加工物资

一、本科目核算合作社委托外单位加工的各种物资的实际成本。

二、发给外单位加工的物资，按委托加工物资的实际成本，借记本科目，贷记"产品物资"等科目。

按合作社支付该项委托加工的全部费用（加工费、运杂费等），借记本科目，贷记"库存现金"、"银行存款"等科目。

三、加工完成验收入库的物资，按加工收回物资的实际成本和剩余物资的实际成本，借记"产品物资"等科目，贷记本科目。

四、本科目应按加工合同和受托加工单位等设置明细账，进行明细核算。

五、本科目期末借方余额，反映合作社委托外单位加工但尚未加工完成物资的实际成本。

125 委托代销商品

一、本科目核算合作社委托外单位销售的各种商品的实际成本。

二、发给外单位销售的商品时，按委托代销商品的实际成本，借记本科目，贷记"产品物资"等科目。

三、收到代销单位报来的代销清单时，按应收金额，借记"应收款"科目，按应确认的收入，贷记"经营收入"科目；按应支付的手续费等，借记"经营支出"科目，贷记"应收款"科目；同时，按代销商品的实际成本（或售价），借记"经营支出"等科目，贷记本科目；收到代销款时，借记"银行存款"等科目，贷记"应收款"科目。

四、本科目应按代销商品或委托单位等设置明细账，进行明细核算。

五、本科目期末借方余额，反映合作社委托外单位销售但尚未收到代销商品款的商品的实际成本。

127 受托代购商品

一、本科目核算合作社接受委托代为采购商品的实际成本。

二、合作社收到受托代购商品款时，借记"库存现金"、"银行存款"等科目，贷记"成员往来"等科目。

三、合作社受托采购商品时，按采购商品的价款，借记本科目，贷记"库存现金"、"银行存款"、"应付款"等科目。

四、合作社将受托代购商品交付给委托方时，按代购商品的实际成本，借记"成员往来"、"应付款"等科目，贷记本科目；如果受托代购商品收取手续费，按应收取的手续费，借记"成员往来"等科目，贷记"经营收入"科目。收到手续费时，借记"库存现金"、"银行存款"等科目，贷记"成员往来"等科目。

五、本科目应按受托方设置明细账，进行明细核算。

六、本科目期末借方余额，反映合作社受托采购尚未交付商品的实际成本。

128 受托代销商品

一、本科目核算合作社接受委托代销商品的实际成本。

二、合作社收到委托代销商品时，按合同或协议约定的价格，借记本科目，贷记"成员往来"等科目。

三、合作社售出受托代销商品时，按实际收到的价款，借记"库存现金"、

"银行存款"等科目，按合同或协议约定的价格，贷记本科目，如果实际收到的价款大于合同或协议约定的价格，按其差额，贷记"经营收入"等科目；如果实际收到的价款小于合同或协议约定的价格，按其差额，借记"经营支出"等科目。

四、合作社给付委托方代销商品款时，借记"成员往来"等科目，贷记"库存现金"、"银行存款"等科目。

五、本科目应按委托代销方设置明细账，进行明细核算。

六、本科目期末借方余额，反映合作社尚未售出的受托代销商品的实际成本。

131　对外投资

一、本科目核算合作社持有的各种对外投资，包括股票投资、债券投资和合作社兴办企业等投资。

二、合作社以现金或实物资产（含牲畜和林木）等方式进行对外投资时，按照实际支付的价款或合同、协议确定的价值，借记本科目，贷记"库存现金"、"银行存款"等科目，合同或协议约定的实物资产价值与原账面余额之间的差额，借记或贷记"资本公积"科目。

三、收回投资时，按实际收回的价款或价值，借记"库存现金"、"银行存款"等科目，按投资的账面余额，贷记本科目，实际收回的价款或价值与账面余额的差额，借记或贷记"投资收益"科目。

四、被投资单位宣告分配现金股利或利润时，借记"应收款"等科目，贷记"投资收益"等科目；实际收到现金股利或利润时，借记"库存现金"、"银行存款"等科目，贷记"应收款"科目；获得股票股利时，不作账务处理，但应在备查簿中登记所增加的股份。

五、投资发生损失时，按规定程序批准后，按照应由责任人和保险公司赔偿的金额，借记"应收款"、"成员往来"等科目，按照扣除由责任人和保险公司赔偿的金额后的净损失，借记"投资收益"科目，按照发生损失对外投资的账面余额，贷记本科目。

六、本科目应按对外投资的种类设置明细科目，进行明细核算。

七、本科目期末借方余额，反映合作社对外投资的实际成本。

141　牲畜（禽）资产

一、本科目核算合作社购入或培育的牲畜（禽）的成本。牲畜（禽）资产分幼畜及育肥畜和产役畜两类。

二、合作社购入幼畜及育肥畜时，按购买价及相关税费，借记本科目（幼畜及育肥畜），贷记"库存现金"、"银行存款"、"应付款"等科目；发生的饲养费用，借记本科目（幼畜及育肥畜），贷记"应付工资"、"产品物资"等科目。

三、幼畜成龄转作产役畜时，按实际成本，借记本科目（产役畜），贷记本科目（幼畜及育肥畜）。

四、产役畜的饲养费用不再记入本科目，借记"经营支出"科目，贷记"应付工资"、"产品物资"等科目。

五、产役畜的成本扣除预计残值后的部分应在其正常生产周期内，按照直线法分期摊销，借记"经营支出"科目，贷记本科目（产役畜）。

六、幼畜及育肥畜和产役畜对外销售时，按照实现的销售收入，借记"库存现金"、"银行存款"、"应收款"等科目，贷记"经营收入"科目；同时，按照销售牲畜的实际成本，借记"经营支出"科目，贷记本科目。

七、以幼畜及育肥畜和产役畜对外投资时，按照合同、协议确定的价值，借记"对外投资"科目，贷记本科目，合同或协议确定的价值与牲畜资产账面余额之间的差额，借记或贷记"资本公积"科目。

八、牲畜死亡毁损时，按规定程序批准后，按照过失人及保险公司应赔偿的金额，借记"成员往来"、"应收款"科目，如发生净损失，则按照扣除过失人和保险公司应赔偿金额后的净损失，借记"其他支出"科目，按照牲畜资产的账面余额，贷记本科目；如产生净收益，则按照牲畜资产的账面余额，贷记本科目，同时按照过失人及保险公司应赔偿金额超过牲畜资产账面余额的金额，贷记"其他收入"科目。

九、本科目应设置"幼畜及育肥畜"和"产役畜"两个二级科目，按牲畜（禽）的种类设置三级明细科目，进行明细核算。

十、本科目期末借方余额，反映合作社幼畜及育肥畜和产役畜的账面余额。

142 林木资产

一、本科目核算合作社购入或营造的林木成本。林木资产分经济林木和非经济林木两类。

二、合作社购入经济林木时，按购买价及相关税费，借记本科目（经济林木），贷记"库存现金"、"银行存款"、"应付款"等科目；购入或营造的经济林木投产前发生的培植费用，借记本科目（经济林木），贷记"应付工资"、"产品物资"等科目。

三、经济林木投产后发生的管护费用，不再记入本科目，借记"经营支出"科目，贷记"应付工资"、"产品物资"等科目。

四、经济林木投产后，其成本扣除预计残值后的部分应在其正常生产周期内，按照直线法摊销，借记"经营支出"科目，贷记本科目（经济林木）。

五、合作社购入非经济林木时，按购买价及相关税费，借记本科目（非经济林木），贷记"库存现金"、"银行存款"、"应付款"等科目；购入或营造的非经济林木在郁闭前发生的培植费用，借记本科目（非经济林木），贷记"应付工资"、"产品物资"等科目。

六、非经济林木郁闭后发生的管护费用，不再记入本科目，借记"其他支出"科目，贷记"应付工资"、"产品物资"等科目。

七、按规定程序批准后，林木采伐出售时，按照实现的销售收入，借记"库存现金"、"银行存款"、"应收款"等科目，贷记"经营收入"科目；同时，按照出售林木的实际成本，借记"经营支出"科目，贷记本科目。

八、以林木对外投资时，按照合同、协议确定的价值，借记"对外投资"科目，贷记本科目，合同或协议确定的价值与林木资产账面余额之间的差额，借记或贷记"资本公积"科目。

九、林木死亡毁损时，按规定程序批准后，按照过失人及保险公司应赔偿的金额，借记"成员往来"、"应收款"科目，如发生净损失，则按照扣除过失人和保险公司应赔偿金额后的净损失，借记"其他支出"科目，按照林木资产的账面余额，贷记本科目；如产生净收益，则按照林木资产的账面余额，贷记本科目，同时按照过失人及保险公司应赔偿金额超过林木资产账面余额的金额，贷记"其他收入"科目。

十、本科目应设置"经济林木"和"非经济林木"两个二级科目，按林木的种类设置三级科目，进行明细核算。

十一、本科目期末借方余额，反映合作社购入或营造林木的账面余额。

151 固定资产

一、本科目核算合作社固定资产的原值。

合作社的房屋、建筑物、机器、设备、工具、器具、农业基本建设设施等，凡使用年限在一年以上、单位价值在 500 元以上的列为固定资产。有些主要生产工具和设备，单位价值虽然低于规定标准，但使用年限在一年以上的，也可列为固定资产。

合作社以经营租赁方式租入和以融资租赁方式租出的固定资产，不应列作合作社的固定资产。

二、固定资产账务处理：

（一）购入不需要安装的固定资产，按原价加采购费、包装费、运杂费、保险费和相关税金等，借记本科目，贷记"银行存款"等科目。购入需要安装的固定资产，先记入"在建工程"科目，待安装完毕交付使用时，按照其实际成本，借记本科目，贷记"在建工程"科目。

（二）自行建造完成交付使用的固定资产，按建造该固定资产的实际成本，借记本科目，贷记"在建工程"科目。

（三）投资者投入的固定资产，按照投资各方确认的价值，借记本科目，按照经过批准的投资者所应拥有以合作社注册资本份额计算的资本金额，贷记"股金"科目，按照两者之间的差额，借记或贷记"资本公积"科目。

（四）收到捐赠的全新固定资产，按照所附发票所列金额加上应支付的相关税费，借记本科目，贷记"专项基金"科目；如果捐赠方未提供有关凭据，则按其市价或同类、类似固定资产的市场价格估计的金额，加上由合作社负担的运输费、保险费、安装调试费等作为固定资产成本，借记本科目，贷记"专项基金"科目。收到捐赠的旧固定资产，按照经过批准的评估价值或双方确认的价值，借记本科目，贷记"专项基金"科目。

（五）固定资产出售、报废和毁损等时，按固定资产账面净值，借记"固定资产清理"科目，按照应由责任人或保险公司赔偿的金额，借记"应收款"、"成员往来"等科目，按已提折旧，借记"累计折旧"科目，按固定资产原价，贷记本科目。

（六）对外投资投出固定资产时，按照投资各方确认的价值或者合同、协议约定的价值，借记"对外投资"科目，按已提折旧，借记"累计折旧"科目，按固定资产原价，贷记本科目，投资各方确认或协议价与固定资产账面净值之间的差额，借记或贷记"资本公积"科目。

（七）捐赠转出固定资产时，按固定资产净值，转入"固定资产清理"科目，应支付的相关税费，也通过"固定资产清理"科目进行归集，捐赠项目完成后，按"固定资产清理"科目的余额，借记"其他支出"科目，贷记"固定资产清理"科目。

三、合作社应当设置"固定资产登记簿"和"固定资产卡片"，按固定资产类别、使用部门和每项固定资产进行明细核算。

四、本科目期末借方余额，反映合作社期末固定资产的账面原价。

152 累计折旧

一、本科目核算合作社拥有的固定资产计提的累计折旧。

二、生产经营用的固定资产计提的折旧，借记"生产成本"科目，贷记本科目；管理用的固定资产计提的折旧，借记"管理费用"科目，贷记本科目；用于公益性用途的固定资产计提的折旧，借记"其他支出"科目，贷记本科目。

三、本科目只进行总分类核算，不进行明细分类核算。

四、本科目的期末贷方余额，反映合作社提取的固定资产折旧累计数。

153 在建工程

一、本科目核算合作社进行工程建设、设备安装、农业基本建设设施建造等发生的实际支出。购入不需要安装的固定资产，不通过本科目核算。

二、购入需要安装的固定资产，按其原价加上运输、保险、采购、安装等费用，借记本科目，贷记"库存现金"、"银行存款"、"应付款"等科目。

三、建造固定资产和兴建农业基本建设设施购买专用物资以及发生工程费用，按实际支出，借记本科目，贷记"库存现金"、"银行存款"、"产品物资"等科目。

发包工程建设，根据合同规定向承包企业预付工程款，按实际预付的价款，借记本科目，贷记"银行存款"等科目；以拨付材料抵作工程款的，应按材料的实际成本，借记本科目，贷记"产品物资"等科目；将需要安装的设备交付承包企业进行安装时，应按该设备的成本，借记本科目，贷记"产品物资"等科目。与承包企业办理工程价款结算，补付的工程款，借记本科目，贷记"银行存款"、"应付款"等科目。

自营的工程，领用物资或产品时，应按领用物资或产品的实际成本，借记本科目，贷记"产品物资"等科目。工程应负担的员工工资等人员费用，借记本科目，贷记"应付工资"、"成员往来"等科目。

四、购建和安装工程完成并交付使用时，借记"固定资产"科目，贷记本科目。

五、工程完成未形成固定资产时，借记"其他支出"等科目，贷记本科目。

六、本科目应按工程项目设置明细科目，进行明细核算。

七、本科目期末借方余额，反映合作社尚未交付使用的工程项目的实际支出。

154 固定资产清理

一、本科目核算合作社因出售、捐赠、报废和毁损等原因转入清理的固定资产净值及其在清理过程中所发生的清理费用和清理收入。

二、出售、捐赠、报废和毁损的固定资产转入清理时，按固定资产账面净值，借记本科目，按已提折旧，借记"累计折旧"科目，按固定资产原值，贷记"固定资产"科目。

清理过程中发生的费用，借记本科目，贷记"库存现金"、"银行存款"等科目；收回出售固定资产的价款、残料价值和变价收入等，借记"银行存款"、"产品物资"等科目，贷记本科目；应当由保险公司或过失人赔偿的损失，借记"应收款"、"成员往来"等科目，贷记本科目。

三、清理完毕后发生的净收益，借记本科目，贷记"其他收入"科目；清理完毕后发生的净损失，借记"其他支出"科目，贷记本科目。

四、本科目应按被清理的固定资产设置明细科目，进行明细核算。

五、本科目期末余额，反映合作社转入清理但尚未清理完毕的固定资产净值，以及固定资产清理过程中所发生的清理费用和变价收入等各项金额的差额。

161 无形资产

一、本科目核算合作社持有的专利权、商标权、非专利技术等各种无形资产的价值。

二、无形资产应按取得时的实际成本计价。合作社按下列原则确定取得无形资产的实际成本，登记入账：

（一）购入的无形资产，按实际支付的价款，借记本科目，贷记"库存现金"、"银行存款"等科目。

（二）自行开发并按法律程序申请取得的无形资产，按依法取得时发生的注册费、律师费等实际支出，借记本科目，贷记"库存现金"、"银行存款"等科目。

（三）接受捐赠的无形资产，按照所附发票所列金额加上应支付的相关税费，无所附单据的，按经过批准的价值，借记本科目，贷记"专项基金"、"银行存款"等科目。

（四）投资者投入的无形资产，按照投资各方确认的价值，借记本科目，按经过批准的投资者所应拥有的以合作社注册资本份额计算的资本金额，贷记"股金"等科目，按两者之间的差额，借记或贷记"资本公积"科目。

三、无形资产从使用之日起，按直线法分期平均摊销，摊销年限不应超过10年。摊销时，借记"管理费用"科目，贷记本科目。

四、出租无形资产所取得的租金收入，借记"银行存款"等科目，贷记

"其他收入"科目；结转出租无形资产的成本时，借记"其他支出"科目，贷记本科目。

五、出售无形资产，按实际取得的转让价款，借记"银行存款"等科目，按照无形资产的账面余额，贷记本科目，按应支付的相关税费，贷记"银行存款"等科目，按其差额，贷记"其他收入"或借记"其他支出"科目。

六、本科目应按无形资产类别设置明细科目，进行明细核算。

七、本科目期末借方余额，反映合作社所拥有的无形资产摊余价值。

201 短期借款

一、本科目核算合作社从银行、信用社或其他金融机构，以及外部单位和个人借入的期限在1年以下（含1年）的各种借款。

二、合作社借入各种短期借款时，借记"库存现金"、"银行存款"科目，贷记本科目。

三、合作社发生的短期借款利息支出，直接计入当期损益，借记"其他支出"科目，贷记"库存现金"、"银行存款"等科目。

四、归还短期借款时，借记本科目，贷记"库存现金"、"银行存款"科目。

五、本科目应按借款单位和个人设置明细科目，进行明细核算。

六、本科目期末贷方余额，反映合作社尚未归还的短期借款本金。

211 应付款

一、本科目核算合作社与非成员之间发生的各种应付以及暂收款项，包括因购买产品物资和接受劳务、服务等应付的款项以及应付的赔款、利息等。

二、合作社发生以上应付以及暂收款项时，借记"库存现金"、"银行存款"、"产品物资"等科目，贷记本科目。

三、合作社偿还应付及暂收款项时，借记本科目，贷记"库存现金"、"银行存款"等科目。

四、合作社确有无法支付的应付款时，按规定程序审批后，借记本科目，贷记"其他收入"科目。

五、本科目应按发生应付款的非成员单位和个人设置明细账，进行明细核算。

六、本科目期末贷方余额，反映合作社应付但尚未付给非成员的应付及暂收款项。

212 应付工资

一、本科目核算合作社应支付给管理人员及固定员工的工资总额。包括在工资总额内的各种工资、奖金、津贴、补助等，不论是否在当月支付，都应通过本科目核算。

二、合作社应按劳动工资制度规定，编制"工资表"，计算各种工资。再由合作社财务会计人员将"工资表"进行汇总，编制"工资汇总表"。

三、提取工资时，根据人员岗位进行工资分配，借记"生产成本"、"管理费用"、"在建工程"等科目，贷记本科目。

四、实际支付工资时，借记本科目，贷记"库存现金"等科目。

五、合作社应当设置"应付工资明细账"，按照管理人员和固定员工的姓名、类别以及应付工资的组成内容进行明细核算。

六、本科目期末一般应无余额，如有贷方余额，反映合作社已提取但尚未支付的工资额。

221 应付盈余返还

一、本科目核算合作社按成员与本社交易量（额）比例返还给成员的盈余，返还给成员的盈余不得低于可分配盈余的百分之六十。

二、合作社根据章程规定的盈余分配方案，按成员与本社交易量（额）提取返还盈余时，借记"盈余分配"科目，贷记本科目。实际支付时，借记本科目，贷记"库存现金"、"银行存款"等科目。

三、本科目应按成员设置明细账，进行明细核算。

四、本科目期末贷方余额，反映合作社尚未支付的盈余返还。

222 应付剩余盈余

一、本科目核算合作社以成员账户中记载的出资额和公积金份额，以及本社接受国家财政直接补助和他人捐赠形成的财产平均量化到本社成员的份额，按比例分配给本社成员的剩余可分配盈余。

二、合作社按交易量（额）返还盈余后，根据章程规定或者成员大会决定分配剩余盈余时，借记"盈余分配"科目，贷记本科目。实际支付时，借记本科目，贷记"库存现金"、"银行存款"等科目。

三、本科目应按成员设置明细账，进行明细核算。

四、本科目期末贷方余额，反映合作社尚未支付给成员的剩余盈余。

231 长期借款

一、本科目核算合作社从银行等金融机构及外部单位和个人借入的期限在1年以上（不含1年）的各项借款。

二、合作社借入长期借款时，借记"库存现金"、"银行存款"科目，贷记本科目。

三、合作社长期借款利息应按期计提，借记"其他支出"科目，贷记"应付款"科目。

四、合作社偿还长期借款时，借记本科目，贷记"库存现金"、"银行存款"科目。支付长期借款利息时，借记"应付款"科目，贷记"库存现金"、"银行存款"科目。

五、本科目应按借款单位和个人设置明细账，进行明细核算。

六、本科目期末贷方余额，反映合作社尚未偿还的长期借款本金。

235 专项应付款

一、本科目核算合作社接受国家财政直接补助的资金。

二、合作社收到国家财政补助的资金时，借记"库存现金"、"银行存款"等科目，贷记本科目。

三、合作社按照国家财政补助资金的项目用途，取得固定资产、农业资产、无形资产等时，按实际支出，借记"固定资产"、"牲畜（禽）资产"、"林木资产"、"无形资产"等科目，贷记"库存现金"、"银行存款"等科目，同时借记本科目，贷记"专项基金"科目；用于开展信息、培训、农产品质量标准与认证、农业生产基础设施建设、市场营销和技术推广等项目支出时，借记本科目，贷记"库存现金"、"银行存款"等科目。

四、本科目应按国家财政补助资金项目设置明细科目，进行明细核算。

五、本科目期末贷方余额，反映合作社尚未使用和结转的国家财政补助资金数额。

301 股金

一、本科目核算合作社通过成员入社出资、投资入股、公积金转增等所形成的股金。

二、合作社收到成员以货币资金投入的股金，按实际收到的金额，借记"库存现金"、"银行存款"科目，按成员应享有合作社注册资本的份额计算的金额，贷记本科目，按两者之间的差额，贷记"资本公积"科目。

三、合作社收到成员投资入股的非货币资产，按投资各方确认的价值，借记"产品物资"、"固定资产"、"无形资产"等科目，按成员应享有合作社注册资本的份额计算的金额，贷记本科目，按两者之间的差额，贷记或借记"资本公积"科目。

四、合作社按照法定程序减少注册资本或成员退股时，借记本科目，贷记"库存现金"、"银行存款"、"固定资产"、"产品物资"等科目，并在有关明细账及备查簿中详细记录股金发生的变动情况。

五、成员按规定转让出资的，应在成员账户和有关明细账及备查簿中记录受让方。

六、本科目应按成员设置明细科目，进行明细核算。

七、本科目期末贷方余额，反映合作社实有的股金数额。

311 专项基金

一、本科目核算合作社通过国家财政直接补助转入和他人捐赠形成的专项基金。

二、合作社使用国家财政直接补助资金取得固定资产、农业资产和无形资产等时，按实际使用国家财政直接补助资金的数额，借记"专项应付款"科目，贷记本科目。

三、合作社实际收到他人捐赠的货币资金时，借记"库存现金"、"银行存款"科目，贷记本科目。

合作社收到他人捐赠的非货币资产时，按照所附发票记载金额加上应支付的相关税费，借记"固定资产"、"产品物资"等科目，贷记本科目；无所附发票的，按照经过批准的评估价值，借记"固定资产"、"产品物资"等科目，贷记本科目。

四、本科目应按专项基金的来源设置明细科目，进行明细核算。

五、本科目期末贷方余额，反映合作社实有的专项基金数额。

321 资本公积

一、本科目核算合作社形成的资本公积。

二、成员入社投入货币资金和实物资产时，按实际收到的金额和投资各方确认的价值，借记"库存现金"、"银行存款"、"固定资产"、"产品物资"等科目，按其应享有合作社注册资本的份额计算的金额，贷记"股金"科目，按两者之间的差额，贷记或借记本科目。

三、合作社以实物资产方式进行对外投资时，按照投资各方确认的价值，借记"对外投资"科目，按投出实物资产的账面余额，贷记"固定资产"、"产品物资"等科目，按两者之间的差额，借记或贷记本科目。

四、合作社用资本公积转增股金时，借记本科目，贷记"股金"科目。

五、本科目应按资本公积的来源设置明细科目，进行明细核算。

六、本科目期末贷方余额，反映合作社实有的资本公积数额。

322 盈余公积

一、本科目核算合作社从盈余中提取的盈余公积。

二、合作社提取盈余公积时，借记"盈余分配"科目，贷记本科目。

三、合作社用盈余公积转增股金或弥补亏损等时，借记本科目，贷记"股金"、"盈余分配"等科目。

四、本科目应按用途设置明细科目，进行明细核算。

五、本科目期末贷方余额，反映合作社实有的盈余公积数额。

331 本年盈余

一、本科目核算合作社本年度实现的盈余。

二、会计期末结转盈余时，应将"经营收入"、"其他收入"科目的余额转入本科目的贷方，借记"经营收入"、"其他收入"科目，贷记本科目；同时将"经营支出"、"管理费用"、"其他支出"科目的余额转入本科目的借方，借记本科目，贷记"经营支出"、"管理费用"、"其他支出"科目。"投资收益"科目的净收益转入本科目的贷方，借记"投资收益"科目，贷记本科目；如为投资净损失，转入本科目的借方，借记本科目，贷记"投资收益"科目。

三、年度终了，应将本年收入和支出相抵后结出的本年实现的净盈余，转入"盈余分配"科目，借记本科目，贷记"盈余分配—未分配盈余"科目；如为净亏损，作相反会计分录，结转后本科目应无余额。

332 盈余分配

一、本科目核算合作社当年盈余的分配（或亏损的弥补）和历年分配后的结存余额。本科目设置"各项分配"和"未分配盈余"两个二级科目。

二、合作社用盈余公积弥补亏损时，借记"盈余公积"科目，贷记本科目（未分配盈余）。

三、按规定提取盈余公积时，借记本科目（各项分配），贷记"盈余公积"等科目。

四、按交易量（额）向成员返还盈余时，借记本科目（各项分配），贷记"应付盈余返还"科目。

五、以合作社成员账户中记载的出资额和公积金份额，以及本社接受国家财政直接补助和他人捐赠形成的财产平均量化到成员的份额，按比例分配剩余盈余时，借记本科目（各项分配），贷记"应付剩余盈余"科目。

六、年终，合作社应将全年实现的盈余总额，自"本年盈余"科目转入本科目，借记"本年盈余"科目，贷记本科目（未分配盈余），如为净亏损，作相反会计分录。同时，将本科目下的"各项分配"明细科目的余额转入本科目"未分配盈余"明细科目，借记本科目（未分配盈余），贷记本科目（各项分配）。年度终了，本科目的"各项分配"明细科目应无余额，"未分配盈余"明细科目的贷方余额表示未分配的盈余，借方余额表示未弥补的亏损。

七、本科目应按盈余的用途设置明细科目，进行明细核算。

八、本科目余额为合作社历年积存的未分配盈余（或未弥补亏损）。

401 生产成本

一、本科目核算合作社直接组织生产或提供劳务服务所发生的各项生产费用和劳务服务成本。

二、合作社发生各项生产费用和劳务服务成本时，应按成本核算对象和成本项目分别归集，借记本科目，贷记"库存现金"、"银行存款"、"产品物资"、"应付工资"、"成员往来"、"应付款"等科目。

三、会计期间终了，合作社已经生产完成并已验收入库的产成品，按实际成本，借记"产品物资"科目，贷记本科目。

四、合作社提供劳务服务实现销售时，借记"经营支出"科目，贷记本科目。

五、本科目应按生产费用和劳务服务成本种类设置明细科目，进行明细核算。

六、本科目期末借方余额，反映合作社尚未生产完成的各项在产品和尚未完成的劳务服务成本。

501 经营收入

一、本科目核算合作社销售产品、提供劳务，以及为成员代购代销、向成员提供技术、信息服务等活动取得的收入。

二、合作社实现经营收入时，应按实际收到或应收的价款，借记"库存现金"、"银行存款"、"应收款"、"成员往来"等科目，贷记本科目。

三、本科目应按经营项目设置明细科目，进行明细核算。

四、年终，应将本科目的余额转入"本年盈余"科目的贷方，结转后本科目应无余额。

502 其他收入

一、本科目核算合作社除经营收入以外的其他收入。

二、合作社发生其他收入时，借记"库存现金"、"银行存款"等科目，贷记本科目。

三、本科目应按其他收入的来源设置明细科目，进行明细核算。

四、年终，应将本科目的余额转入"本年盈余"科目的贷方，结转后本科目应无余额。

511 投资收益

一、本科目核算合作社对外投资取得的收益或发生的损失。

二、合作社取得投资收益时，借记"库存现金"、"银行存款"等科目，贷记本科目；到期收回或转让对外投资时，按实际取得的价款，借记"库存现金"、"银行存款"等科目，按原账面余额，贷记"对外投资"科目，按实际取得价款和原账面余额的差额，借记或贷记本科目。

三、本科目应按投资项目设置明细科目，进行明细核算。

四、年终，应将本科目的余额转入"本年盈余"科目的贷方；如为净损失，转入"本年盈余"科目的借方，结转后本科目应无余额。

521 经营支出

一、本科目核算合作社因销售产品、提供劳务，以及为成员代购代销，向成员提供技术、信息服务等活动发生的支出。

二、合作社发生经营支出时，借记本科目，贷记"产品物资"、"生产成本"、"应付工资"、"成员往来"、"应付款"等科目。

三、本科目应按经营项目设置明细科目，进行明细核算。

四、年终，应将本科目的余额转入"本年盈余"科目的借方，结转后本科目应无余额。

522 管理费用

一、本科目核算合作社为组织和管理生产经营活动而发生的各项支出，包括合作社管理人员的工资、办公费、差旅费、管理用固定资产的折旧、业务招待费、无形资产摊销等。

二、合作社发生管理费用时，借记本科目，贷记"应付工资"、"库存现金"、"银行存款"、"累计折旧"、"无形资产"等科目。

三、本科目应按管理费用的项目设置明细科目，进行明细核算。

四、年终，应将本科目的余额转入"本年盈余"科目的借方，结转后本科目应无余额。

529 其他支出

一、本科目核算合作社发生的除"经营支出"、"管理费用"以外的其他各项支出，如农业资产死亡毁损支出、损失、固定资产及产品物资的盘亏、损失、罚款支出、利息支出、捐赠支出、无法收回的应收款项损失等。

二、合作社发生其他支出时，借记本科目，贷记"库存现金"、"银行存款"、"产品物资"、"累计折旧"、"应付款"、"固定资产清理"等科目。

三、本科目应按其他支出的项目设置明细科目，进行明细核算。

四、年终，应将本科目的余额转入"本年盈余"科目的借方，结转后本科目应无余额。

四、会计报表

（一）会计报表是反映合作社某一特定日期财务状况和某一会计期间经营成果的书面报告。合作社应按照规定准确、及时、完整地编制会计报表，向登记机关、农村经营管理部门和有关单位报送，并按时置备于办公地点，供成员查阅。

（二）合作社应编制资产负债表、盈余及盈余分配表、成员权益变动表、科目余额表和收支明细表、财务状况说明书等。

合作社应按登记机关规定的时限和要求，及时报送资产负债表、盈余及盈余分配表和成员权益变动表。

各级农村经营管理部门，应对所辖地区报送的合作社资产负债表、盈余及盈余分配表和成员权益变动表进行审查，然后逐级汇总上报，同时附送财务状况说明书，按规定时间报农业部。

（三）资产负债表、盈余及盈余分配表和成员权益变动表格式及编制说明如下，科目余额表和收支明细表的格式及编制说明由各省、自治区、直辖市财政部门和农村经营管理部门根据本制度进行规定。

资产负债表格式

资产负债表

_____年___月___日

编制单位：
单位：元

资产	行次	年初数	年末数	负债及所有者权益	行次	年初数	年末数
流动资产：				流动负债：			
货币资金	1			短期借款	30		
应收款项	5			应付款项	31		
存货	6			应付工资	32		
流动资产合计	10			应付盈余返还	33		
长期资产：				应付剩余盈余	35		
对外投资	11			流动负债合计	36		
农业资产：				长期负债：			
牲畜（禽）资产	12			长期借款	40		
林木资产	13			专项应付款	41		
农业资产合计	15			长期负债合计	42		
固定资产：				负债合计	43		
固定资产原值	16			所有者权益：			
减：累计折旧	17			股金	44		
固定资产净值	20			专项基金	45		
固定资产清理	21			资本公积	46		
在建工程	22			盈余公积	47		
固定资产合计	25			未分配盈余	50		
其他资产：				所有者权益合计	51		
无形资产	27						
长期资产合计	28						
资产总计	29			负债和所有者权益总计	54		

补充资料：

项　目	金　额
无法收回、尚未批准核销的应收款项	
盘亏、毁损和报废、尚未批准核销的存货	
无法收回、尚未批准核销的对外投资	
死亡毁损、尚未批准核销的农业资产	
盘亏、毁损和报废、尚未批准核销的固定资产	
毁损和报废、尚未批准核销的在建工程	
注销和无效、尚未批准核销的无形资产	

资产负债表编制说明

1. 本表反映合作社一定日期全部资产、负债和所有者权益状况。

2. 本表"年初数"栏内各项数字，应根据上年末资产负债表"年末数"栏内所列数字填列。如果本年度资产负债表规定的各个项目的名称和内容同上年度不相一致，应对上年末资产负债表各项目的名称和数字按照本年度的规定进行调整，填入本表"年初数"栏内，并加以书面说明。

3. 本表"年末数"各项目的内容及其填列方法：

（1）"货币资金"项目，反映合作社库存现金、银行结算账户存款等货币资金的合计数。本项目应根据"库存现金"、"银行存款"科目的年末余额合计填列。

（2）"应收款项"项目，反映合作社应收而未收回和暂付的各种款项。本项目应根据"应收款"和"成员往来"各明细科目年末借方余额合计数合计填列。

（3）"存货"项目，反映合作社年末在库、在途和在加工中的各项存货的价值，包括各种材料、燃料、机械零配件、包装物、种子、化肥、农药、农产品、在产品、半成品、产成品等。本项目应根据"产品物资"、"受托代销商品"、"受托代购商品"、"委托加工物资"、"委托代销商品"、"生产成本"科目年末余额合计填列。

（4）"对外投资"项目，反映合作社的各种投资的账面余额。本项目应根据"对外投资"科目的年末余额填列。

（5）"牲畜（禽）资产"项目，反映合作社购入或培育的幼畜及育肥畜和产役畜的账面余额。本项目应根据"牲畜（禽）资产"科目的年末余额填列。

（6）"林木资产"项目，反映合作社购入或营造的林木的账面余额。本项目应根据"林木资产"科目的年末余额填列。

（7）"固定资产原值"项目和"累计折旧"项目，反映合作社各种固定资产原值及累计折旧。这两个项目应根据"固定资产"科目和"累计折旧"科目的年末余额填列。

（8）"固定资产清理"项目，反映合作社因出售、报废、毁损等原因转入清理但尚未清理完毕的固定资产的账面净值，以及固定资产清理过程中所发生的清理费用和变价收入等各项金额的差额。本项目应根据"固定资产清理"科目的年末借方余额填列；如为贷方余额，本项目数字应以"一"号表示。

（9）"在建工程"项目，反映合作社各项尚未完工或虽已完工但尚未办理竣工决算和交付使用的工程项目实际成本。本项目应根据"在建工程"科目的年末余额填列。

（10）"无形资产"项目，反映合作社持有的各项无形资产的账面余额。本项目应根据"无形资产"科目的年末余额填列。

（11）"短期借款"项目，反映合作社借入尚未归还的一年期以下（含一年）的借款。本项目应根据"短期借款"科目的年末余额填列。

（12）"应付款项"项目，反映合作社应付而未付及暂收的各种款项。本项目应根据"应付款"科目年末余额和"成员往来"各明细科目年末贷方余额合计数合计填列。

（13）"应付工资"项目，反映合作社已提取但尚未支付的人员工资。本项目应根据"应付工资"科目的年末余额填列。

（14）"应付盈余返还"项目，反映合作社按交易量（额）应支付但尚未支付给成员的可分配盈余返还。本项目应根据"应付盈余返还"科目的年末余额填列。

（15）"应付剩余盈余"项目，反映合作社以成员账户中记载的出资额和公积金份额，以及本社接受国家财政直接补助和他人捐赠形成的财产平均量化到本社成员的、应支付但尚未支付给成员的剩余盈余。本项目应根据"应付剩余盈余"科目的年末余额填列。

（16）"长期借款"项目，反映合作社借入尚未归还的一年期以上（不含一年）的借款。本项目应根据"长期借款"科目的年末余额填列。

（17）"专项应付款"项目，反映合作社实际收到国家财政直接补助而尚未使用和结转的资金数额。本项目应根据"专项应付款"科目的年末余额填列。

（18）"股金"项目，反映合作社实际收到成员投入的股金总额。本项目应根据"股金"科目的年末余额填列。

（19）"专项基金"项目，反映合作社通过国家财政直接补助转入和他人捐赠形成的专项基金总额。本项目应根据"专项基金"科目年末余额填列。

（20）"资本公积"项目，反映合作社资本公积的账面余额。本项目应根据"资本公积"科目的年末余额填列。

（21）"盈余公积"项目，反映合作社盈余公积的账面余额。本项目应根据"盈余公积"科目的年末余额填列。

（22）"未分配盈余"项目，反映合作社尚未分配的盈余。本项目应根据"本年盈余"科目和"盈余分配"科目的年末余额计算填列；未弥补的亏损，在本项目内数字以"－"号表示。

盈余及盈余分配表格式

盈余及盈余分配表

_____年

编制单位：   单位：元

项目	行次	金额	项目	行次	金额
本年盈余			**盈余分配**		
一、经营收入	1		四、本年盈余	16	
加：投资收益	2		加：年初未分配盈余	17	
减：经营支出	5		其他转入	18	
管理费用	6		五、可分配盈余	21	
二、经营收益	10		减：提取盈余公积	22	
加：其他收入	11		盈余返还	23	
减：其他支出	12		剩余盈余分配	24	
三、本年盈余	15		六、年末未分配盈余	28	

盈余及盈余分配表编制说明

1. 本表反映合作社一定期间内实现盈余及其分配的实际情况。

2. 本表主要项目的内容及填列方法如下：

（1）"经营收入"项目，反映合作社进行生产、销售、服务、劳务等活动取得的收入总额。本项目应根据"经营收入"科目的发生额分析填列。

（2）"投资收益"项目，反映合作社以各种方式对外投资所取得的收益。本项目应根据"投资收益"科目的发生额分析填列；如为投资损失，以"—"号填列。

（3）"经营支出"项目，反映合作社进行生产、销售、服务、劳务等活动发生的支出。本项目应根据"经营支出"科目的发生额分析填列。

（4）"管理费用"项目，反映合作社为组织和管理生产经营服务活动而发生的费用。本项目应根据"管理费用"科目的发生额分析填列。

（5）"其他收入"项目和"其他支出"项目，反映合作社除从事主要生产经营活动以外而取得的收入和支出，本项目应根据"其他收入"和"其他支出"科目的发生额分析填列。

（6）"本年盈余"项目，反映合作社本年实现的盈余总额。如为亏损总额，本项目数字以"—"号填列。

（7）"年初未分配盈余"项目，反映合作社上年度未分配的盈余。本项目应根据上年度盈余及盈余分配表中的"年末未分配盈余"数额填列。

（8）"其他转入"项目，反映合作社按规定用公积金弥补亏损等转入的数额。本项目应根据实际转入的公积金数额填列。

（9）"可分配盈余"项目，反映合作社年末可供分配的盈余总额。本项目应根据"本年盈余"项目、"年初未分配盈余"项目和"其他转入"项目的合计数填列。

（10）"提取盈余公积"项目，反映合作社按规定提取的盈余公积数额。本项目应根据实际提取的盈余公积数额填列。

（11）"盈余返还"项目，反映按交易量（额）应返还给成员的盈余。本项目应根据"盈余分配"科目的发生额分析填列。

（12）"剩余盈余分配"项目，反映按规定应分配给成员的剩余可分配盈余。本项目应根据"盈余分配"科目的发生额分析填列。

（13）"年末未分配盈余"项目，反映合作社年末累计未分配的盈余。如为未弥补的亏损，本项目数字以"－"号填列。本项目应根据"可分配盈余"项目扣除各项分配数额的差额填列。

成员权益变动表格式

成 员 账 户

成员姓名：　　　　　　　　　　联系地址：　　　　　　　　　　　　第　　页

编号	年		摘要	成员出资	公积金份额	形成财产的财政补助资金量化份额	捐赠财产量化份额	交易量		交易额		盈余返还金额	剩余盈余返还金额
	月	日						产品1	产品2	产品1	产品2		
1													
2													
3													
4													
5													
年终合计				公积金总额：					盈余返还总额：				

成员账户编制说明

（1）本表反映合作社成员入社的出资额、量化到成员的公积金份额、成员与本社的交易量（额）以及返还给成员的盈余和剩余盈余金额。

（2）年初将上年各项公积金数额转入，本年发生公积金份额变化时，按实际发生变化数填列调整。"形成财产的财政补助资金量化份额"、"捐赠财产量化份额"在年度终了，或合作社进行剩余盈余分配时，根据实际发生情况或变化情况计算填列调整。

（3）成员与合作社发生经济业务往来时，"交易量（额）"按实际发生数填列。

（4）年度终了，以"成员出资"、"公积金份额"、"形成财产的财政补助资金量化份额"、"捐赠财产量化份额"合计数汇总成员应享有的合作社公积金份额，以"盈余返还金额"和"剩余盈余返还金额"合计数汇总成员全年盈余返还总额。

（四）财务状况说明书

财务状况说明书是对合作社一定会计期间生产经营、提供劳务服务以及财务、成本情况进行分析说明的书面文字报告。合作社应于年末编制财务状况说明书，对年度内财务状况做出书面分析报告，进行全面系统的分析说明。财务状况说明书没有统一的格式，但其内容至少应涵盖以下几个方面：

1. 合作社生产经营服务的基本情况

包括：合作社的股金总额、成员总数、农民成员数及所占的比例、主要服务对象、主要经营项目等情况。

2. 成员权益结构

（1）理事长、理事、执行监事、监事会成员名单及变动情况；

（2）各成员的出资额，量化为各成员的公积金份额，以及成员入社和退社情况；

（3）企事业单位或社会团体成员个数及所占的比例；

（4）成员权益变动情况。

3. 其他重要事项

（1）变更主要经营项目；

（2）从事的进出口贸易；

（3）重大财产处理、大额举债、对外投资和担保；

（4）接受捐赠；

（5）国家财政支持和税收优惠；

（6）与成员的交易量（额）和与利用其提供的服务的非成员的交易量（额）；

（7）提取盈余公积的比例；

（8）盈余分配方案、亏损处理方案；

（9）未决诉讼、仲裁。

四、会计凭证、会计账簿和会计档案

（一）会计凭证是记载经济业务发生、明确经济责任的书面文件，是记账的依据。合作社每发生一项经济业务，都要取得原始凭证，并据以编制记账凭证。各种原始凭证必须具备：凭证名称、填制日期、填制凭证单位名称或者填制人姓名、经办人员的签名或者盖章、接受凭证单位名称、经济业务内容、数量单价金额。记账凭证必须具备：填制日期、凭证编号、经济业务摘要、会计科目、金额、所附原始凭证张数等，并须由填制和审核人员签名盖章。

（二）所有会计凭证都要按规定手续和时间送会计人员审核处理。填制有误和不符合要求的会计凭证，应要求修正和重填。无效、不合法和不符合财务制度规定的凭证，不能作为收付款项、办理财务手续和记账的依据。会计人员应根据审核无误的原始凭证，填制记账凭证，并据以登记账簿。记账凭证可以根据每一原始凭证单独填制，也可以根据原始凭证汇总表填制。一定时期终了，应将已经登记过账簿的原始凭证和记账凭证，分类装订成册，妥善保管。

（三）会计账簿是记录经济业务的簿籍，是编制会计报表的依据。合作社应设置现金日记账和银行存款日记账、总分类账和各种必要的明细分类账。

现金日记账和银行存款日记账，应由出纳人员根据收、付款凭证，按有关经济业务完成时间的先后顺序进行登记，一律采用订本账。总分类账按照总账科目设置，对全部经济业务进行总括分类登记；明细分类账按明细科目设置，对有关经济业务进行明细分类登记。总分类账可用订本账或活页账；明细分类账可用活页账或卡片账。

对于不能在日记账和分类账中记录的，而又需要查考的经济事项，合作社必须另设备查账簿进行账外登记。

（四）合作社所使用的各种会计凭证和会计账簿的内容和格式，应符合《中华人民共和国会计法》、《会计基础工作规范》（财会字〔1996〕19号）和《会计档案管理办法》（财会字〔1998〕32号）等规定。

（五）账簿登记要做到数字正确、摘要清楚、登记及时。各种账簿的记录，应定期核对，做到账证相符、账实相符、账款相符、账账相符和账表相符。

（六）启用新账，必须填写账簿启用表，并编制目录。旧账结清后，要及时整理，装订成册，归档保管。

（七）合作社的会计档案包括经济合同或协议，各项财务计划及盈余分配方案，各种会计凭证、会计账簿和会计报表、会计人员交接清单、会计档案销毁清单等。

（八）合作社要按照《会计档案管理办法》（财会字〔1998〕32号）的规定，加强对会计档案的管理。建立会计档案室（柜），实行统一管理，专人负责，做到完整无缺、存放有序、方便查找。

参 考 文 献

白兆秀. 农民专业合作社成员往来的核算 [J]. 中国农业会计, 2008 (10).

白兆秀. 农民专业合作社财务管理与会计核算问题研究 [J]. 北京: 中国农业大学出版社, 2009.

白兆秀. 农民专业合作社会计核算的几点建议 [J]. 财会月刊, 2013 (9): 36-38.

白兆秀. 浅谈农民专业合作社会计核算 [J]. 中国乡镇企业会计, 2008 (8).

白志刚. 我国农民专业合作社发展现状、存在问题及对策 [J]. 长江蔬菜, 2012 (10): 71-74.

蔡淑宝. 农民专业合作社会计制度适用及构建研究 [J]. 农业经济, 2007 (5).

曹佩茹. 发挥资金互助社优化资源配置作用 [N]. 金融时报, 2013-02-25.

陈海燕, 李艳锋. 农村地区资金互助社发展中存在问题及对策 [J]. 甘肃金融, 2013 (3).

陈学军. 农民专业合作社财务管理存在的问题及对策——以浙江省温岭市为例 [J]. 农村经济与科技, 2007 (1).

董冰清. 农村资金互助社的发展研究 [J]. 经济视角, 2011 (7).

杜东霞. 中国新型农民合作社发展中的问题与对策研究 [D]. 长春: 吉林大学, 2009.

冯开文. 合作社的分配制度分析 [J]. 学海, 2006 (5).

傅晨. 新一代合作社: 合作社制度创新的源泉 [J]. 中国农村经济, 2003 (6): 73-80.

郝小宝. 农民合作经济组织的利益机制与治理结构分析 [J]. 理论导刊, 2005 (4): 51-54.

贺军伟, 师高康, 黎阳. 农民合作社财务管理问题研究 [J]. 中国农业会计, 2013 (4): 36-39.

黄胜忠, 林坚, 徐旭初. 农民专业合作社的成员承诺研究——基于浙江省的实证 [J]. 华南农业大学学报 (社会科学版), 2008 (5): 17-20.

黄晓波, 李慧, 申江丽. 农民专业合作社盈余分配问题与对策 [J]. 商业会计, 2011 (3).

黄祖辉. 中国的农民专业合作社与制度安排 [J]. 山东农业大学学报 (社会科学版), 2005 (4): 15-20.

姜常青. 浅析德国农村合作金融对我国的启示 [EB/OL]. 中国农经信息网, 2011-10-24.

金宝翔, 杨伟坤, 蒲斯纬, 张永升. 美国等合作金融的国际发展及在中国的实践 [J]. 世界农业, 2012 (3).

金杰. 我国新型农民合作经济组织的制度分析 [D]. 成都: 西南财经大学, 2007.

井立义, 李咏梅. 正确理解农民合作社会计核算的特殊性 [J]. 农村财务会计, 2009 (6).

孔祥智，周振．分配理论与农民专业合作社盈余分配原则——兼谈《中华人民共和国农民专业合作社法》的修改［J］．东岳论丛，2014（4）：79-85.

李丽．农民专业合作社的利益分配问题研究——以浙江省龙泉市为例［D］．杭州：浙江农林大学，2011.

李瑞芬．中国农民专业合作经济组织的实践与发展［M］．北京：中国农业出版社，2004.

李视友．农民专业合作社财务会计制度解读［J］．财会月刊，2009（59）：43-47.

李永芝．吉林省农民专业合作社盈余分配问题与对策探究［J］．商界论坛，2013（31）.

梁红卫．农民专业合作社风险管理研究［D］．杨凌：西北农林科技大学，2011.

刘弘毅．资金互助大骗局［N］．中国经营报，2012-11-23.

刘西川，程恩江．中国产业链融资模式——典型案例与理论含义．财贸经济，2013（8）：47-57.

刘小翠，韩新宝．现阶段农民合作经济组织存在的问题及对策探讨［J］．土地经济与管理，2007（3）.

刘振宏．台湾储蓄互助社制度的变迁及其启示［J］．安徽师范大学学报，2010，38（3）.

卢新国．农民专业合作社盈余分配现状及对策研究［J］．调研世界，2008（5）：17-19.

马彦丽．农户加入农民专业合作社的意愿、行为及其转化——基于13个合作社340个农户的实证研究［J］．农业技术经济，2012（6）：13-16.

孟芮溪．民俗旅游拓宽农民增收路——北京密云古北口村民俗旅游专业农民专业合作社特色发展纪实［N］．中华合作时报，2013-01-15.

米新丽．论农民专业合作社的盈余分配制度——兼评我国《农民专业合作社法》相关规定［J］．法律科学（西北政法大学学报），2008（6）.

潘嘉玮．论合作社的法律定位及制度重构［J］．学术研究，2008（5）

任大鹏．通过财政扶持引导农民专业合作社持续均衡发展［J］．中国农民合作社，2010（67）：50-52.

宋芳．我国农民专业合作社的发展研究［D］．济南：山东大学，2010.

孙晓红，张慧娟．中国合作社的盈余分配制度研究［J］．经济研究导刊，2012（5）：220-222.

孙晓宁．农民专业合作社会计核算问题探析——以北京市为例［J］．会计改革与创新，2014（7）：88-90.

唐春夏．资阳市农民专业合作社利益分配机制研究［D］．成都：四川农业大学，2013.

唐宗焜．合作社真谛［M］．北京：知识产权出版社，2012.

王定祥，李伶俐．发达国家农村金融市场发展的经验与启示［N］．市长参考，2009-10-26.

王宁．化解农民专业合作社资金互助阻力的思考［J］．农村财务会计，2013（5）.

王卫涛．我国农民合作社发展现状及对策研究［D］．大连：东北财经大学，2011.

延庆县农民专业合作社规范管理工作［EB/OL］．中国农业信息网．http：//www.agri.gov.cn/DFV20/BJ/dfzx/dfyw/201303/t20130321_3372220.htm，2013-03-21.

叶长卫．农村合作经济组织发展的制度分析［J］．长江流域资源与环境，2004（3）：

262-265.

苑鹏. 对公司领办的农民专业合作社的探讨——以北京圣泽林梨专业合作社为例 [J]. 管理世界，2008（7）：47-51.

苑鹏. 农民专业合作组织的财政扶持政策研究 [J]. 学习实践，2009（8）.

曾明星. 农民专业合作社利益分配模型研究 [J]. 华东经济管理，2011，3（25）.

张菊，邓军蓉. 农民专业合作社盈余分配的实证分析——以湖北省 24 家专业合作社为例 [J]. 2012（51）：20-23.

张晓山，苑鹏. 合作经济理论与中国农民合作社的实践 [M]. 北京：首都经济贸易大学出版社，2009.

张晓山. 农民专业合作社的发展趋势探析 [J]. 管理世界，2009（5）.

赵国祥. 农民专业合作社发展中存在的问题及对策研究 [D]. 长春：东北师范大学，2010.

郑丹. 农民专业合作社盈余分配状况探究 [J]. 中国农村经济，2011（4）：74-80.

郑建东. 初建农民专业合作社会计核算实例 [J]. 农村财务会计，2007（7）.

中国农民合作组织理论研究中心. 理论前沿. 社区蔬菜直销模式的形成与运作机制研究——以北京绿富隆合作社为例 [EB/OL]. http：//www. ccfc. zju. edu. cn/a/lilunqianyan/20131209/17129. html，2013-12-09.

中国农民合作组织理论研究中心. 理论前沿. 农业现代化背景下的农民专业合作社及其发展 [EB/OL]. http：//www. ccfc. zju. edu. cn/a/lilunqianyan/20141209/19504. html，2014-12-09.

钟钰. 国外农村金融发展经验及启示 [N]. 农民日报，2013-04-16.

周连云. 农民专业合作社分配制度及案例简析 [J]. 中国集体经济，2009（2）：38-41.

邹玮. 农民专业合作社会计核算中存在的问题及建议 [J]. 广西农学报，2011（6）.

COOK，Iliopoulus. Beginning to Inform Theory of the Cooperative Firm：Emergence Of the New Generation Cooperative，The Finnish Jounal of Business Eeonomics，1999（4）：525-535.

Sexton，R. J. Sexton，T. A. Cooperatives As Entrants [J]. The Rand Jounral of Economics，1987，18（4）.

Staatz，John m. The cooperative as a coalition；a game theoretic approach [J]. American Journal of Agriculture Economics，1084-1089.

图书在版编目（CIP）数据

新时期农民合作社财务与管理问题研究 / 李瑞芬等
著 . —北京：中国农业出版社，2016.1（2016.10 重印）
ISBN 978-7-109-21544-3

Ⅰ. ①新… Ⅱ. ①李… Ⅲ. ①农业合作社－研究－
中国 Ⅳ. ①F321.42

中国版本图书馆 CIP 数据核字（2016）第 065808 号

中国农业出版社出版
（北京市朝阳区麦子店街 18 号楼）
（邮政编码 100125）
责任编辑 姚 红

北京中兴印刷有限公司印刷 新华书店北京发行所发行
2016 年 1 月第 1 版 2016 年 10 月北京第 2 次印刷

开本：720mm×960mm 1/16 印张：15.25
字数：300 千字
定价：42.00 元
（凡本版图书出现印刷、装订错误，请向出版社发行部调换）